T0209524

¡ Sí, Tú !

DELILAH P.I.O.

WESTBOW
PRESS®
A DIVISION OF THOMAS NELSON
& ZONDERVAN

Puede hacer pedidos de libros de WestBow Press en librerías o poniéndose en contacto con:

WestBow Press
A Division of Thomas Nelson & Zondervan
1663 Liberty Drive
Bloomington, IN 47403
www.westbowpress.com
844-714-3454

Credito por imagen interior: Delilah P.I.O.

ISBN: 978-1-6642-6070-2 (tapa blanda)
ISBN: 978-1-6642-6071-9 (tapa dura)
ISBN: 978-1-6642-6069-6 (libro electrónico)

Número de Control de la Biblioteca del Congreso: 2022904884

Información sobre impresión disponible en la última página.

Fecha de revisión de WestBow Press: 06/03/2022

Dedicatoria

Gracias Dios por tu misericordia, providencia y fidelidad en mi vida y la de mi familia. Agradezco tu gran amor y todos tus planes y propósito para mi vida.

A ustedes, mis dos hijos les dedico este libro. Los amo y estoy muy agradecida a Dios por darme a ustedes dos como hijos. A mi hijo Moisés gracias por tener un corazón perdonador, amoroso y bondadoso. A mi hijo Gersón gracias por ser tan gentil, amoroso y de corazón dadivoso. Queridos hijos, ustedes son el regalo más preciado en mi vida y estoy aprendiendo constantemente de ustedes. Dios les ha usado para enseñarme a orar y a perseverar en la fe y a no renunciar a la vida. Gracias, hijos por mantener su fe en Dios y creer en mis palabras y amor a pesar de todas las dificultades que tuvimos que soportar juntos. ¡Los amo grandemente a los dos!

Este libro está dedicado a Dios el Padre, a Dios el Hijo Jesucristo y a Dios el Espíritu Santo.

Contenido

Reconocimiento ix

Agradecimientos.. xi

Prólogo.. xiii

Capítulo 1   ¡Sí, Tú! 1

               Primera Parte: ¿A Quién Escogiste?.................... 2

               Segunda Parte: ¿Quién Te Escogió?.................... 70

Capítulo 2   Amenazas del Enemigo y Protección de Dios 81

Capítulo 3   Mis Debilidades y Tentaciones 87

Capítulo 4   Me Perdono 93

Capítulo 5   Hablando Vida 97

Capítulo 6   Opresión del Enemigo y Mi Fe en Dios 109

Capítulo 7   La Novia y El Novio 119

               Primera Parte: ¿Quién Es la Novia?............................ 120

               Segunda Parte: ¿Quién Es el Novio? 131

Guía Para el Lector...185

Notas de Estudios 191

Reconocimiento

Empiezo esta lista de reconocimiento con mi abuelo. Gracias abuelo Ángel por enseñarme la Biblia de niña y por siempre darme de tu amor y tiempo. Tú me has enseñado la compasión al darme ejemplo de cómo vivir una vida entregada a Dios, a la familia y ayudando al prójimo.

Quiero agradecer a mis padres, Manuel, Don Pachuco y Asensión, Doña Chonita por darme lo mejor de ustedes. Han sido un gran ejemplo de cómo amar incondicionalmente, de cómo ser un buen trabajador y de cómo vivir con valentía. Gracias por enseñarme siempre a poner a los demás en primer lugar antes que las cosas materiales de la vida. Gracias por ser un ejemplo que seguir en cómo vivir con un corazón humilde.

Gracias a todos mis hermanos y hermanas, a sus cónyuges e hijos/as. Gracias por todo su apoyo, amor y por estar siempre disponible para mí y mi familia. Doy gracias a Dios por cada uno de ustedes y por su forma de ser. Cada uno de ustedes ha contribuido y traído esa chispa de amor, locura, trabajo, alegrías y muchas experiencias más a esta nuestra gran familia. Valoro los grandes recuerdos que tengo de cuando crecíamos juntos. Gracias al resto de mi familia. ¡Los amo a todos y Dios les bendiga!

A mi esposo, gracias por apoyarme en este trabajo como escritora, tuviste la paciencia en darme tiempo para aprender a saber cómo escribir y poder convertirme en una. Dios tenía sus planes antes de que tuviéramos los nuestros y le estoy tan agradecida por haberte permitido que llegaras a mi vida y así enamorarnos y casarnos. ¡Eres una gran bendición! ¡Te Amo!

Gracias a los padres de mis hijos por su amor y todo el apoyo que siempre les han brindado. A los pequeños que tuve la bendición de criar y que ahora son adultos, los quiero mucho y doy gracias a Dios por sus vidas. Dios les bendiga.

Agradecimientos

Gracias, hermana Eileen por ayudarme y ser obediente al Espíritu Santo en seguir sus instrucciones en cómo ayudarme a editar este libro de manera que respetara mi estilo de escribir. También gracias a otras personas que me ayudaron con otros detalles de este libro: mi sobrino Jafet, mi sobrina Jenny, Leticia, Rebeca y mi cuñada Leonor.

Una gratitud muy especial a mis amistades en los Estados Unidos, quienes abrieron su hogar para que yo y mis hijos tuviéramos donde quedarnos. Gracias a Lisa y familia, Drucila e hijo, Maricela y familia, Leida y familia, Rosa, Lisa y familia. Dios les bendiga.

Gracias a cada uno de ustedes que han sido parte de mi vida. Ustedes han dejado un pedazo de su corazón en mi, conservo esos bellos recuerdos. Empiezo con los Pastores: Cano, Marcos, Daniel, Daniel y Guille, Cipriano y familia, Marcos R., Angel y Chary, Felipe y Jenny, Joel y Kelly, Miguel y Hana, y Abel. Las Familias: Lozano, Alvarado, Zubieta, Ayuso, Zoila, Rosita, Mama Sara, Dunia y Kevin, Linda e Iran. Claudia, Sergio, Mara, Angélica, Anel, Luz, Lucero, Eunice, Josefina, Marilisa, Lisa, Drucila, Leida, Leticia, Charlotte, Mary, Maricela, Susana, Vanesa, Victoria, Audra y Ron, Dawn, Roberto, Teresita y Pablo, Maura, Lisa, Janet, Denise, Lisa, Rosalinda, Isabel y Sergio, Erika, Vicente, Santiago, Emilia, Nashielli, Rosa, Lisa y Evan, Gracia, Oddie, Débora, Gena, Aida, Nicole, Essy, Hailey. La congregacion de la Iglesia del Nazareno Comunion en Tijuana donde pastoreo por 18 años mi hermano el Pastor Angel Perez. Todos ustedes han sido ese fresco rocío de Dios sobre mi vida cuando más lo necesitaba ya sea porque estaba en momentos difíciles o porque estaba en momentos de celebración. Los quiero mucho. Gracias por ser parte de mi vida, por sus oraciones y ayuda. Dios les bendiga a ustedes y a sus familias.

"En todo tiempo ama el amigo; Y el hermano (hermana) para la angustia es nacido" (Proverbios 17:17).

Mi vida es un tributo a Dios por su amor y fidelidad, un tributo a mi familia y su amor, un tributo a mis amistades y su bondad, un tributo a la Iglesia por traerme a Cristo a mi vida y por su oración de intercesión. ¡Dios les bendiga a todos!

Prólogo

¡Necesito Ser Amada!

Cada día me encontraba más y más enamorada de Dios, pero al mismo tiempo me encontraba muy sola y lastimada ya que estaba pasando por mi segundo divorcio. Pocos meses atrás había empezado a escribir en un diario. Esto era algo nuevo para mí. Un día terminé mi diario con esta frase: "¡Ningún hombre me podrá satisfacer hasta que yo esté satisfecha con mi Dios, el Gran YO SOY, JESÚS! Si Dios tiene un esposo misionero para mí Él lo proveerá y si no, ¡acepto mi soltería!"

A pesar de que estaba en el proceso de divorcio, todavía creía en el amor y deseaba ser amada por un hombre y casarme de nuevo. La verdad es que no creí que esto me pasaría tan pronto pero así sucedió y siete meses después de mi segundo divorcio me volví a casar. Empezaba así mi tercer matrimonio. Había conocido a mi esposo en mi iglesia cristiana y salimos algunas veces pensando que solo seríamos amigos, pero sin darnos cuenta nos enamoramos y empezamos nuestro noviazgo. Muy pronto nos comprometimos y meses después nos casamos a pesar de casi no conocernos.

Cuando éramos novios tuvimos algunos problemas, pero después de que nos casamos estos problemas continuaron y nunca se resolvieron. Hubo muchos pleitos que casi siempre terminaban con mi esposo corriéndome de la casa, pero yo no le hacía caso y me quedaba. Al quedarme yo, él mejor decidía irse, me abandonaba por unos días y luego regresaba como si nada hubiera pasado. Mi vida se convirtió en un ciclo de discusiones, abandono y dolor, pero soporté fingiendo que todo estaba bien entre nosotros. Dormía en otra habitación para evitar tener más pleitos cuando él estaba de mal humor o después de discutir. Me era muy difícil aceptar el hecho de que fracasaría en otro matrimonio, así que traté de arreglarlo, pero sin mucho éxito. Tuvimos muy buenos días y esos eran los momentos cuando ambos mostrábamos amor el uno por el otro. En otras ocasiones vivíamos sin comunicarnos mucho y parecíamos solo compañeros de casa. Lo único que teníamos en común era que nos gustaba comer y pasear, pero aparte de eso éramos opuestos en todo. Yo sabía que sólo Dios podía ayudarnos y cambiar nuestro matrimonio para bien. Cada vez que nos reconciliábamos yo oraba o le pedía a mi esposo que nos guiara en la oración, aunque él no siempre estaba dispuesto. Pensé que las cosas cambiarían, pero desafortunadamente no fue así. En vez de eso empeoraron a medida que mi esposo luchaba por aceptar que yo sirviera a Dios y trabajara en lo que quería y yo no entendía el por qué.

Mi posición y deseo era permanecer casada, pero esto significaba renunciar a servir a Dios y a mis sueños sobre el tipo de trabajo que yo quería. Cuando yo era su novia, compartí con él que iba a continuar el trabajo misionero y que iba a terminar mi carrera y así usarlo para trabajar ayudando a las personas y él no tuvo objeción. Pero ahora que estábamos casados, me estaba prohibiendo servir a Dios y trabajar en lo que yo quería. Yo sólo tenía su permiso para ser esposa, madre y aceptar el trabajo que él pensaba que era mejor para mí. Él quería el control total de mi vida. Todo porque estaba celoso de Dios y de cada persona con la cual yo interactuaba o convivía. Yo vivía con el espíritu destruido, pidiéndole a Dios que cambiara mi situación, pero esta no mejoraba, sino que parecía empeorar cada día. ¡Hasta que un día toqué fondo!

Un día traté de hablar con él sobre nuestros desacuerdos en el matrimonio, pero la plática terminó en pleito. Parecía como que él no podía sobrellevar este matrimonio y en reacción a ello, hizo lo que normalmente hacía, irse. Se fue, pero regresó al día siguiente a recoger sus cosas y al terminar de empacar hablamos. Durante la conversación dijo palabras que me lastimaron muchísimo, que me llevaron a la desesperación. Yo ya me encontraba quebrantada y sola, por lo que sus palabras causaron tanta devastación en mi corazón ya roto y adolorido que me llevaron al abismo.

Me dije a mí misma: "¿Para qué fui creada? Sé que soy madre, pero ¿cómo es posible que ningún hombre pueda amarme? Que este esposo me diga lo mismo que el anterior. ¿Por qué?"

En mi devastación quise huir. Pensé en cosas malas, como lastimar mi propio cuerpo y desaparecer de este mundo. Anhelaba tanto seguir viviendo para mis hijos, pero no podía aguantar que otro hombre me dijera que yo no podía ser amada, ¡esto era demasiado doloroso! En mi impotencia por no poder cambiar a mi esposo y hacer que me amara y aceptara tal como era perdí el control. En mi coraje rompí un florero rojo que tenía en mi mesa. No podía creer que estas palabras salieron de la boca de mi esposo, el hombre que debía estar amándome. Luego pensé: *Yo no nací para ser amada por ningún hombre excepto por mis dos hijos.*

De joven siempre pensé que ningún hombre me debería amar debido a todo lo que viví en mi niñez. En este tercer matrimonio lo sabía, pero no lo comprendí hasta que mi esposo lo expresó con sus propias palabras pese a que ya lo había demostrado con hechos. Desde que empezamos a tener problemas empecé a deprimirme y más cuando vi que mi esposo se oponía a mi llamado y trabajo. Mi espíritu estaba quebrantado, estaba en una sequía espiritual muy peligrosa.

Recuerdo que pensé: *¿De qué sirve mi vida? ¿Cómo es posible todo esto que estoy pasando? Una persona como yo, que amo a Dios y creo ser buena madre y esposa, ¿Por qué se me trata así?*

Gracias a Dios que Él conoce mis pensamientos y que intercedió, permitiendo que mi esposo y yo nos tranquilizáramos y habláramos hasta que me calmé. Le expresé a mi esposo que estaba mal que me hablara con tanta crueldad y que yo estaba muy triste y lastimada. Al terminar nuestra conversación él se fue de la casa. Pude darme cuenta de que mi esposo se sintió mal por lo que había pasado en este día, pero no tuvo idea de cuán lastimada me dejó.

Regresó a casa el sábado y el domingo fuimos a la iglesia como de costumbre. Ese día lloré, implorando a Dios que arreglara mi matrimonio. Le dije que no me gustaba vivir así y que sabía que a él tampoco le gustaba que nosotros, sus hijos, viviéramos en constantes pleitos. Imploré mientras estaba al lado de mi esposo en nuestra iglesia cristiana durante el tiempo de alabanza y adoración, me sentí ¡desesperada y sin propósito! No entendía cómo podíamos estar juntos en la iglesia y al terminar el servicio no pudiéramos continuar unidos y en amor. Mi oración era una plegaria a Dios porque yo no quería continuar viviendo en otro fracaso matrimonial. Yo no tenía la fuerza para luchar por un matrimonio más. No entendía lo que nos estaba pasando. ¿Dónde estaba todo el amor que decíamos tenernos cuando éramos novios? Yo estaba cuidando de mi persona, de mi esposo, mis hijos y hogar. ¿Qué más podía hacer para hacerlo feliz? Pensé que yo era como cualquier ser humano que a veces tenía algunos días malos, pero no lo suficiente como para que mi esposo me maltratara y abandonara, no entendía.

Recuerdo que caí en lágrimas y dije: "Dios, ¿por qué estoy viviendo? ¡Estoy perdida! No tengo propósito y mira la vida que estoy viviendo con mi esposo. Es un fracaso más, ¡por tercera vez!"

Al final del servicio nos fuimos a casa y al llegar tuvimos una discusión que provocó que él me abandonara otra vez. Por primera vez pude decirle antes de que se fuera: "¡Si te vas, no vuelvas!"

Aunque llegó a irse por tres veces más hasta que finalmente pude decir: "¡Ya no más!" Allí entendí que no podía cambiarlo y que no quería seguir viviendo la vida con un hombre controlador y que constantemente estaba enojado. Al principio de nuestro noviazgo me di cuenta de esto, pero no quise darle importancia. Pensé que él iba a cambiar, pero no fue así. Ahora yo ya no podía seguir viviendo así, me sentía como una prisionera. Ya no podía vivir en un lugar donde no había paz y con un esposo que se negaba a cambiar. No podíamos seguir viviendo con tanta amargura e infelicidad. Así que preferí estar sola con mis hijos y trabajar en lo que Dios me llamaba a hacer que vivir con mi esposo peleando cada semana. Amo a mi esposo y anhelo mucho el seguir casada pero no viviendo de esta manera.

Después de unos días de estar sola me di cuenta de la realidad de mi vida y empecé a llorar. Volví a fallar como mujer y ahora tenía otro fracaso matrimonial. No podía aceptar que esto pasara de nuevo, que yo estaba siendo abandonada, que yo no era deseada y menos amada. En mi desesperación, fui y busqué una amiga que me consolara, pero no encontré a nadie. Luego fui a mi iglesia a tratar de hablar con el pastor de matrimonios, pero no se encontraba disponible y mejor regresé a casa. Cuando llegué a casa dejé de llorar ya que no quería que mi hijo se diera cuenta, le serví su cena y pasé tiempo con él.

Cuando se acostó y durmió me puse a llorar otra vez, pero esta vez estaba inconsolable. De repente oí la voz de Dios que me dijo: "Dalila, deja de llorar".

Le contesté: "pero Dios mi esposo me abandona y sigue abandonando".

Entonces Dios me dijo otra vez: "¡Dalila, deja de llorar!"

Entonces le contesté a Dios y dije: "pero Dios mi esposo me abandona y sigue abandonando".

Luego Dios me dijo: ¡Dalila, deja de llorar y ponte a ayunar por siete días que estos demonios solo salen con ayuno y oración! ¡Ayuna siete días!

Entonces le contesté a Dios y dije: "¡Sí, Dios así lo haré!"

Pensé y me dije a mi misma: *¡Claro que ayunaré! He querido ayunar y orar anteriormente, aunque no he tenido la fuerza de voluntad para hacerlo. ¡Pero ya no más!*

Ponte cómoda, cómodo y acompáñame en esta experiencia de ayuno y oración para que veas cuál fue el resultado para mi vida.

Capítulo 1

¡SÍ, TÚ!

Y acuérdate de tu Creador en los días de tu juventud,
antes que vengan los malos días, y lleguen los años, de
los cuales digas, no tengo en ellos contentamiento.
-Eclesiastés 12:1

PRIMERA PARTE

¿A QUIÉN ESCOGISTE?

California, 2 de Febrero del 2017

Día 1 de 7. Hoy jueves empiezo mi primer día de ayuno y oración. Dios me guía a leer todos estos versículos bíblicos:

> Porque de tal manera amó Dios al mundo, que ha dado a su Hijo unigénito, para que todo aquel que en Él cree, no se pierda, mas tenga vida eterna (Juan 3:16).

> Antes que te formase en el vientre te conocí, y antes que salieses de la matriz te santifiqué, te dí por profeta a las gentes (Jeremías 1:5).

> Porque todo aquel que invocare el nombre del Señor, será salvo (Romanos 10:13).

Dios me hace ver que, aunque le acepté como mi Señor y Salvador a los doce años, hoy mi vida no es lo que era a esa temprana edad. Ahora que estoy a principios de mis cuarentas mi vida mas bien refleja lo que dice este versículo de la Biblia en Eclesiastés 12:1: "Y acuérdate de tu Creador en los días de tu juventud, antes que vengan los malos días, y lleguen los años, de los cuales digas, no tengo en ellos contentamiento."

Este fue el versículo bíblico que usé en la invitación de mis quince años. En este servicio especial mi Pastor hizo una oración por mí y al final de la ceremonia fui presentada como señorita ante mi iglesia y ante la sociedad, de acuerdo con la tradición mexicana.

Recuerdo que cuando era joven no quería encontrarme en el estado del que habla Eclesiastés 12:1, sin embargo, hoy me encuentro así, no tengo contentamiento con mi vida. Cuando era adolescente y joven, estaba llena de vida y era feliz. Pero ahora, a los cuarenta años, no estoy feliz ni satisfecha con mi vida debido a todos mis fracasos matrimoniales, incluyendo este último. Me siento plenamente satisfecha y feliz como madre, pero como mujer y esposa soy muy infeliz. Estoy muy quebrantada y todo debido a los fracasos de mis relaciones con los hombres. Sé que me alejé de Dios cuando tenía diecinueve años, pero regresé a Él unos años más tarde y le he estado sirviendo desde entonces. No entiendo. ¿Cómo puedo estar teniendo otro fracaso matrimonial?

Después de meditar todo esto, oré y Dios me respondió enseguida. Me hizo ver que siempre me ha amado, pero que yo tomé la decisión de alejarme de Él cuando fui joven, que fue cuando también decidí de quién enamorarme y hacer las cosas a mi manera, en lugar de esperarlo. También me hace ver que actualmente le estoy desobedeciendo.

Por este motivo me pregunté: ";Desobedeciendo en qué? Pero si yo oro y te busco. Si estoy casada y no estoy viviendo en unión libre con mi esposo. ¿Cómo es esto posible?".

Así que me contesté y dije: "¡Ah ya sé! Es porque me casé en lugar de ser escritora y esa es mi desobediencia a Dios".

Entonces me di cuenta de lo que Dios estaba hablándome. He estado escribiendo todo lo que me revela, pero nunca he compartido ni creído que debía publicarlos. No he hecho lo que Dios me instruyó que hiciera.

Por esta razón, como pensé que tenía la respuesta de cuál era mi desobediencia a Dios, me puse a orar y dije: "Dios, te desobedecí, no creí que me habías llamado a escribir y en lugar de hacer esto me casé. Pero ahora mírame como estoy sin esposo y nunca te obedecí en publicar lo que me has dado para escribir".

Luego Dios me dijo: "¡Sí! Me desobedeciste, te casaste y te enfocaste sólo en eso. ¡Dalila, el problema no es tu matrimonio! ¡Dalila, el problema eres tú y tu desobediencia a mí! De cuando yo te digo que hagas algo para mí y ¡no lo haces! Tú te casaste y ¡ese no es el problema! El problema es que hiciste a un lado todo lo que yo te doy a escribir. ¡No me creíste antes y no me crees ahora! ¡Dalila, soltera o casada tenías que obedecerme! ¡Tu matrimonio no impide que me obedezcas! ¡Pero eres tú la que impide tu obediencia a mí! Así que ahora te digo Hebreos 12:5 'Hija mía (Dalila), no menosprecies el castigo del Señor, ni desmayes cuando eres de Él reprendido(a).' Yo sé cuán lastimada y sola te encuentras debido a tus fracasos matrimoniales. Tu esposo no es un error, yo sé cuánto necesitas que tu esposo te ame y valore. Pero primero necesitas aceptar mi amor, aceptarme como tu esposo y ser obediente a mí."

Luego Dios me dio este versículo:

"Carísimos, no os maravilléis cuando sois examinados por fuego, lo cual se hace para vuestra prueba, como si alguna cosa peregrina os aconteciese; Antes bien gozaos en que sois participantes de las aflicciones de Cristo; para que también en la revelación de su gloria os gocéis en triunfo.

Si sois vituperados en el nombre de Cristo, sois bienaventurados; porque la gloria y el Espíritu de Dios reposan sobre vosotros. Cierto, según ellos, Él es blasfemado, mas según vosotros es glorificado. Así que, ninguno de vosotros padezca como homicida, ó ladrón, ó malhechor, ó por meterse en negocios ajenos. Pero si alguno padece como Cristiano, no se avergüence; antes glorifique a Dios en esta parte. Porque es tiempo de que el juicio comience de la casa de Dios: y si primero comienza por nosotros, ¿qué será el fin de aquellos que no obedecen al evangelio de Dios? Y si el justo con dificultad se salva; ¿a dónde aparecerá el infiel y el pecador? Y por eso los que son afligidos según la voluntad de Dios, encomiéndenle sus almas, como a fiel Criador, haciendo bien" (1 Pedro 4:12-19).

Ahora entiendo lo que Dios me dice y que estaban mal mis prioridades. Yo siempre escribía todo lo que Él me daba a escribir, pero lo guardaba dentro de mí y de mis libretas. No podía creer que Dios quisiera que escribiera y compartiera la historia de mi vida. Me ponía a pensar: *¿Quién va a querer leer sobre la vida de una persona como yo? ¡Una persona que ha fallado tanto!*

Y tenía más excusas de por qué no podía hacer lo que Dios me pedía hacer. Pero esa ya no es mi manera de pensar ahora, ya que he sido confrontada por Dios y puedo admitir que le estaba desobedeciendo y por eso he experimentado su disciplina. También me doy cuenta de que he lastimado a mi esposo.

¿Por qué digo esto? Porque ahora veo lo que hice mal en mi matrimonio. Recuerdo que estábamos recién casados cuando tuvimos nuestra primera discusión y después de eso pensé que este matrimonio era un error y le eché la culpa por haberme invitado a salir. Recuerdo que ese día ambos dijimos sentirnos de la misma manera. Así que cada vez que discutíamos nos decíamos lo mismo hasta que nuestro matrimonio fue destruyéndose. Ahora puedo ver claramente que he pecado contra Dios, cómo he actuado mal en contra de mi esposo, y por qué este matrimonio ha sido tan dificultoso.

Dios me hace ver que como mujer también puedo caer en pecado y no darme cuenta hasta ya demasiado tarde y me lo hace ver con este versículo:

"Mas sabe Dios que el día que comiereis de él, serán abiertos vuestros ojos, y seréis como dioses sabiendo el bien y el mal. Y vió la mujer que el árbol era bueno para comer, y que era agradable a los ojos, y árbol codiciable para alcanzar la sabiduría; y tomó de su fruto, y comió; y dió también a su marido, el cual comió, así como ella. Y fueron abiertos los ojos de entrambos, y conocieron que estaban desnudos: entonces cosieron hojas de higuera, y se hicieron delantales. Y oyeron la voz de Jehová Dios que se paseaba en el huerto al aire del día: y escondióse el hombre y su mujer de la presencia de Jehová Dios entre los árboles del huerto. Y llamó Jehová Dios al hombre, y le dijo: ¿Dónde estás tú? Y él respondió: Oí tu voz en el huerto, y tuve miedo, porque estaba desnudo; y escondíme. Y díjole: ¿Quién te enseñó que estabas desnudo? ¿Has comido del árbol de que yo te mandé no comieses? Y el hombre respondió: La mujer que me disté por compañera me dió del árbol, y yo comí. Entonces Jehová Dios dijo a la mujer: ¿Qué es lo que has hecho? Y dijo la mujer: La serpiente me engañó, y comí" (Génesis 3:5-13).

¿A Quien Escogiste?

Porque la carne codicia contra el Espíritu, y el Espíritu contra la carne: y estas cosas se oponen la una a la otra, para que no hagáis lo que quisieres.
-Gálatas 5:17

Puedo ver que, así como Eva cayó, yo caí y he seguido cayendo al ser tentada. Porque cuando tenía edad de noviar y enamorarme, fui más cautivada por el hombre que por Dios. Esto me lleva a examinar mi vida y las decisiones que he tomado. Yo necesitaba preguntarme, ¿qué he buscado en un hombre, el lado espiritual o el lado carnal? Para encontrar la respuesta tuve que hacer la siguiente lista:

Gráfica 1: Carnal vs Espiritual

Carnal		Espiritual	
Orgulloso	Avaro	Humilde	Manso
Rebelde	Malvado	Fiel	Gozoso
Enojón	Inestable	Generoso	Amoroso
Egoísta	Temeroso	Disponible	Responsable

Odia	Irresponsable	Control de sí mismo	Honesto
Inseguro	Fuera de Control	Sincero	Con Fe
Mentiroso	Flojo	Tiene iniciativa	Creativo
Dudoso	Sin discernimiento	Con discernimiento	Discreto
Chismoso	Inconstante	Decisivo	Alerta
Dormilón	Malo	Compasivo	Sabio
Tonto	Engañador	Firme	Atento
Deshonroso	Sin virtud	Obediente	Con honor
Injusto	Insatisfecho	Justo	Determinado
No perdona	Rencoroso	Tolerante	Satisfecho
Insensible	Desordenado	Perdonador	Confiable
Borracho	Rudo	Cauteloso	Cumple su palabra
Caprichoso	Carece de diligencia	Diligente	Amigable
Idólatra	Fornicario	Paciente	Hospitalario
Impaciente	Malagradecido	Agradecido	Entusiasta
Lascivo	Doble ánimo	Caballeroso	Puntual
Infiel	Impulsivo	Trabajador	Protector
Adicto	Celoso	Aguantador	Virtuoso
Corruptible	Pervertidor	Seguro de sí mismo	Estable
Adúltero	Irrespetuoso	Dadivoso	Respetuoso

Esta lista me hizo ver las luchas con la carnalidad que enfrentaban los hombres cuales novié en mi vida, y cómo cada uno de ellos había contribuido a mi dolor, por lo tanto, ellos son culpables que hoy me encuentre sufriendo. Cuando estaba a punto de terminar la lista me di cuenta de que yo también he luchado con esa carnalidad y no sólo ellos. Este cambio mental me llevó a hacer una lista del hombre espiritual y pude ver que no todos los hombres eran malos y que algunos eran espirituales también. Y los que eran espirituales habían luchado con la carnalidad igual que yo.

Esto me hizo aceptar mi responsabilidad, ya que yo fui quien tomó la decisión de aceptarlos en mi vida. Reconocer mi carnalidad y aceptar mi responsabilidad me llevó a ver que había basado todas mis relaciones amorosas en mis traumas de niñez y sus consecuencias. Nunca había visto esto hasta este momento y ahora entiendo el por qué, no importaba cuánto deseara estar felizmente casada si estoy tan rota por dentro. Estoy cargando con traumas que me afectan en mi relación con mi esposo y no me permiten ser feliz. Tengo estos recuerdos de dolor y vergüenza que nunca desaparecen. Revivir todos esos momentos de mi pasado me hace sentir muy ansiosa, pero sé que necesito enfrentarlo ¡para poder terminar con ello! Lo he mantenido en secreto y me ha mantenido viviendo avergonzada y con miedo la mayor parte de mi vida. Pero ahora debo enfrentarlo para traer sanidad a mi vida.

Crecí solo con baños de fosa y esto siempre fue una experiencia traumática. Siempre tuve miedo de caer adentro. Alrededor de la edad de cinco años estaba caminando en nuestro patio trasero y tuve un accidente en el tanque séptico. Ahí era donde se almacenaba toda el agua sucia. Un día estaba caminando y no me di cuenta de que la hoja de metal no estaba cubriendo el agujero por completo y sin darme cuenta pisé y caí en el agua. Empecé a gritar pidiendo ayuda y uno de mis hermanos vino a rescatarme. Nuestro patio era muy grande y en nuestra gran familia casi siempre todos estaban ocupados haciendo algo, pero gracias a Dios mi hermano escuchó mi llanto. Estaba tan asquerosa cuando me sacó de las aguas residuales. Recuerdo que mi vestido, mi pelo largo y mi cara estaban cubiertos de agua sucia, estaba tan apestosa. Me asusté y pensé que iba a morir. Esta experiencia cercana a la muerte me hizo tener miedo de estar bajo el agua.

En otra ocasión, andaba sin zapatos y me quemé al pisar un carbón encendido en la cocina de afuera de mi mamá. También me corté la ceja derecha mientras corría alrededor de un tractor. Aún tengo la cicatriz para recordarlo. Recuerdo que mi madre se asustó tanto que casi se desmayó. Mis hermanas y mi tía tuvieron que cuidar de mi ojo sangriento. Solo hablando de estas experiencias es como puedo empezar a hablar sobre lo más traumático de mi vida.

Nací en una familia numerosa, éramos trece en total incluyendo a mis padres y yo era la penúltima y la mas pequeña de las mujeres. Era una niña que le gustaba jugar siempre afuera y siempre me mantenía ocupada, cuando no estaba en clases podía ser encontrada jugando con mis hermanos, primos o con niños del vecindario. Cuando tenía como cinco años, un hombre trató de molestarme sexualmente mientras jugaba con su hija. No pudo hacerme nada porque me las arreglé en escapar.

A esa edad yo no sabía que era algo sexual, pero sí sabía que lo que me quería obligar a hacer no era normal. Desafortunadamente tuve otros dos incidentes que sí causaron daño en mí. Me pasaron como a la edad de cinco años. Fui abusada sexualmente. También oía voces que me decían que repitiera las palabras. Esto se convirtió en un juego para mí y me llevó a cambiar mi comportamiento y hacerme cometer pecados sexuales.

Yo era demasiado pequeña para saber que esto era pecaminoso, pero sí sabía que era algo maligno. No podía parar de oír las voces y dejar de actuar así, luché con esto como durante un año. Sentí que no podía compartir con nadie lo que estaba pasando conmigo así que me lo guardé todo. Después empecé a mojar la cama o la hamaca al dormir por las noches. Tuve este problema hasta los nueve años y en muchas ocasiones mi padre al darse cuenta de mis accidentes de cama me disciplinaba severamente. A pesar de todo lo malo que pasé más cosas malas llegarían a mi vida, ya que como a los nueve años fui expuesta a pornografía. ¡Toda mi inocencia perdida!

Todas las cosas por las que pasé en mi niñez no me impidieron ser una niña normal, o al menos eso pensé. A la edad de nueve años nos mudamos y esta era mi cuarta casa en la que viviría desde el día en que nací. En esta casa sólo teníamos dos habitaciones y un baño exterior, pero finalmente era un baño normal y esto me hizo estar ¡feliz! Teníamos un pequeño patio, pero había suficiente espacio para jugar y para que mi padre tuviera algunas plantas, árboles y pollos. Había un pozo en nuestro patio trasero y fue utilizado para suplir todas las necesidades de agua en casa.

Pasamos mucha necesidad económica. Al principio de estar viviendo en esta casa muchas veces para desayunar comíamos una tortilla de maíz fresca con manteca y una pizca de sal. En los días en que no teníamos nada para comer, una vecina le daba algo de comida a mi madre sin que mi padre lo supiera, ya que le había dicho que no pidiera ayuda a nadie. Vivíamos en una colonia pobre, así que la mayoría de los vecinos eran pobres como nosotros, excepto que nosotros éramos una de las familias más numerosas en nuestra cuadra. En mi colonia anterior y en esta estaba siendo intimidada por otros niños y aun adultos porque estaba aprendiendo a hablar un segundo idioma y no lo hablaba bien.

Pronto empecé a meterme en problemas en casa e incluso en una ocasión en la escuela. Debido a mi mal comportamiento mi padre me disciplinaba severamente, esto me dolía mucho y causaba mucho coraje en mí. En muchas ocasiones desquitaba mi coraje con una de mis hermanas quien era un año mayor que yo. Le tenía resentimiento porque siempre se comportaba muy bien y porque me trataba como si yo fuera su gemela. Ella era gemela pero no mía, su gemelo era un niño y como teníamos solo un año de diferencia mi madre nos vestía como si fuéramos gemelas algo que a mí no me gustaba. Mi padre siempre me mandaba a la tienda con ella ya que siempre tenía miedo de irse sola y él decía que era mi trabajo protegerla. Pero a mí no me gustaba ser su guardaespaldas.

Hubo veces en que cuando estábamos de camino a la tienda yo era muy mala con ella, pero en cambio ella sólo era buena conmigo y esto me enojaba. No podía entender cómo ella podía ser buena conmigo después de lo que yo le había hecho. Todo lo que yo veía en ella era debilidad y yo ¡no quería ser así!

La severa disciplina de mi padre hacia mí y mis otros hermanos comenzó a afectarme de una manera negativa, hasta el punto de que empecé a resentirlo y luego hasta odiarlo. Para mí fue muy difícil el someterme a la autoridad de mi padre y muchas veces me metí en problemas por rebelarme contra él y sus reglas. Tenía unos diez años, era demasiado pequeña para entender lo que estaba pasando conmigo y mi vida, pero todo lo que podía ver era que se me castigaba severamente. Cada vez que era disciplinada por mi padre sentía como si mi corazón se rompiera. Por resentimiento un día me dije a mí misma: "¡No voy a llorar delante de él! ¡No voy a permitir que me vea llorar!"

Este día mi ira se convirtió en odio. Claro que también lo amaba, pero ese día me convertí en una niña con sentimientos confusos hacia su padre. El era el hombre quien debía ser el ejemplo más importante del sexo masculino para mí. Era el hombre quien debía protegerme y tratarme como su pequeña princesa. Pero yo no me sentía como tal y tampoco lo veía protegerme de esta manera. Estos sentimientos muy confusos hacia mi padre y su maltrato me hicieron endurecer mi corazón. Era tan notable que mi propia familia me apodó *Corazón de Piedra*. Ellos ya me habían puesto un apodo antes así que esto no me importaba, yo solo sabía que no iba a permitir que ningún hombre me disciplinara. Ese fue el día en que perdí el respeto por los hombres.

Me volví muy a la defensiva y empecé a comportarme como un niño, tanto que me llamaban marimacha. Jugaba casi siempre con niños y trataba de ser muy dura como un niño. Me gustaba jugar con canicas y otros juegos de niños y me importaba mucho demostrar que podía jugar como un niño. Mi identidad estaba en una confusión. Yo era una niña, pero quería sentirme como un niño. Había decidido que nunca me enamoraría, para que ningún hombre pudiera lastimarme. Me vestía como niña y sabía que era una niña, pero por dentro me sentía protegida por mi corazón de piedra, así que seguí viviendo esa mentira.

Cuando se trataba de hacer amigos, era más fácil para mí hacerme amiga de los niños que de las niñas. Muchas veces me burlaba de lo delicadas que eran las niñas. Mis hermanos y sus amigos me llamaban señorita cuando tenía unos once años y esto me molestaba mucho. Mi familia solía bromearme sobre los chicos y me decían que una vez que me empezaran a gustar me preocuparía por mi apariencia, pero sus comentarios me enojaban.

Al cumplir la edad de doce años, dejé de jugar con niños ya que estaba más interesada en ser una chica, en ser una señorita. A esta edad ya me había desarrollado físicamente más que otras niñas de mi edad y esto era obvio para los chicos de mi escuela. La mayoría de las veces fui tratada como una chica mayor, los chicos y aun hombres adultos se fijaban en mí y trataban de coquetear conmigo. Debido al rápido desarrollo de mi cuerpo fui muy acosada, me llamaban por el nombre de una bailarina vedette. Algunas veces al llegar a casa, lloraba y rogaba a mis padres que me hicieran una cirugía para poder ser normal tal como las otras chicas de mi edad. Estaba tan traumada que para tratar de ocultar esta parte de mi cuerpo me ponía tres blusas.

Después me di cuenta de que como no podía cambiar mi cuerpo y debido a mi pobreza y por la atención que recibía de los hombres que podía aprovechar esto, y decidí hacerme vedette al cumplir los dieciocho años. Me encantaba la música y bailar, así que pensé usar mi cuerpo para hacer dinero y ser como las vedettes de México que miraba en la televisión. Me dije: "Ellas usan su cuerpo para hacer dinero pues yo puedo hacer lo mismo". En mi mente pensaba que esta sería la mejor manera de vengarme de los hombres. Claro que nadie en mi familia o en el mundo sabía lo que yo estaba planeando para mi futuro, pero Dios si lo sabía todo.

Yo sabia que Dios existía, aunque no entendía mucho de Él. De pequeña había sido enseñada la Palabra de Dios por mi abuelo quien nos leía la Biblia. Además, cuando tenía como cinco o seis años se abrió una iglesia cristiana junto a mi casa y uno de mis hermanos se convirtió al cristianismo. Yo asistía a la iglesia con él, pero nunca acepté a Cristo y no tenía ni idea de qué significaba hacer eso. Simplemente me gustaba ir porque podía jugar. Cuando tenía como siete años dejé de asistir a esta iglesia debido a que nos mudamos de casa. Mi hermano que era cristiano me llevó a visitar una iglesia en unas dos ocasiones cuando tenía como diez años. Fue a los doce años que voluntariamente empecé a asistir a una iglesia cristiana en mi colonia y ahí fue cuando experimenté el aceptar a Cristo en mi corazón.

Esto causó un cambio drástico en mi corazón y vida, pude perdonar completamente a mi padre y simplemente amarlo. Pude ver que, por haber sido huérfano a una edad tan temprana de ambos padres, él estaba tratando de criarnos lo mejor que podía. Lo perdoné por los errores que había cometido durante mi edad más temprana. Vi lo entregado que estaba con nuestra gran familia, vi el cómo nunca nos abandonó y que anhelaba tanto darnos lo mejor a todos sus hijos. Este cambio de corazón hacia mi padre me permitió disfrutar de una gran relación con él. Mi corazón cambió hacia "mi hermana gemela" también y la perdoné. Llegamos a ser más unidas y asistíamos a la misma iglesia ya que las dos nos convertimos al cristianismo.

Otro cambio en mí fue que pude aprender a comportarme como una señorita y no como una marimacha como solían llamarme. ¡Acepté que fui creada mujer y acepté mi feminidad al todo! Todavía era muy competitiva, platicadora, con mucha energía y seguía cambiando ya que Dios estaba trabajando en mi carácter, pensamientos y todo mi ser. Ya no tenía la idea de ser vedette ya que Dios me había mostrado que esto era pecado. Ahora me encontraba sirviendo a Dios en el coro de la iglesia. Me bauticé a los catorce años, cuando ya entendí realmente lo que era entregar mi vida a Cristo.

Pasaron los años y seguí participando mucho en la iglesia y escuela y era muy popular en ambos lugares. Pero dentro de mí, todavía llevaba mucha inseguridad y no me sentía digna como mujer debido a todo lo que pasé en mi niñez. En mi mente siempre pensé que no merecía casarme con un buen hombre cristiano, eso en caso de casarme algún día. Siempre quise hablar con alguien sobre lo que me había pasado cuando era niña, pero tenía demasiada vergüenza y miedo. Este tema no se discutía en la iglesia o en casa cuando yo estaba creciendo, así que nunca pude ser ayudada.

Cumplí los catorce años y es cuando empecé a tener admiradores. Dejé mi iglesia bautista de la colonia para asistir a una iglesia del nazareno con mi hermano creyente. Mi cambio fue porque mi iglesia local era demasiado pequeña y no tenía muchas actividades, también porque me gustaba un joven de la iglesia de mi hermano. Nos hicimos amigos y nos empezamos a gustar. Era algo muy inocente. Nunca tuvimos citas para salir y jamás se convirtió en algo más, simplemente fue el momento de cuando te gusta un chico por primera vez. Asistí a campamentos de la iglesia y tuve la oportunidad de conectar con muchos jóvenes, tanto hombres como mujeres.

Casi un año después tuve otro admirador y le permití que empezara a cortejarme. Vivíamos en diferentes ciudades y cuando nos veíamos era en eventos de la iglesia. Rompí el noviazgo en cuanto cumplí mis quince años. Recuerdo que sus padres me preguntaron si su hijo había hecho algo irrespetuoso para que esto sucediera. Les di la misma respuesta que le di a su hijo, que me sentía demasiado joven para empezar a noviar y que quería mantenerme enfocada sólo en mis estudios. El cortejo sólo duro unos meses, fue muy inocente y con mucho respeto.

Me gustaba más como hermano que tenerlo como novio. Terminé el noviazgo ya que me asusté al darme cuenta de que él se estaba enamorando de mí. Yo era demasiado joven para saber lo que era el amor y como él era unos pocos años mayor que yo, él estaba listo para esto y yo no. No me sentía digna de salir con él, pero me atraía mucho su cristianidad, el ministerio de música que tenía y la familia misionera de la que provenía. Yo tenía un pasado del cual estaba tan avergonzada que no podía hacerme a la idea de ser su novia y menos el de casarme con él algún día, sentía que se merecía algo mejor.

A esta misma edad me propusieron matrimonio dos hombres mayores y esto me hizo sentirme con mucho temor. Me daba miedo el solo pensar en el matrimonio, ¿cómo reaccionaría un hombre al saber mi pasado? ¿Me rechazaría y se burlaría de mí? Me aterraba la idea de solo pensar que la gente podría enterarse de mi pasado. ¿Qué pasaria? ¿Me rechazarían y burlarían de mí?

Después de terminar la escuela secundaria, me fui a vivir a Cancún, México con uno de mis hermanos. Mi hermano fue muy bueno conmigo y suplía todas mis necesidades. Me paseaba cuando podía y pasábamos tiempo con mis otros hermanos que vivían en esta misma ciudad. Estudié un semestre de la escuela preparatoria y luego me vi obligada a regresar a Campeche, México y continuar allí mi educación. Tuve que regresarme a casa porque en Cancún teníamos un joven vecino que me gustaba, pero él era una mala influencia para mí. Mi hermano me impidió salir con él y me envió de vuelta a casa en cuanto terminé mi semestre. Primero estuve molesta pero luego más bien avergonzada con mis padres y hermanos, porque tenía que estar de vuelta en casa, todo por haberme dejado llevar por la atracción física de este joven y no haber tomado en cuenta su mal estilo de vida.

Me instalé en casa y continué mi educación según lo planeado, pero ya no vivía con mis padres sino con mi hermano con quien había asistido a la iglesia y quien ahora era casado. Vivir con mi hermano fue una ayuda económica para mis padres y para mí, esto me permitió continuar con mis estudios. Les ayudaba en casa y estaba enfocaba en mis estudios. Luego conseguí mi primer trabajo como secretaria, me mantenía estudiando y trabajando.

Mi cuñada provenía de una familia pastoral. Ella y mi hermano tenían un corazón misionero, servicial y hospitalario. Siempre recibían a los padres de ella, pastores y misioneros que visitaban la Iglesia del Nazareno. A mí siempre me gustaba escuchar los testimonios que algunos de ellos compartían en su visita. Disfrutaba mucho mi estancia con mi hermano y su esposa y lo que también me gustaba era que no tenía que compartir con ninguno de mis hermanos la comida. Recuerdo haber comido por primera vez en la casa de ellos *hotcakes*, cereales y otros alimentos más.

Los fines de semana visitaba la casa de mis padres, pero siempre regresaba a casa de mi hermano, excepto por algunos días festivos. A estas alturas sólo quedaban pocos de mis hermanos en casa y todos eran ya jóvenes y fue cuando mis padres empezaron a viajar. Ellos se iban por unos meses a Cancún a visitar a mis hermanos mayores y luego regresaban a casa. Estuve viviendo dos años con mi hermano y cuñada, y ellos se convirtieron en mis segundos padres y en mis padres espirituales. Además de asistir a la iglesia con ellos, participé en servir en eventos de la iglesia, incluyendo viajes misioneros. Fue mientras vivía en el hogar de ellos que Dios me traería tantas bendiciones espirituales, una de ellas fue mi llamado.

Tuve varios trabajos en Campeche, desde el primero a la edad de nueve años como niñera y ayudante de casa por unas pocas horas a la semana, hasta luego trabajar como asistente de zapatería. Trabajé unos años en una farmacia y mi último trabajo fue como secretaria en un supermercado. Mi padre tuvo varios trabajos, pero sin beneficios ya que trabajaba por cuenta propia. Mi madre era ama de casa y todos los hijos debíamos trabajar para contribuir a los gastos de casa. Todo el dinero ganado se lo dábamos a mi padre para que pudiera administrarlo y así proveer para nosotros.

Una vez que mis hermanos crecieron, todos se fueron de casa, pero aun así contribuían económicamente a los gastos de casa. Así fue como ayudábamos a mis padres y esto era ser parte de nuestra familia. Como a la edad de diecisiete años fue cuando ya pude quedarme con casi todo mi salario. Este salario sólo era suficiente para pagar algunas de mis tarifas de autobús para ir a la escuela, iglesia, trabajo y contribuir a los gastos de casa. Una vez al día tenía que caminar al trabajo y la escuela, y en pocas ocasiones a la iglesia y todo esto en un clima muy caliente y húmedo, pero era mi única opción.

Ganaba tan poco dinero que para mi primer Navidad como joven de dieciocho años que era, tuve que ahorrar dinero durante todo un año para comprarme un vestido. Y este vestido no era de una boutique, era un vestido que compré en el mercado porque eso era todo lo que yo podía comprarme. Esa era la primera vez que comparaba algo grande para mí. Cuando se trataba de accesorios, mi hermano menor gastaba el poco dinero que ganaba en regalarnos aretes a mi y a mi hermana la gemela.

Para Año Nuevo no pude comprar nada, así que mi hermano con quien vivía me dio de regalo un pedazo de tela. Con este pedazo de tela yo me hice un vestido y compré más material para hacerme una chaqueta para mi vestido y lo usé para mi última cena de Año Nuevo en Campeche. En esta cena fue donde me despedí del grupo juvenil de mi iglesia pues había hecho planes para mudarme a Tijuana, México. Si no hubiera sabido hacer mi vestido, habría tenido que usar mi ropa habitual para este día especial y mis piezas de ropa ya estaban bastante gastadas pues las compartía con mi hermana la gemela.

Con el permiso de mis padres a la edad de dieciocho años me mudé de Campeche a Tijuana a vivir con mi hermana mayor. No fui criada con una televisión y mi familia no obtuvo una hasta que yo tenía alrededor de catorce años. No teníamos muchos libros y tampoco éramos una familia que leía, excepto uno de mis hermanos que era maestro. Los únicos libros que teníamos en casa eran de texto y revistas. Alrededor de mis nueve o diez años mi hermano el maestro compró enciclopedias y con estas vino un libro que tenía fotos de actores y actrices de Estados Unidos y Europa. Me quedé deslumbrada al mirar todas las fotos de los famosos y fue en este día que decidí soñar con un día viajar y ver los Estados Unidos y el resto del mundo.

Así que me mudé a Tijuana con el propósito de ayudar a mi hermana mayor con el cuidado de sus dos niñas, ya que una de ellas nació con una discapacidad y necesitaba más cuidado que la otra. Además, me mudé para poder cumplir mi deseo de tener un mejor empleo y vida y también cumplir mi sueño de viajar.

El cambio no fue fácil, tuve que acostumbrarme a vivir en un clima diferente y vivir sin ingresos por un tiempo. Me había comprometido a ayudar a mi hermana tiempo completo durante todo un año. A cambio ella me proporcionaría un lugar para dormir, comida y dinero para mi pasaje de transporte a la iglesia o llevarme cuando pudiera. Ella vivía con sus dos hijas y el padre de estas y vivían de un solo ingreso. En cuanto pasó el año y ya no me necesitaban, conseguí un trabajo y esto me trajo independencia e ingresos. Luego conseguí un mejor empleo y es cuando conseguí mi visa de turista a los Estados Unidos y pude cumplir mi sueño de viajar. Visité California varias veces ya que Tijuana limita con California.

Tuve mi primer novio alrededor de los veinte años, pero esta relación me llevó a la fornicación y a luchar con mi caminar con Dios y asistencia a la iglesia. Terminé la relación y me sentía mal por mi pecado, pero mi culpa no me permitía ser constante en ir a la iglesia ya que sentía condenación. Nunca me sentí conectada con la mayor parte de la congregación porque casi no conocía a la mayoría, así que dejar la iglesia no fue difícil. A pesar de que siempre me aceptaron yo me sentía fuera de lugar.

Y no fue sólo en la iglesia donde me sentía así, sino también sobre mi vida en la ciudad. Nunca me sentí como en casa en esta ciudad, me sentía tan sola y constantemente extrañaba mi familia, amistades y mi forma de vida. A pesar de todas las molestias y desconexiones decidí quedarme en Tijuana y no renunciar a mis sueños.

Mi hermana se mudó a otra ciudad, pero yo me quedé en Tijuana para seguir trabajando. Empecé a padecer de ansiedad y para tratar de calmar mis nervios consumía mucha comida dulce. Esta ansiedad era algo nuevo para mí y no sabía cómo sobrellevarla. Aunque lo dulce no me ayudaba sentía que al menos así me desahogaba de cómo me sentía. Yo era una joven y era presa fácil para acoso sexual y uno de los lugares en que sucedió fue en el trabajo. Mi personalidad amigable muchas veces daba la impresión equivocada a los hombres que buscaban otra cosa.

Este incidente en el trabajo me abrumó y causó tanta ansiedad que terminé en el hospital donde fui diagnosticada con un ataque de colitis severa. Lo que me llevó a estar tan enferma fue porque me llené de pan dulce y galletas para tratar de calmar mi ansiedad. No perdí mi trabajo, pero fui transferida a otra área después de que hablé con el gerente sobre el incidente. Yo necesitaba el empleo y no había nada más que pudiera hacer. La ley no podía protegerme, así que tuve que seguir adelante y fingir que nunca sucedió.

Fue a partir de este día que este tipo de comida se convirtió en una adicción y escape para tratar de calmar mis nervios y ansiedad. Aunque el comer tanta cosa dulce nunca afectó mi peso, sí afectó mi salud. Sentía más ansiedad al comer tanto dulce y constantemente tenía ataques de colitis, pero no podía dejar de comer así.

En cuanto al amor yo me encontraba con el corazón roto, anhelaba tanto ser amada por un hombre y tener una familia, pero esto no sucedía. A la edad de veintiún años con un corazón muy roto me hice a la idea de que si no me casaba a los veinticinco años me quedaría soltera. Mi idea era que, si no estaba casada a los veinticinco años, adoptaría un hijo para no estar sola. También sentía que yo no necesitaría a ningún hombre para ayudarme a criar al bebé. Continué trabajando tiempo completo y a la edad de veinticuatro años comencé una nueva relación amorosa y luego me mudé a vivir con él. Dejé de trabajar y me concentré solamente en nuestra relación ya que estábamos planeando nuestra boda. Esta era la primera vez en mi vida que me enamoraría y estaría comprometida. Estaba ansiosa por casarme y tener una familia. Unos meses después de estar viviendo juntos tuvimos que enfrentar el hecho de que ya no podíamos pagar la renta del apartamento, de modo que tuvimos que mudarnos a un motel.

Dos semanas después de vivir en este motel tuve que hacer planes para dormir en la calle. Decidí que me mudaría a mi antigua colonia donde vivía antes de mi compromiso, aunque tenía miedo porque no sentía que era seguro hacerlo en una ciudad tan grande como Tijuana. Después de pagar mi factura y salir de la habitación del motel, el recepcionista me preguntó si todo estaba bien conmigo. Me dijo que se había dado cuenta de que estaba sola siempre. Yo salía todos los días a comprar comida y así se había dado cuenta de que estaba sola. No pude contenerme más y empecé a llorar. Compartí que ya no estaba comprometida y que estaba sin dinero y sin un lugar donde vivir.

Le dije que iba a conseguir un trabajo de inmediato, pero necesitaba un lugar donde quedarme mientras tanto, pero no tenía el dinero para pagar. Dado que había dejado de trabajar ya no tenía un ingreso y menos ahorros. Tampoco familia con quien hospedarme y tendría que enfrentar la falta de vivienda. Para cubrir el costo de la habitación tuve que vender mis pocas cosas valiosas y solo me quedé con mis cosas personales. Ahora estaba sola, sin dinero, pero con unas cuantas maletas y sin casa. Pensé en regresar a vivir a casa de mis padres, pero sentí que no podía hacerlo. Mi orgullo no me lo permitiría. El fracaso no era una opción para mí y volver a casa eso significaba para mí, que ¡yo era un fracaso! Yo era demasiado joven para fracasar y no podía rendirme así tan fácil, así que decidí quedarme en Tijuana.

El recepcionista sintió lástima por mí y me ofreció ayudarme de la manera en que podía, que era quedarme en el motel. El arriesgó su trabajo y me ayudo de esta manera. Yo podía quedarme en una habitación, pero tendría que desalojarla tan pronto como el cliente la necesitara. Estaba agradecida y acepté su condición. Él mantuvo mis pocas pertenencias en su oficina mientras yo dormía en las habitaciones antes de que estuvieran ocupadas y después de que el cliente se fuera sin que nadie se diera cuenta. Esto era normalmente en la madrugada. Me sentí segura porque no vivía en la calle, sabiendo que este caballero sentía pena por mí y me estaba ayudando a tener un lugar donde dormir por unas horas. Nunca había estado sin un lugar para vivir, ya que siempre había trabajado en oficina ganando lo suficiente para mantenerme, pero ahora estaba rogando por un lugar para vivir. Era lo más bajo que había caído en mi vida. Esta situación de la vivienda fue ¡tan irreal para mí y me era urgente salir de ello!

Busqué de inmediato un empleo y pude conseguir un trabajo ese mismo día, aunque solo era temporal y no iba a recibir un pago hasta dos semanas despues. No tenía dinero para conseguir un lugar para vivir todavía. Después de mi segunda semana conseguí un lugar donde vivir y fue en casa de una compañera de trabajo, fui muy bien recibida por su familia.

Al final de mi trabajo temporal busqué otro empleo de tiempo completo y ahí conocí a alguien que se enamoró de mí y que insistió en cortejarme. Acepté su cortejo y enamoramiento a pesar de que tenía mi corazón muy destrozado por mi relación anterior. Aunque vi esto como una oportunidad para finalmente conseguir lo que yo tanto deseaba, que era el casarme, tener una familia y un hogar. Fui honesta con él y compartí lo que había pasado en mi relación anterior, aunque él no le tomó importancia. Empezamos el noviazgo y ambos pensamos que funcionaria ya que los dos éramos cristianos y deseábamos lo mismo que era el tener un hogar, una familia. Meses después de vivir juntos nos casamos. A los pocos meses de casada mi sueño se hizo realidad, quedé embarazada de mi primer hijo, ¡iba a ser madre por primera vez!

Durante el noviazgo yo había regresado a la iglesia cristiana y al casarme continué yendo con mi esposo. También asistíamos a su Sinagoga Mesiánica Judía en San Diego. En ese tiempo sentí la necesidad de regresar al trabajo misionero. Con nuestra contribución y las donaciones de algunos miembros de la sinagoga pudimos ayudar a una madre y su hijo recién nacido en Tecate, México. Llevé estas donaciones y fui acompañada por mi hermanito que estudiaba para pastor.

En una segunda ocasión visité y llevé donaciones para mi hermano y otros estudiantes en el seminario cristiano. A pesar de que fueron sólo estos dos viajes que hice durante este matrimonio, fui verdaderamente bendecida ya que extrañaba mucho el trabajo misionero. El último viaje misionero lo había hecho cuando tenía diecisiete años. En ese tiempo el trabajo misionero no implicaba donaciones sino sólo visitas a las pequeñas misiones cantando en el coro. Así que esta fue la primera vez que yo pedía a una iglesia que donara para el trabajo misionero y fue la Sinagoga Mesiánica Judía que Dios usó para ayudarme a regresar al campo misionero.

Asistía a la sinagoga, pero todo era nuevo para mí y realmente no entendía hebreo. El servicio era bilingüe en Hebreo e Inglés. No comprendía mucho así que sólo escuchaba y trataba de seguir con mi Biblia en español. Intenté aprender hebreo, pero no pude. Me casé en esta sinagoga y esta fue mi primera vez asistiendo a una iglesia en los Estados Unidos y experimentando la religión, comunidad y cultura judía.

Empecé a tener problemas matrimoniales y no nos ayudó que siempre estábamos muy ocupados trabajando porque esto no nos dejaba mucho tiempo para nosotros. Yo era esposa, madre de un recién nacido y trabajaba tiempo completo en nuestro negocio y asistía al colegio también. Para empeorar las cosas el negocio nos hizo conducir mucho y cruzar la frontera muchas veces. A menudo sentía que el mundo se derrumbaba sobre mí y me era difícil acostumbrarme a vivir en Estados Unidos. Nuestra comunicación no era buena y seguido teníamos choques culturales por ser de diferentes países. También sentía a veces mucho temor y ansiedad. No sabía cómo hacer para que las cosas cambiaran en mi matrimonio y en mi desesperación, sentí ¡que ya no podía más!

Después de dos años de matrimonio me separé y luego me divorcié. Mi decisión de divorciarme no sólo destruyó mi matrimonio, sino que también me dejó sin un lugar para vivir con mi hijo. Cuando dejé a mi esposo, sólo tomé a mi bebé y nuestras pequeñas cosas personales. Tuve que empezar de nuevo en California donde la vida era más cara y donde no tenía familia. No podía salir del país ya que teníamos a nuestro hijo. No tenía ingresos y me encontraba sin un hogar otra vez, y mi única opción era vivir en un albergue con mi hijo hasta que pudiera conseguir un hogar permanente para nosotros.

Como un año después me mudé del albergue con mi hijo y entramos a un programa que nos proporcionó un apartamento de bajo costo. Conseguí un trabajo para pagar el apartamento y continué yendo al colegio. Yo era la única que mantenía financieramente el hogar, todo iba bien, pero desafortunadamente me sentí sola de nuevo y con necesidad del amor de un hombre. Empecé un noviazgo mientras peleaba por la custodia de mi hijo y esto no fue una buena idea. Mi vida estaba muy complicada, aunque en ese momento no lo podía ver. Tuvimos una relación a larga distancia porque él vivía en otro estado. Sólo nos vimos tres veces, pero en nuestra segunda visita quedé embarazada de mi segundo hijo. ¡Yo estaba feliz de tener otro hijo! Esta relación no funcionó y terminó durante mi embarazo. Él quería casarse conmigo, pero me había pedido que renunciara a ser madre. Eso era algo que nunca podría hacer así que mejor terminé la relación. Yo no podía quedarme solo con un hijo y renunciar a mi otro hijo, ambos hijos me necesitaban y tenían el derecho de tenerme como madre y yo tampoco podía renunciar a vivir una vida sin mis dos hijos.

Estaba muy contenta con mi decisión de quedarme con mi hijo y el segundo hijo que también venía en camino. ¡Prefería ser madre que mujer! Nunca me he arrepentido de esa decisión y ¡es una de las mejores que he tomado en mi vida! Aunque fue muy difícil, seguí siendo la única persona que mantenía financieramente mi hogar incluso después de este segundo embarazo. Fue durante este tiempo cuando comencé a aprender acerca de dar fielmente mis diezmos a Dios a pesar de mis necesidades. Durante este segundo embarazo ahorré todo lo que pude y me mudé a vivir a Cancún. Regresé con la esperanza de vivir una mejor vida con mis hijos y de estar cerca de mi familia, ¡pero mis planes no funcionaron!

Así es, mis planes no funcionaron y en lugar de eso tuve que pasar por pruebas muy difíciles en mi vida. Esto se debió a las malas decisiones que había tomado durante mi segundo embarazo y que me costaron perder a mis dos hijos. El perderlos fue muy duro para mí y un dolor muy difícil de superar. Finalmente pude tener a uno de mis hijos conmigo y regresé a vivir a San Diego, pero de nuevo en un albergue. Aproximadamente un mes después, dos buenas amigas de la iglesia nos abrieron su hogar. Tomaron turnos para recibirnos en sus casas hasta que pude conseguir un trabajo y un lugar para vivir. Me llevó un par de meses, pero Dios me proveyó con un trabajo de tiempo completo y un apartamento para vivir y de inmediato traje a mi segundo hijo a vivir con nosotros. Fue muy difícil para mí ser madre soltera especialmente porque ahora eran dos hijos y vivíamos en los Estados Unidos donde no tenía familia, pero nunca me rendí. Trabajé y mantuve a mis hijos lo mejor que pude, trabajando largas horas y usando transporte público o en ocasiones caminando para que mi dinero rindiera más.

Yo era la única que proveía para mi hogar, por lo tanto, tuve que dejar de estudiar y dedicarme a trabajar tiempo completo. Meses más tarde y con mucho sacrificio pude comprar un carro en pagos a través de financiamiento bancario y así mejorar la vida para nosotros.

Cuando necesitaba ayuda con mis hijos, había dos familias que cuidaban de ellos mientras yo descansaba un rato o iba de compras. En muchas ocasiones, simplemente necesitaba convivir con una familia y una de las familias nos ofrecía esto ya que nos reuníamos los fines de semana para comer. Mi exesposo también comenzó a ayudar económicamente y a pasar tiempo con mis dos hijos y no solo con nuestro hijo. Algunas veces él sólo se llevaba a nuestro hijo y yo pasaba ese fin de semana con mi bebé. Los fines de semana asistíamos a la iglesia y sentí que finalmente estábamos viviendo una vida estable. Asistíamos al servicio entre semana y yo ayudaba en el ministerio de los niños.

Tristemente, yo todavía me sentía muy sola como mujer y deseaba tanto ser amada por un hombre. También anhelaba que mis hijos fueran amados y que tuvieran un padre en casa para que pudiéramos ser una familia completa. Mi bebé tenía como año y medio cuando sentí que estaba lista para un noviazgo y casarme. Sentí que mi pasado había terminado y que estaba lista para ser feliz y hacer feliz a alguien.

Pronto conocí a alguien y empezamos a noviar. Luego nos mudamos juntos. Meses después nos casamos y así comencé mi segundo matrimonio. Estaba a principios de mis treinta años y estaba feliz de ya no estar sola. Ahora tenía un marido y mis hijos tenían un padrastro. Ahora junto con mi esposo podíamos sostener y ver crecer a nuestros cuatro hijos, ya que él tenía dos hijos también. Ahora éramos una familia mixta e instantáneamente una familia de seis y con tres culturas. Esto significaría mucho trabajo y adaptación, pero hicimos todo lo posible para que funcionara. Muchas veces, cuando salíamos de compras o a comer, la gente nos miraba fijamente y nos hacían preguntas. Nos preguntaban si teníamos una guardería o si los niños eran adoptados porque no creían que fuéramos una familia. Seguí trabajando tiempo completo y me dediqué a mi esposo y a nuestros cuatro pequeños. Teníamos una niña de siete años, dos niños de cinco años y un niño de dos años. A pesar de pensar que estaba lista para esta familia, no estaba preparada para todas las dificultades que implicaría tener y hacer crecer una familia mixta. Especialmente después de todo lo que había vivido en mi vida, pero no pude verlo hasta que me casé y enfrenté tantos retos.

Meses después de casarnos dejé de servir en el ministerio de niños por el bienestar de mi familia. Cuando éramos novios acordamos no tener ningún servicio de televisión por cable y solo alquilar películas en algunos fines de semana para poder pasar más tiempo con nuestros hijos. Desde el principio de nuestra relación casi no pasamos tiempo a solas porque siempre incluimos a todos los niños en nuestras citas. Ambos trabajábamos tiempo completo y nuestra rutina diaria era reunirnos a la hora de la cena, comer, orar y pasar tiempo en familia. Luego los niños hacían sus tareas, se metían a bañar y luego orábamos juntos y ellos se acostaban a dormir. Pero nosotros no pasábamos casi tiempo a solas como pareja.

Amaba pasar tiempo con los niños, pero también deseaba salir a solas con mi esposo y tomar un descanso por unas horas de la maternidad y relajarme. Mi esposo se convirtió en creyente mientras salía conmigo así que ahora todos asistíamos a mi iglesia cristiana.

A pesar del arduo trabajo que hacíamos por nuestra familia empezamos a tener dificultades como pareja. No nos ayudó también que acabábamos de pasar por un problema muy fuerte como pareja y yo no podía superarlo. Esto me afectó demasiado y contribuyó a que me deprimiera durante unos meses. Fue en casa donde me sentía muy agobiada y sentía mucho temor y ansiedad. Tenía la sensación de ser un fracaso como esposa, madre y madrastra. Pasaba muchos sábados limpiando y reorganizando obsesivamente los muebles de casa. Creyendo que esto me ayudaría a sentirme mejor ya que el comer cosas dulces ya no me satisfacía, nada funcionaba. No podía entender mi depresión porque estaba tan feliz de estar casada y tener una familia, pero al mismo tiempo, sentía que esta nueva vida era demasiado para mí.

Mi depresión fue muy difícil para mi esposo. Los niños realmente no la percibían ya que yo los atendía como de costumbre, sólo mi esposo llegó a verme en este estado y se sintió sin esperanza al igual que yo. Una de las dificultades que tenía era que yo era demasiado disciplinaria como madre. No sabía cómo olvidar y dejar ir y simplemente extender gracia a los niños, a mi esposo y a mí misma. Hubo ocasiones en que sentí que me estaba volviendo disciplinaria como mi padre y esto no me gustó. Además, fue durante estas circunstancias que mi dolor y culpa por haber perdido a mis hijos salió a flote. Ni siquiera sabía que todavía llevaba esos sentimientos sino hasta que pasé por esta depresión.

Delilah P.I.O.

Me despertaba mucho en medio de la noche llorando de culpa, sintiendo que no estaba siendo una buena madre para nuestros hijos. Para ayudarme mi esposo me sugirió ir a visitar a mi hermano menor el fin de semana porque sabía lo mucho que extrañaba a mi familia y México. Este hermano ahora era casado y pastoreaba una iglesia en Tijuana.

Mi esposo sintió que mi visita a Tijuana sería su último recurso en tratar de ayudarme ya que él no podía hacerlo. Él pensaba que la visita me ayudaría a no ser tan negativa sobre todas las cosas en mi vida, que me ayudaría a no estarme quejando y teniendo lástima de mí misma. Yo no sabía cómo cambiar mi forma de pensar y cómo deshacerme de mis pesadillas y la opresión que sentía. Creía que me estaba volviendo loca hasta el punto de que pensé que estaba poseída por demonios. Mis recuerdos de la infancia habían regresado y eran tan reales otra vez. Yo estaba luchando con mi mente de nuevo tal como cuando era una niña.

Llamé a mi hermano y le compartí lo que estaba experimentando y fui a visitarlo el fin de semana. Él y otro pastor oraron por mí y me aseguraron que como creyente no podemos ser poseídos. Eso me dio mucha paz, pero temía que estos pensamientos volvieran. El viaje también me dio la conexión familiar que tanto necesitaba. Luego regresé a casa relajada y con una nueva perspectiva de visitar a mi hermano con más frecuencia.

Decidimos como pareja que yo no continuara trabajando tiempo completo sino solo medio tiempo y esto me ayudó a aliviar los sentimientos agobiados que sentía. Mis pensamientos empezaron a cambiar y ya no tenía pesadillas o pensamientos malignos, ya no me sentía oprimida de esta manera. Empecé a asistir al estudio bíblico de mujeres ya que ahora tenía tiempo y pronto pude acudir a mi primera y única conferencia de mujeres. Al final de este evento en el tiempo de oración compartí públicamente que estaba luchando con la depresión. Oraron por mí y dos amigas se acercaron a platicar conmigo. Este evento me ayudó a dejar a un lado mi orgullo y conectar con las damas de mi iglesia, me trajo un sentido de pertenecer a una comunidad, mi comunidad.

Yo solía pensar que no necesitaba asistir a un estudio bíblico porque no conocía a las damas y no me sentía culturalmente conectada, pero en el evento me di cuenta de que estaba equivocada. Todas somos mujeres y todas pasamos por cambios en nuestro cuerpo y en nuestras vidas tal como compartió la oradora en cómo cambió su vida y las luchas que vienen con ello. Después de este evento, fui a casa y oré al darme cuenta de que he sido creyente durante tanto tiempo y que no estaba dispuesta a renunciar a seguir a Dios, sino que deseaba cambiar mi vida.

De inmediato Dios me mostró lo que estaba causando mi depresión y esa noche fui completamente libre de la depresión. Una de las cosas que me mostró Dios fue que necesitaba comenzar mi día con Él, haciendo mi oración y leyendo la Biblia por la mañana y no por la noche. Usualmente intentaba orar y leer la Biblia por la noche en la cama, pero como estaba tan cansada normalmente me quedaba dormida. Dios me mostró que necesitaba darle mi día antes de vivirlo, esto significaba desde muy temprano en la mañana y no más tarde cuando ya había tomado decisiones y hecho las cosas a mi manera.

Además, me mostró que tenía a mis hijos conmigo, así que ya no necesitaba tener miedo de perderlos de nuevo. Que necesitaba dejar ir mi dolor, disfrutar mis hijos y vivir mi vida. Me advirtió que si yo no dejaba ir esto podría destruirme, así que hice lo que Dios me mostró y deje ir todo el dolor que sentí al perder a mis hijos y el temor de que podría pasar de nuevo.

Otro cambio que experimenté fue que Dios empezó a derrumbar las paredes que me separaban de tener una mejor relación con nuestros hijos. Mi esposo me ayudó en esta área también ya que él era más tranquilo y paciente que yo. Pude empezar a desarrollar una relación de amistad con los niños y a ser más amable con ellos, lo que me ayudó a estar más relajada.

Esto no fue nada fácil porque no me criaron de esta manera. Fui criada en los tiempos en que tenías que mantener la distancia entre tú y tus padres y todo adulto, y obedecer sin hacer preguntas. De niña había luchado con esta forma de pensar y al expresar mis pensamientos al respecto esto me traía más castigo de mi padre. Así repetía la misma manera de criar a mis hijos, ¡pero ya no más! Ahora estaba aprendiendo a que los niños tuvieran una voz y a extenderles gracia a ellos y a mí misma, pero con mi esposo, era mucho más difícil.

Después de unas cuantas visitas a Tijuana me di cuenta de lo bendecida que estaba y que había muchas personas que eran menos afortunadas que yo y yo quería cambiar eso. Ahora tenía nuevos y buenos pensamientos y compartí con mi esposo esta impresión que sentí en mi corazón de querer ayudar. Quería ver lo que podíamos donar para ayudar a otros en Tijuana y mi esposo estaba feliz por mí y en ver cómo podíamos ayudar como familia. Buscamos lo que podíamos donar de lo que teníamos en casa e hicimos que los niños participaran también. Ellos tenían que encontrar juguetes que estuvieran en buenas condiciones para regalar.

Revisé nuestros armarios y colecté buena ropa, cobijas y compramos comida para donar. También empezamos a ayudar con una pequeña donación monetaria a mi hermano. Ahora ya no estaba deprimida sino lista para ayudar a mi hermano y su comunidad en Tijuana a través del trabajo misionero. Comencé el viaje misionero sola y luego toda la familia se unió. A los niños les encantaba estar en Tijuana y siempre esperaban comer tacos. Después de dos años de hacer estos viajes misioneros, comencé a pedir donaciones a mis amistades, vecinos y empresas. Pronto dejé de trabajar medio tiempo para solo dedicarme a mi familia y al trabajo misionero. Sin darnos cuenta nos habíamos convertido en una familia misionera. Mi esposo tocaba la trompeta y ayudaba en las alabanzas. También servía ayudando con los niños mientras yo dirigía, organizaba y apoyaba todo el programa junto con mi hermano.

Nuestros hijos nos ayudaban a cargar y descargar las donaciones, a jugar con los niños en los eventos, sirviendo comida, limpiando y entregando donaciones. Empezamos haciendo eventos en la iglesia local pero luego creció tanto el trabajo misionero que empezamos a apoyar a otras iglesias, misiones, hogares de ancianos, orfanatos y eventos de servicios médicos. Nuestra casa se convirtió en el *Almacén de Dios,* así es como llamé al banco de comida. Teníamos una habitación que usábamos como cuarto para guardar donaciones y también usábamos un espacio en nuestro estacionamiento. Siempre pudimos estacionar nuestros carros, pues yo había dado mi palabra a mi esposo que no permitiría que este trabajo misionero afectara nuestro entorno familiar. Tener la habitación adicional me permitió mantener mi hogar como normalmente acostumbraba y sin comprometer nuestros espacios de casa y perder la limpieza y el orden. Aprendí muy rápido cómo estar empacando, organizando, descargando y cargando donaciones para que pudieran caber en mi espacio en casa y en los carros para su transporte a los eventos.

Para poder cuidar de mi familia y darles prioridad, recogía o dejaba donaciones en Tijuana mientras mi esposo trabajaba y mis hijos estaban en clases. Usamos todos nuestros recursos y dinero para cuidar de nuestra familia y luego para el trabajo misionero. Nos enfrentamos a muchas dificultades mientras hacíamos el trabajo misionero, especialmente yo, pero tenía que continuar obedeciendo a Dios. Él me había llamado para hacer esta obra y no los hombres, así que yo era responsable en obedecerle. También como familia, estábamos decididos a no permitir que nada nos impidiera hacer la obra misionera, confiando en que Dios proveería como siempre lo ha hecho.

Dios no permitiría que mi familia llevara toda la carga así que intervino permitiendo que después de cinco años de ser una familia misionera mi iglesia local me diera la oportunidad de compartir sobre nuestro trabajo. Poco después de eso la gente de nuestra iglesia se unió al trabajo misionero y fue como pudimos ayudar a más ministerios en Tijuana. La gente de nuestra iglesia siguió involucrándose, donando y muchos se unieron a nosotros en estos viajes. Muchas veces, tuvieron la bendición de dar las donaciones directamente en las manos de los necesitados y así conectar con ellos. Seguimos usando nuestra casa y a través de nuestro *Almacén de Dios* tuvimos la oportunidad de ayudar a gente necesitada en México. Pero también estábamos ayudando en nuestra comunidad aquí en Oceanside y sus alrededores a familias que estaban muy necesitadas.

Continué dirigiendo el trabajo misionero con la ayuda de mi esposo y estábamos viendo el impacto en el campo misionero y en la vida de aquellos que servían también. Luego regresé a trabajar, pero ya no era estresante porque estaba trabajando medio tiempo y era en la escuela de mis hijos. Trabajé como maestra de español de preparatoria en una escuela cristiana. En mi trabajo compartí sobre el trabajo misionero y pronto algunos se involucraron en servir con nosotros. Mi esposo había deseado unirse a las fuerzas armadas, pero sabía que al hacerlo tendríamos que mudarnos de casa y vivir en donde le dieran su base. Yo no estuve de acuerdo con su decisión hasta que Dios me hizo ver que necesitaba someterme a mi esposo quien estaba tratando de proveer para nosotros.

Fue difícil para mí mudarme y dejar mi casa, amigos y comunidad. Pero lo más triste fue dejar la obra misionera en Tijuana ya que nadie continuó nuestro trabajo misionero. Obedecí a Dios y acepté que mi esposo empezara este nuevo trabajo. Él se unió al ejército y estuvo fuera por nueve meses en su entrenamiento militar, pero semanas antes de su partida nos enfrentamos a muchos desafíos que pusieron una mayor distancia entre nosotros.

Para no permitir que esto me afectara me aguanté todo y me mantuve fuerte para poder cuidar de mi familia, aunque por dentro estaba temerosa por nuestra relación tan distante que estábamos teniendo. Mi esposo sabía que la separación iba a ser difícil, pero no se dio cuenta de lo que realmente yo estaba sintiendo y temiendo. Él estaba concentrado en su nueva responsabilidad de trabajo. Yo pensaba que a su regreso tendríamos tiempo para trabajar en nuestra relación y matrimonio, sin saber que su regreso traería grandes cambios y más separación entre nosotros.

Cuando él regresó me dio la noticia de que íbamos a vivir en Alemania y que él tenía que partir en dos semanas. Así que nos despedimos de la iglesia de Tijuana y paramos de hacer todo el trabajo misionero, pero nos comprometimos a seguir apoyando económicamente a mi hermano el Pastor.

Los hijos de mi esposo se quedaron conmigo mientras mi esposo estaba en entrenamiento y luego se mudaron a vivir con su mamá. Mientras tanto, yo estaba en casa con mis dos hijos y pronto nos uniríamos con mi esposo en el extranjero. Mi viaje a Alemania no se logró hasta seis meses después debido a problemas imprevistos. No tuve otra opción que esperar en mi casa vacía, con nuestros equipajes y con nuestras bolsas para dormir ya que todas nuestras pertenencias se habían ido cuando mi esposo se fue. Los sacos de dormir eran nuestra cama temporal ya que pensamos que sería sólo por una semana, aunque no fue así. Cada semana que pasaba decíamos: "tal vez esta semana vamos a volar" y así sucesivamente hasta que pasaron seis meses.

Mi hijo menor empezó a tener pesadillas y lloraba porque extrañaba a su padre. Esto era muy duro, pero le aseguraba que no nos quedaríamos atrás y que pronto estaríamos juntos como familia. Tuve dos excelentes amistades que eran nuestros vecinos que constantemente nos venían a ver y ayudaban si necesitábamos algo, incluso nos ofrecieron prestar muebles para la casa. Tuve que rechazar los muebles ya que quería estar lista para irme y no sentir que me estaba quedando. Tuve otras amistades de la iglesia que oraron y nos ayudaron también durante este tiempo de espera, un momento muy difícil.

Les prometí a mis hijos que los compensaría por estos tiempos difíciles y que simplemente disfrutaríamos de nuestra estancia mientras estuviéramos viviendo en Europa, que incluso viajaríamos. Como todavía estábamos en California pude pasar más tiempo con los hijos de mi esposo, amistades y vecinos. Mientras esperaba mi viaje a Alemania le pedí a Dios que me usara en ese país. Sentí en mi corazón la necesidad de ayudar en animar a las mujeres y sus familias a poder superar las cosas de la vida. Aunque como mujer yo no me sentía como un ejemplo y no entendí por qué había orado así.

Finalmente dejé California con mis dos hijos, volamos a Alemania y al llegar nos maravillamos con la belleza del país y la nieve blanca. Mi esposo ya no nos estaba esperando porque se había ido a una zona de guerra, pero antes de irse nos había dejado la casa lista para nosotros. ¡Finalmente podíamos dormir en nuestras camas! Estábamos en comunicación con él cuando le era posible llamarnos y le enviábamos cajas con comida y cartas. Pero al poco tiempo de mi llegada tuve que enfrentarme con el comienzo de la ruptura de mi matrimonio, un momento muy difícil. Traté de mantenerme ocupada, pero no podía hacer trabajo misionero así que estuve sola en casa durante muchas horas mientras los niños estaban en la escuela. Estaba tan perturbada por lo que estaba pasando y no podía aceptarlo, esto me mantenía despierta por las noches y estaba afectando todo lo demás en mi vida.

Estaba tan desconcertada. ¿Por qué Dios me permitiría mudarme si esto era lo que me estaba esperando, por qué? Estaba lejos de casa, amistades y viviendo en un país extranjero con mis hijos. ¿Por qué tenía que pasar esto tan lejos de casa?

En una de las noches que no pude dormir, oí la voz de Dios. Me habló de la condición de mi corazón roto y de cómo Él era el único que podía sanarme.

Me dijo: "Dame tu corazón y yo haré que esté sólido y completo. Un corazón en el que no existe ninguna huella de dolor a pesar de que, ¡ha sido roto! Solo entrégame tu corazón y yo te confortaré y te llenaré de gozo. Jamás nadie podrá ver ninguna huella de todos esos sufrimientos que fueron causados por aquellos que te lastimaron. La gente podrá ver un corazón sólido y completo como si tú nunca hubieras sufrido. El ser humano no tiene la capacidad para poder sanarte, ¡pero Yo sí! ¡Yo tengo el poder para darte un corazón completo, un corazón sano que, aunque sea ofendido o humillado, lastimado o despreciado, permanecerá completo! Un corazón que, aunque no sea deseado se podrá sentir amado, si es amado por el único que ama tu alma, ¡Jesucristo!"

Con esta revelación Dios me mostró dos corazones: uno era un corazón roto y el otro era un corazón completo. Esta sería la primera vez que oía a Dios hablándome en mi vida adulta. La primera vez que lo oí hablarme fue cuando me llamó al altar, el día cuando recibí mi llamado a la edad de dieciséis años. He oído hablar de su voluntad y dirección para mi vida a través de la oración, pero esto era algo diferente, ahora estaba escuchando su voz. Escuchar la voz de Dios de nuevo y las palabras que me dijo me dieron la fuerza para soportar las dificultades que estaba enfrentando y lo que estaba por venir.

Poco tiempo después de este encuentro con Dios, lo volvería a escuchar. Esta vez se trataba de cómo había olvidado quién era yo como persona y mis propias necesidades. Me hizo ver que antes de asumir el papel de misionera, esposa y madre, yo era Dalila, una persona, que había nacido con un nombre y que tenía necesidades que satisfacer. Me mostró que solía disfrutar haciendo cosas y aprendiendo, como cuando era adolescente y tomé una clase para aprender a tejer.

Esta revelación de Dios me hizo comenzar a prestar más atención a mis necesidades humanas y de cómo suplirlas. Normalmente yo era muy buena en ayudar a otros con sus necesidades, pero no era muy buena en ver por las mías propias. Siempre estaba ocupada trabajando y no descansaba mucho y no pasaba casi tiempo a solas.

No me mal entiendas, cuidaba de mí misma cuando se trataba de vestirme, arreglarme y estar limpia y usar maquillaje cuando fuera necesario, así que no se trataba de esto. Con respecto a la obra misionera siempre estuve ocupada trabajando, pero pasaba tan poco tiempo leyendo la Biblia y adorando a Dios. No estaba mal ayudar a los demás, el problema era que apenas dejaba tiempo suficiente para ocuparme de todas mis necesidades, como pasar tiempo haciendo amistades por así decirlo. No prioricé mis necesidades, sino que siempre estuve al final de la lista. Así que empecé a hacer cambios y trabajé en pasar más tiempo leyendo la Biblia, orando y siendo parte del estudio bíblico de mujeres y no sólo del servicio del domingo.

Tan pronto como llegué a Alemania hice nuevas amistades, pero ahora se trataba de realmente ser una amiga y pasar tiempo con ellas fuera de las actividades de la iglesia o de la escuela de los niños. Me involucré en mi comunidad, pero ahora tenía cuidado en cuanto al tiempo. Me ofrecía como voluntaria y siempre estaba consciente de no pasar el límite, porque ahora tenía uno, algo que nunca antes había tenido. Sabía que tenía que hacerme responsable ante Dios, así que estaba siendo cuidadosa con mi tiempo y en cómo lo usaba.

Tuve que enfrentar las áreas donde había fallado como esposa y madre, lo cual era muy difícil de aceptar, pero tuve que hacerlo. En este proceso tuve que aprender a recibir. Siempre he sido dadivosa y estaba tan acostumbrada a dar así que era difícil aprender a aceptar y esto no era por orgullo, sino porque sentía que no había necesidad de gastar dinero en mí. Creía que era mejor usarlo para cuidar de mi familia o usarlo para el trabajo misionero. Ahora estaba viendo cómo le fallé a mi familia. Porque muchas veces tomé de nuestras finanzas y provisión para dar a los necesitados, no dándome cuenta de que las necesidades de mi hogar deberían haber sido suplidas primero.

El tener un hogar y vivir con comodidades necesarias en casa me hizo creer que nuestras necesidades no eran tan urgentes como las de las personas que ayudábamos. No podía ver que mi familia debería haber sido primero, ya que mi primer ministerio era mi hogar. Yo era culpable de no ser tan cariñosa con mi esposo y de muchas veces no aceptar su afecto, estaba guardando demasiadas cosas en su contra.

Una de las cosas era que yo quería su tiempo y atención. Tenía un fuerte deseo de conectar con él y como no pasábamos mucho tiempo juntos, esto me hacía estar resentida con él. Trabajé en mejorar mi relación con mi esposo, pero fue difícil porque nuestra comunicación fue limitada debido a que estaba fuera del país. Mi única esperanza era que cuando regresara podríamos lograrlo.

Mientras tanto, trabajé en cambiar actitudes que podía sobre mí, empezando a gastar tiempo y dinero en mis necesidades urgentes. También tuve que aprender a gastar dinero en mi familia y una de las maneras en que lo hice fue divirtiéndonos sanamente y viajando. Los deseos de mi corazón se cumplirían, ahora estaba en el centro de Europa, así que aproveché esa oportunidad y viajé a otros países. Viajé con mis dos grandes compañeros, mis hijos y cumplí la promesa que les había hecho en

California de que viajaríamos. Participé con mis hijos en muchos eventos que la militar ofrecía para ayudarnos como familia durante la ausencia de mi esposo, quien estaba trabajando fuera del país y en área de guerra. Mis hijos participaron en deportes y diversos eventos ofrecidos por la escuela y los programas después de clases. Asistí a muchos de sus eventos deportivos. Todos extrañábamos nuestra casa y amistades, pero mejor nos concentramos en hacer de lo mejor mientras vivíamos ahí.

Una muy buena amiga de mi iglesia en California vino a visitarnos con su hija y los cinco viajamos juntos. Su visita nos trajo un pedacito de casa. Luego de casi un año de estar fuera del país por cuestiones de trabajo mi esposo regresó, pero vivíamos como extraños, habíamos estado físicamente separados durante dos años. A su regreso tratamos de empezar a trabajar en la reparación del matrimonio, pero vivíamos en habitaciones separadas y teníamos vidas separadas. Su relación con los niños era la misma, pero nuestra relación como pareja era la que había cambiado. Ya no éramos una pareja, esto fue muy difícil de aceptar y no podía hacerle frente. Había dejado todo para estar a su lado y ahora no existía el *"nosotros."*

Siete meses después de que mi esposo regresara a Alemania nos mudamos de regreso a los Estados Unidos. Ahora estábamos viviendo en una base militar en un pequeño pueblo en Misuri. Llegué con la misma actitud y animé a mis hijos a hacer lo mismo, a disfrutar de este nuevo lugar y aprovecharlo al máximo. Seguí trabajando en las cosas que Dios me había mostrado cuando viví en Alemania. Permanecí dedicada a mis hijos y a la familia, pero nuestra vida como una pareja era la misma, vivíamos vidas separadas porque nuestro matrimonio no mejoró. Como esto ya llevaba varios años me empezó a afectar y a causar un poco de amargura y mucho dolor porque yo quería que mi matrimonio funcionara. Vi la necesidad de seguir yendo a terapia para ayudarme con la ruptura de mi matrimonio. Había asistido en el país de Alemania a consejería con un capellán, con un pastor, así que ahora estaba haciendo lo mismo en Misuri cuando lo necesitaba.

Seguí buscando a Dios y pidiéndole que me ayudara a perdonar, que pudiera aceptar y continuar adelante con mi vida y lo hice. Me ofrecí como voluntaria en algunos eventos de la comunidad militar y enseñé por primera vez en un estudio bíblico de mujeres. Eso me ayudó a poner mis ojos en Dios y trajo mucho crecimiento en mi vida espiritual. Había elegido enseñar una clase sobre la oración cuando se me dio la opción de qué tema dar. Impartir esta clase me enseñó lo mucho que no sabía acerca de la oración. Asistí principalmente a una iglesia bautista local, tenían gran enseñanza de la Biblia y muy buena comunión, convivencia. Esta iglesia me recordó a mi primera iglesia bautista en Campeche donde acepté a Cristo. Vivir en Misuri me dio un corazón más cercano para los Estados Unidos, me dio patriotismo. Esto era algo que no tenía anteriormente debido a que yo no sabía y no conocía mucho de su cultura e historia hasta que viví aquí.

Un día Dios me dio este versículo: "Levántate, resplandece; que ha venido tu lumbre, y la gloria de Jehová ha nacido sobre ti. Porque he aquí que tinieblas cubrirán la tierra, y oscuridad los pueblos: mas sobre ti nacerá Jehová, y sobre ti será vista su gloria" (Isaías 60:1-2).

Mi vida estaba cambiando, estaba experimentando paz y el gozo de Dios a pesar de que estaba viviendo en un matrimonio roto. Un día, mientras hacía ejercicio en casa tuve la idea de escribir un libro misionero. Me puse a pensar: *"Si tan solo pudiera alentar a alguien que está pasando por pruebas como yo, sería genial el poder ayudarles"*.

Sabía que era muy bendecida cuando ayudaba a los demás. Y que el servir me salvó de sentir lástima por mí misma y me ayudó a poner mis ojos en Jesús y a mostrar amor a la gente. Pues muy pronto Dios trajo a una persona para que le ayudara. Era una esposa militar igual que yo y pude ayudarla por varios meses dandole consejería bíblica, enseñandole y ayudándole a superar y sanar muchas áreas de su vida. Fui muy bendecida al ayudarle y esto me hizo pensar: *"Si tan solo pudiera escribir un libro de testimonios de todo el trabajo misionero que hice durante años y poder usarlo para animar a los demás, ¡esto sería genial!"*

Jamás había escrito un libro y lo único que había escrito en mi vida eran folletos y boletines informativos para el ministerio. Increíble cómo Dios trabaja en nuestras vidas. Él era el que estaba poniendo en mí el deseo de convertirme en escritora, aunque yo ¡todavía no lo sabía!

En el invierno traje de visita a mi madre, quien ahora era viuda, y esto permitió que se pudiera quedar con nosotros durante tres meses. Compartí con ella lo que estaba sucediendo en mi matrimonio y ella nunca se metió, sino que me respetó como siempre lo había hecho y sólo nos mostró amor a todos. En esta visita llegué a conocerla como nunca la había conocido. Pude consentirla y esto era algo que yo siempre quise hacer, aunque no había tenido los medios antes. Cocinamos, hicimos manualidades, salimos a cenar, al cine, al estudio bíblico de mujeres e iglesia. Tuve la bendición de ser yo, su hija menor, la que compartía estas cosas con ella. Asistimos a eventos comunitarios como la cena de Navidad para las familias y ahí tuve la oportunidad de ver a mi madre bailar con uno de los soldados. Ella me ayudó a cocinar para este evento también. Yo estaba tan feliz de ver a mi madre disfrutar y estaba muy orgullosa de ella. Mi madre había aceptado al Señor Jesús como su Salvador años atrás así que ahora orábamos juntas, algo muy hermoso. En esta visita cocinamos juntas las recetas de familia y las escribí para poder tenerlas y pasarlas a mis hijos.

Ya que yo estaba haciendo mis bordados a mano invité a mi madre que hiciera uno, ella escogió hacer el de punto de cruz. Me sentí como si estuviéramos viviendo como en los tiempos antiguos, y ambas lo disfrutamos ¡muchísimo! Mientras hacíamos manualidades platicábamos, ella mencionó que la última vez que hizo este oficio fue antes de casarse con mi padre. Esto significaba que fue cuando tenía dieciocho años o sea hacía más de cincuenta y cinco años. Yo estaba feliz de que ella pudiera volver a hacer manualidades, a usar su creatividad y ayudarla a relajarse. Este fue el resultado de la obra de Dios en mí y mi madre tambien estaba siendo bendecida por los cambios en mi vida. Yo también había dejado de hacer este oficio alrededor de esa misma edad y como ya sabes, empecé de nuevo al estar viviendo en Alemania. Este oficio de manualidad me ayudó en Alemania en las muchas noches en que no podía dormir debido a las pruebas que estaba pasando. Al hacer mis bordados oraba, usaba mi creatividad, me relajaba y todo esto me hacía estar en paz. Es increíble cómo Dios puede usar algo tan simple como un oficio o una manualidad para poder bendecir y cambiar tu vida e incluso la vida de otros, tal como la de mi madre.

Me sentí guiada por Dios a regresar a estudiar al colegio y me inscribí tiempo completo dado que mis hijos ya no eran pequeños. El menor estaba en la secundaria y el otro en la preparatoria al igual que el hijo de mi esposo quien ahora vivía con nosotros. Las tareas y el estudiar no fue nada fácil ya que habían pasado diez años desde cuando había asistido al colegio. Disfruté aprendiendo y especialmente la investigación, pero no me gustaba escribir los ensayos. Nunca he sido una persona que le guste escribir así que tener que escribir diez o quince páginas para un ensayo fue duro, pero me esforcé mucho y Dios me ayudó. Cuando necesitaba ayuda con el colegio, como el hacer que alguien leyera algunos de mis ensayos y así poder tener su opinión para asegurarme de que estaba bien, me ayudó mi hijo mayor e incluso mi hijo menor. Los chicos eran tan jóvenes, pero tan inteligentes con las palabras y la escritura, ambos me animaban a salir adelante con mis estudios.

Pronto llegó el Año Nuevo y habían pasado ya siete meses que estábamos viviendo en Misuri. Sentí que ya no quería continuar poniendo mis ojos en mi matrimonio roto y mi dolor, sino que quería mantener mis ojos completamente en Dios. Estaba en la iglesia en el servicio del domingo y el Pastor acababa de predicar acerca de la gloria de Dios y terminó con la oración. Desde mi asiento oré pidiendo a Dios que me quitara mi vida de dolor y en su lugar me diera gozo y paz. Pedí ver su gloria y traerle gloria. Dios contestó mi oración y sentí un inmenso gozo que me cubrió y me ayudó a poner mis ojos en Él. Esto me dio el valor y la fuerza para permanecer enfocada en ser madre, continuar estudiando y haciendo mi grupo de estudio bíblico de mujeres en casa.

Mantuve mi tiempo a solas para seguir cuidando mis propias necesidades, que incluían hacer ejercicio ya sea caminando en mi colonia o en el gimnasio tal como cuando estaba en Alemania. Meses después nos dieron órdenes para mudarnos de nuevo, de modo que solo vivimos un año y medio en Misuri. Tuvimos que hacer lo mismo de nuevo, nos despedimos de los amigos de la iglesia y de la comunidad. Muy pronto mi esposo se iría para el extranjero, pero nosotros no podíamos ir con él. Me mudé con mis dos hijos de vuelta a casa, a Oceanside y mi esposo y su hijo se unieron a nosotros unos días más tarde.

California, Julio del 2013

Llegamos a California durante las vacaciones de verano, así que mis hijos tuvieron suficiente tiempo para prepararse para el nuevo año escolar. Nuestra casa no estaba lista para poder mudarnos así que tuve que hospedarme en un hotel con mis dos hijos y nuestro perro. Nos alojamos en un poblado cercano ya que el hotel era más barato allí que en nuestra ciudad de Oceanside. Mi esposo llegó con su hijo y lo trasladó a vivir con su mamá y luego se mudó con nosotros. Ahora éramos los cuatro en el hotel y lo disfrutamos lo mejor que pudimos. Continuamos como pareja viviendo como antes, vidas separadas.

Mi esposo se quedó sólo unas semanas y luego se fue para su nuevo trabajo militar en el extranjero. Después de unas semanas de pagar el hotel, las comidas y otros gastos ya no podía pagar más estancia. La militar nos ayudó con los gastos de mudanza, pero no lo cubrieron todo, ya que mi tiempo de espera fue más largo de lo que normalmente cubrían.

Así que me puse en contacto con una buena amiga mía quien nos permitió quedarnos en su casa. Nos alojamos con ella como por un mes y luego nos mudamos a nuestra casa. Tuve la bendición de tener a esta amiga y su familia quien nos aceptó en su hogar con todo y nuestro perro. Fueron tan amables y pacientes con nosotros y nuestro perro llamado Gordo. Pronto nos mudamos a casa y trabajé en limpiarla, pintarla y hacerla nuestro hogar de nuevo. Mis hijos me ayudaron a desempacar todas nuestras cosas, excepto las cosas personales de mi esposo ya que él estaba en el extranjero. Tuvimos que adaptarnos a estar de vuelta y vivir en una ciudad, pero estábamos felices de estar viviendo en nuestra casa y ser parte de nuestra comunidad otra vez.

Volví a asistir a mi iglesia local con mis dos hijos. Tuve la bendición de ver cómo la iglesia había crecido y que continuaban enseñando la Biblia. Había muchas familias que yo no conocía y muy buenos cambios también. Me reconecté con la mayoría de mis amistades de la iglesia y de mi colonia. Muchos me preguntaron si aceptaba donaciones y si iba a volver a hacer el trabajo misionero en Tijuana, pero mi respuesta fue no. Una de las personas que me había preguntado era una hermana de la iglesia a la que había donado un vehículo para que ella ayudara a la familia a quien yo había dejado el ministerio de comida.

Antes de irme a Alemania, había transferido mi ministerio de alimentos al hogar de una familia en Oceanside porque nadie podía continuar mi trabajo misionero en Tijuana. Había dejado todo el equipo con esta familia y los había entrenado a ellos y a esta hermana sobre cómo ayudar a las familias en Oceanside y sus alrededores. Ahora tenía la bendición de ver que el ministerio de alimentos que comencé en casa no se había perdido, sino que continuaba. Ya no estaba en la casa de esa familia, pero se había convertido en un ministerio de la iglesia y seguía ayudando a las familias. Me alegró ver que estas siervas de Dios mantenían este ministerio de alimentos funcionando y que ahora era más grande. Visité y ayudé un par de veces en este ministerio de comida y estaba tan tentada a seguir ayudando, pero no lo hice porque sabía que ya no podía hacerlo porque tenía que enfocarme en mi familia y en mi educación.

Continué estudiando en el mismo colegio, pero ahora estaba en línea en lugar de en clase presencial, aunque preferiría estar sentada en una clase en lugar de tomar clases en línea. Sin embargo, esta era la única manera de terminar mi carrera y poder seguir cuidando de mi familia. Mis hijos continuaron sus estudios y disfrutaron el estar en casa de nuevo, aunque echamos de menos a mi esposo especialmente mis hijos. Fue muy difícil para mí ser ambos padres, pero Dios me dio la fortaleza y pude hacerlo durante este tiempo. Un día por segunda vez Dios me dio este versículo: "Levántate, resplandece; que ha venido tu lumbre, y la gloria de Jehová ha nacido sobre ti. Porque he aquí que tinieblas cubrirán la tierra, y oscuridad los pueblos: mas sobre ti nacerá Jehová, y sobre ti será vista su gloria" (Isaías 60:1-2).

California, Febrero del 2014

Sabía que había una razón por la que Dios me estaba dando este versículo de nuevo a pesar de que aún no podía entenderlo. Ocho meses más tarde que sería en el mes de febrero del 2014 tuve que enfrentar la petición de divorcio. Necesitaba aceptar el hecho de que habíamos estado viviendo vidas separadas por más de cinco años y que el matrimonio se había terminado. Me era difícil enfrentar la realidad porque en mi mente y corazón yo todavía quería persistir en tener una relación de esposa con él. Nos comunicábamos todavía pero no me daba cuenta de que era solo para platicar sobre los niños y cosas de la casa. Yo había tenido la esperanza de que la distancia nos pudiera ayudar, pero no fue así. Por el contrario, acabó de confirmar la realidad de nuestras vidas, que el matrimonio había terminado. En mi corazón estaba tan destrozada y sabía todo el dolor que el divorcio causaría a mis hijos y los de mi esposo. Ya no podía evitar la verdad; el matrimonio había terminado y este sería mi segundo divorcio.

Después de enfrentarme a este fracaso matrimonial sólo quería estar sola y llorar. Todo lo que quería hacer era refugiarme en Dios, así que comencé a leer y estudiar la Biblia más de lo que normalmente hacía y sin el uso de una concordancia. Como un año después de llegar a Alemania perdí mi Biblia. Esto sucedió un domingo después de la iglesia al haber llevado a mis hijos a comer en un restaurante de comida rápida en la base militar. Ese día, al salir del restaurante olvidé mi Biblia. Al día siguiente volví al restaurante, pero un empleado me dijo que estaba destruida y como yo no entendía el porqué, me dijeron que necesitaba hablar con la policía militar.

No podía entender por qué destruirían una Biblia. Después de eso me fui a la comisaría militar y luego de unas pocas visitas localicé al oficial que tuvo el caso y confirmó que la Biblia fue destruida. Me dijo que como era una caja negra desatendida en la base militar tenían que destruirla para garantizar la seguridad. Me puse triste y le dije lo que mi Biblia significaba para mí, primero porque era la Palabra de Dios y segundo porque la tuve por dieciséis años. Recibí esa Biblia cuando estaba embarazada de mi primer hijo y ahora me arrepentía de haberla perdido. La Biblia que fue destruida fue de estudio con concordancia, notas de estudio, mapas y mucho más, pero realmente no la utilicé mucho ya que casi no la leía.

Muchas cosas han cambiado desde la pérdida de esa Biblia. Ahora tenía una Biblia bilingüe en inglés y español sin concordancia o notas de estudio, pero esto me ayudó mucho en mi crecimiento espiritual. Constantemente me encuentro buscando de Dios y siendo más cautivada por él, queriendo saber más acerca de Él, de la Biblia e Israel. Un día me sentí motivada por Dios en ayunar y creo que esto fue el resultado de que le estaba buscando. Así que ayuné porque necesitaba su fuerza porque estaba a punto de pasar por el divorcio legal. Sólo la idea de tener que llenar formularios y pasar por el proceso del juzgado legal me estaba estresando, pero era necesario enfrentarlo. Además, ayunaba porque quería conocer la voluntad de Dios, necesitaba de su provisión y dirección para mi vida y la de mis hijos. Así que, en el mes de abril del 2014 ayuné durante cinco días en la Semana Santa. Dios contestaría mis oraciones y yo lo experimentaría de una manera íntima, ¡como nunca le había conocido en mi vida!

Cinco Días de Ayuno y Oración

California, Abril del 2014, Semana Santa

La Cruz

Ese jueves santo del 2014, en mi segundo día de ayuno fui a caminar un rato cuando vi en el cielo que las nubes formaban un dibujo. Cuando lo vi se me hizo romántico, pero luego sentí la necesidad de orar. Dije: "Dios estoy sola y no tengo esposo así que ese dibujo no puede ser mi vida."

Dios entonces me dijo: "Divórciate de ti misma."

Como no entendí el significado le pregunté: "¿Qué quieres decirme? Estoy pasando por mi divorcio, ¿qué quieres decirme?"

Él me contestó: "Esto es lo que quiero decirte, Dalila divórciate de ti misma y ve a la cruz para que seas Uno Conmigo". Él me estaba pidiendo que viniera a la Cruz y que ahí me viera con Él, para que pudiera estar casada con Él. Me estaba pidiendo que muriera a mi misma y que viniera a la Cruz con Él.

Acá abajo puedes encontrar el dibujo. Tiene dos cabezas y un solo cuerpo. El cuerpo y una cabeza son de Jesús con su gran corazón y solo la otra cabeza me representa a mí, Dalila. Jesucristo y yo caminando juntos, crucificada con Él. Este es el matrimonio que Él quiere que yo tenga y solo en la cruz es donde yo puedo ser Uno con Jesús.

Dios me dio con esa visión estos dos versículos:

"Porque ninguno aborreció jamás á su propia carne, antes la sustenta y cuida, como también Cristo a la iglesia." (Efesios 5:29)

"Entonces Jesús dijo a sus discípulos: Si alguno quiere venir en pos de mí, niéguese a sí mismo, y tome su cruz, y sígame." (Mateo 16:24)

For no man ever yet hated his own flesh; but nourisheth and cherisheth it, even as the Lord the church: Eph 5:29

Porque nadie aborreció jamás a su propia carne, sino que la sustenta y la cuida, como también Cristo a la iglesia, Efe 5:29

Si alguno quiere venir en pos de mí, niéguese a sí mismo, y tome su cruz, y sígame. Mat 16:24

If any man will come after me, let him deny himself, and take up his cross, and follow me. Matt 16:24

Y ese mismo día visité a una amiga durante dos días consecutivos, compartí con ella la visión que tuve en Alemania sobre el corazon y esta, la cruz. Le compartí lo feliz que estaba de escuchar a Dios hablarme y cómo cada visión me había bendecido. Además, le dije que no entendía lo que se suponía que debía hacer con estas visiones y que toda esta experiencia era algo nuevo para mí.

Ella fue bendecida por las dos visiones que le compartí y me dijo que creía que Dios me estaba dando un libro a escribir. Luego me dijo que sería una bendición para otros escuchar las revelaciones que Dios me daba. Fui bendecida por su respuesta y recibí lo que me dijo, aunque no creía en que debía ser escritora y menos me veía como autora.

Durante mi visita oramos, convivimos y también nos acompañó su hijo. Me sentí tan bendecida de tenerlos en mi vida, personas con las que podía orar y hablar profundamente de Dios. Ese día volví a casa tan bendecida porque ella entendía que Dios me estaba hablando y el método que estaba usando para hacerlo.

El Sueño

El viernes santo, en mi tercer día de ayuno tuve este sueño. Me encontraba sentada en una silla que era solo para una persona. Mi cabeza miraba hacia abajo ya que me encontraba escribiendo en una pequeña mesa de color marrón un poco larga a los lados. Esta mesa tenía suficiente espacio para ambos brazos y para mi material que era lápiz y plumas. Una persona se encontraba parada detrás de mí y me estaba dictando lo que debía escribir. Obedientemente escribía todo lo que esta persona que estaba detrás me estaba dictando. En ningún momento en mi sueño volteé para ver a la persona, simplemente estaba enfocada en escribir todo lo que me estaba dictando. No vi su cara simplemente sus ojos radiantes y que estaba vestido de blanco.

Vi clarito como yo estaba sentada con mi cabeza hacia abajo y mi mano estaba escribiendo lo que él me decía que escribiera. Continué escribiendo y escribiendo, sabiendo de que nada procedía de mi mente sino de la persona vestida de blanco y que yo simplemente era la escritora. Y así es como terminó mi sueño.

La Visión

Ese sábado, estando en mi cuarto día de ayuno recibí esta revelación a través de una visión y ocurrió de esta manera. Me puse de rodillas para orar y agradecer a Dios por todo lo revelado, ya que al día siguiente al medio día terminaría mi ayuno. Oré con los ojos cerrados y al final de mi oración Dios me dio esta visión.

Dios me dijo: "Dalila, al pasar sobre ti y cubrirte con mis alas, esto te dejo como recuerdo de que estuve contigo, te dejo este libro, tu libro está completo". Me mostró el número 7 y así terminó mi visión. Yo sé que Dios dijo que mi libro estaba completo, aunque en ese tiempo no entendía lo que significaba.

Levántate, resplandece; que ha venido tu lumbre, y la gloria de Jehová ha nacido sobre ti. Porque he aquí que tinieblas cubrirán la tierra, y oscuridad los pueblos: más sobre ti nacerá Jehová, y sobre ti será vista su gloria.
-Isaías 60:1-2

Este mes fue increíble debido a las nuevas revelaciones que recibí a través del ayuno de cinco días, pero también fue un mes muy difícil. Este fue el momento más difícil para mí y mis hijos porque tuvimos que enfrentarnos a algo más que el divorcio. Estaba en necesidad económica debido a mi divorcio y también con mucha enfermedad. Mi hijo mayor Gersón estaba en su último año de la preparatoria y deseaba visitar su universidad soñada.

A principios de año ahorré y compré dos boletos de avión para que él y yo visitáramos la Universidad Estatal de Pensilvania donde quería asistir. Desafortunadamente, dos días antes de este viaje me diagnosticaron con influenza y esto me impidió viajar y acompañarlo. No era sólo esto mi problema, sino que yo no tenía dinero para mantenernos y menos para darle para este viaje. Mi necesidad financiera era tan grande que este hijo mayor me daría parte del dinero que recibió de su padre para que pudiéramos comprar comida en tiendas de un dólar. Mantuve la situación de mis finanzas solo entre mis hijos y yo, pero ni aun así nuestros amigos y vecinos nos ayudaron. Ellos no sabían de mi necesidad financiera, pero si sabían que estaba enfrentando el divorcio, así que eso fue lo que les mostró nuestras necesidades.

Yo estaba tan vulnerable y necesitada como todas esas familias a las que había servido y ayudado durante tantos años. Fue muy doloroso y difícil creer lo que me estaba pasando, no tenía nada para dar, pero sí tenía tantas necesidades. Lo bueno era que ahora sabía pedir ayuda y aceptarla cuando la necesitaba. Pedí ayuda del ministerio de comida de la iglesia y pudieron ayudarnos.

A mitad de la semana sentí que ya no podía seguir adelante ya que estaba muy enferma. Tenía fiebre alta, mucho dolor de cuerpo, mucha debilidad, problemas para respirar por la noche que no me permitían dormir. No podía dejar de ser madre, ¿Cómo podría hacer eso? También debía continuar con mis estudios, tenía que ser fuerte y recuperarme pronto porque mis hijos me necesitaban, aunque yo también necesitaba que alguien me cuidara.

Como alrededor del tercer día de estar enferma y ver lo que estaba en contra mía, sentí ya no poder seguir adelante con mi vida. Sentía que estaba desfalleciendo y que estaba muriéndome, pero Dios me iba a sustentar. Ese día llamé al padre de mi hijo mayor y él pudo ayudarme económicamente con algo de dinero. También en este mismo día mi hermano el Pastor me llamó, aunque él no tenía idea de lo que estaba pasando. Puso a mi sobrino más pequeño al teléfono y ambos oraron por mí, aunque todavía estaba muy enferma y quebrantada, esta llamada me hizo sentir muy amada.

Después de colgar el teléfono sentí que no tenía nada para dar y seguir adelante debido a lo enferma y débil que estaba, estaba tan quebrantada. ¿Cómo podría seguir adelante con mi vida si estaba vacía? ¿Cómo podría cuidar y ver por mis hijos sino tenía nada que darles? No podía proveer para ellos estando tan quebrantada.

Fue en ese momento cuando escuché la voz de Dios diciéndome: "Dalila recuerda de dónde te traje y dónde estás hoy. Recuerda dónde naciste y mira dónde estás hoy y hasta dónde has llegado".

Esto me hizo pensar en el lugar donde nací y en cada país y lugar en el que había estado. Me hizo ver que todavía estaba viva a pesar de todas las dificultades en mi vida. ¿Quién habría pensado que esta niña que nació en un país del tercer mundo viviría y llegaría a viajar por muchas partes del mundo? ¿Que esta niña que nació en una gran familia de doce hermanos y hermanas, siendo ella la número once y la más pequeña, viviría en Estados Unidos y llegaría a ayudar a familias en México y Estados Unidos?

Después de reflexionar sobre lo que Dios me mostró, le dije: "Dios veo hasta dónde me has traído y hoy acepto estos sufrimientos en mi vida, aunque sean muy difíciles y dolorosos, pero los acepto. Ayúdame a seguir adelante. Voy a confiar en ti pase lo que pase en mi vida".

Inmediatamente toqué un canto de adoración el cual hice en una oración por primera vez en mi vida. En este día acepté hacer la voluntad de Dios y no la mía. Estuve de acuerdo en recibir con una buena actitud las cosas malas y los sufrimientos en mi vida y no sólo las cosas buenas. Gracias a Dios quien protegió a mis hijos porque ninguno de ellos se enfermó, y tampoco las amistades que me trajeron comida a la puerta.

A pesar de que mis hijos nos habían visto a mi esposo y a mí viviendo vidas separadas durante años, todavía les resultaba difícil saber que ya no éramos una familia y que el divorcio estaba sucediendo. No pude evitar el dolor que el divorcio causó a nuestros hijos, pero pude ser fuerte para ayudarlos. Ellos eran muy jóvenes y apenas se estaban adaptando a estar de vuelta en casa, a estar en una nueva escuela y ahora tenían que enfrentar el divorcio. Estaban por terminar el año escolar, Gersón el mayor estaba en su último año de la preparatoria y Moisés el menor estaba en su primer año. Estos fueron grandes cambios para ellos, aparte de todas las cosas que tenían que enfrentar como cualquier joven a su edad. También fue muy triste ver a los otros dos hijos que crecí y verlos sufrir y vivir vidas separadas de nosotros. Continué con mis estudios porque estaba decidida a terminar mi carrera a pesar de lo que estaba sucediendo en mi vida.

El año escolar terminó y mi hijo mayor se estaba preparando para irse a la universidad. Este fue un momento muy feliz para él y para mí como madre. Financieramente estaba sin los recursos para enviarlo a la universidad, pero confié en Dios que era nuestro Proveedor. Llegó el mes de agosto y mi hijo Gersón se fue a estudiar a su universidad soñada que estaba al otro lado del país. Me quedé en casa con mi hijo Moisés y pasé por momentos extremadamente difíciles con él debido al divorcio y a su corta edad, ya que tenía sólo catorce años cuando esto sucedió.

Era principios de noviembre y acababa de terminar de estudiar la Biblia y oré cuando Dios me hizo ver que este estudio se aplicaba a mi vida y no sólo a los demás.

También me dio este versículo:

El espíritu del Señor Jehová es sobre mí, porque me ungió Jehová; me ha enviado a predicar buenas nuevas a los abatidos, a vendar a los quebrantados de corazón, a publicar libertad a los cautivos, y a los presos abertura de la cárcel; A promulgar año de la buena voluntad de Jehová, y día de venganza del Dios nuestro; a consolar a todos los enlutados; A ordenar a Sión a los enlutados, para darles gloria en lugar de ceniza, óleo de gozo en lugar del luto, manto de alegría en lugar del espíritu angustiado; y serán llamados árboles de justicia, plantío de Jehová, para gloria suya."(Isaías 61:1-3)

Luego Dios me dijo: "Dalila, has estado caminando conmigo durante veinticinco años desde que regresaste después de que te habías apartado cuando tenías diecinueve años. Estás haciendo bien ahora y esto no se trata de un pecado actual. Sé lo mucho que me amas y deseas estar conmigo, pero necesitas saber que te rebelaste contra Mí cuando te alejaste de mis caminos a la edad de diecinueve. Tú me aceptaste como tú Salvador a la edad de doce años cuando pasaste al llamado al altar y a la edad de dieciséis años aceptaste tu llamado."

Cuando Dios me dijo esto pude volver a vivir esos momentos, verme a mí misma en esas dos llamadas al altar. ¡Oh cuánto había olvidado esos días!, especialmente el de mi llamado. Era como si estuviera viendo una película de video. Esto es lo que hice cuando volví a los caminos de Dios. Yo nunca le pedí que me perdonara, volví como si yo nunca hubiera hecho nada malo. Dios me mostró esto no porque Él no me había perdonado, porque Él ya lo había hecho. Me los mostró para que yo viera que hice mal al abandonarle y que yo todavía estaba luchando en someterme a Él. Necesitaba ser liberada de las ataduras de rebeldía contra Dios. En respuesta a Dios, le pedí que me perdonara por mi corazón rebelde y mi orgullo. Lloré por muchos días, pero mis lágrimas fueron de alegría.

Durante esa misma semana pedí perdón a mis exesposos y sus hijos, que me perdonaran por el dolor que causé en sus vidas. Dios me liberó ese día de ser rebelde y orgullosa. No me había dado cuenta de mi actitud de orgullo y rebeldía que tenía hacia Dios y hacia la gente también. Este perdón y liberación me hizo sentirme libre por primera vez en mi vida y me sentí una mujer y a esto me refiero. Sentí por primera vez en mi vida que era una Mujer Digna, que era una Mujer de Valor, que era una Dama. Sentí como si fuera una joven de diecinueve años otra vez y que Dios había guardado todos los deseos de mi corazón y que podía vivir la vida que Él planeó para que yo viviera. Finalmente pertenecía toda a Dios y no había nada en el camino que estorbara para que yo tuviera una gran relación con Él. Ese día este versículo vino a mi mente: "Y sabemos que a los que a Dios aman, todas las cosas les ayudan a bien, es a saber, a los que conforme al propósito son llamados." (Romanos 8:28).

Fue en este día que por primera vez sentí que un hombre cristiano podía desearme para convertirme en su esposa. Por eso pude orar y escribir en mi diario lo que está en el prólogo de este libro: "¡Ningún hombre me podrá satisfacer hasta que yo esté satisfecha con Mi Dios, El Gran YO SOY-JESÚS! Si Dios tiene un esposo misionero para mí Él lo proveerá y si no, ¡yo acepto mi soltería!" Este día sentí que podía priorizar enfocarme en Dios y que era Él quien debía traer el hombre cristiano a mi vida si así era su voluntad.

En Busca de Orientación

Dios continuó dándome más para escribir y durante muchos días y noches estaba inquieta porque Él me hablaba y me conmocionaba el ver cuánto me revelaba. No tenía idea de lo que me estaba pasando. Seguí orando acerca de qué hacer con los escritos, eran una bendición para mí y sentía que necesitaba compartirlo con otras personas tal como mi amiga sugirió. Sin embargo, no sabía cómo hacerlo. Busqué orientación de una líder de mi iglesia y en esa reunión pude compartir con ella lo que estaba sucediendo, cómo Dios me había confrontado y mostrado acerca de mis ataduras y dado entendimiento al respecto. Compartí cómo estaba experimentando por primera vez en mi vida las revelaciones de Dios a través de visiones, sueños y escritos. Que Él me había mostrado a través de una visión cómo voy a ministrar cuando llegue el momento de compartir todas sus revelaciones, pero no sabía dónde debía hacerlo. Así que estaba tratando de averiguar si debía compartir mis escritos aquí en nuestra iglesia o si lo iba a hacer en México. Le dije que había hecho una pequeña conferencia de mujeres, pero fue basada en testimonios o en un libro, algo muy diferente de lo que ahora tenía.

Ahora yo estaba teniendo enseñanzas que Dios me estaba dando para escribir y necesitaba saber cómo compartirlas. Estaba viendo que necesitaba compartirlos en los Estados Unidos porque mis escritos han sido bilingües, en inglés y español y son los idiomas que domino.

Compartí con la líder lo que estaba pasando en mi vida personal, el divorcio. Esta líder me dio su opinión sobre lo que compartí. En cuanto a las ataduras, ella me había dicho que, si yo iba a compartir aquí en la iglesia, no podría traer el tema de las ataduras porque esto crearía confusión entre los creyentes. Dijo que un creyente no puede tener ataduras porque Cristo ya había liberado a esa persona. Estuve completamente de acuerdo con ella en que Cristo ya nos hizo libres, pero compartí cómo Dios me mostró cómo todavía tenía ataduras y le di un ejemplo de una y de cómo esta entró a mi vida.

Como no podíamos estar de acuerdo mejor dejé el tema. Estaba desconcertada por su respuesta, pero le agradecí por verme. También me dijo que no podía ministrar como fui instruida ya que eso no se practica en nuestra iglesia. Dios me había mostrado en una visión de que ministraba en una multitud a través de mis palabras, orando y visitando hogares de aquellos que me permitían visitarles y oraba por ellos y estaba acompañada por mi equipo de personas. Pero me dijo que no podía hacer eso aquí porque nuestra iglesia no opera de esa manera.

Así que compartí con ella como hice el trabajo misionero con mi hermano el pastor y como lo hacíamos en Tijuana. Muchas veces los dos íbamos a visitar los hogares y ministerios cuando se podía. Y en estas visitas orábamos por sanidad, llevábamos donaciones de comida, convivíamos o simplemente dábamos aliento y orábamos por ellos antes de salir de su casa o ministerio. Estábamos para ayudarles mientras estaban pasando por la batalla. Pero ella me había dicho que esto no se hacía en Estados Unidos. Yo nunca supe que había una diferencia en cómo se alcanza y ora por las familias, mexicanas, americanas o de cualquier cultura. Todos tienen necesidad. Yo pensaba que todos querrían que alguien viniera a visitarles y mostrarles lo importante que son. Que, en su tiempo de necesidad, alguien esté ahí con ellos para darles aliento y oración.

Estaba sorprendida de que esto era algo que no se hacía en los Estados Unidos ya que yo lo he hecho por mis vecinos, amistades y para algunas de las familias a las que distribuí alimentos también. Siempre fue una bendición hacerlo y siempre me acercó más a Dios y a la gente y me hizo consciente de sus necesidades y existencia. Esto es lo que me hace ser parte del Cuerpo de Cristo. Jesús visitó casas y lugares y no sólo ministró en el Templo, así que debemos hacer lo mismo cuando haya necesidad. Entendí que ella no estaba llamada a hacer este ministerio, pero eso no significa que deba decir que este tipo de ministerio no es algo que hagamos aquí en nuestra iglesia en Estados Unidos.

Respeté su respuesta y le dije que había entendido la cultura y así dejé el tema. Luego me dijo que estaba feliz de que Dios me estuviera hablando y oró para que él me mostrara cómo servirle, y así fue como terminó la reunión. Sabía que seguiría sirviendo de la manera en que Dios me había mostrado sin importar en qué país o lugar estuviera, seguiría buscando servir tal como lo hizo Jesús. Esta líder no podía ayudarme y me fui muy confundida por sus respuestas, pero no me desanimé porque sabía en mi corazón y espíritu que Dios estaba siendo real en mi vida al igual que sus revelaciones.

A través de esta experiencia Dios me mostró a no depender del hombre sino a depender completamente de Él. ¿Por qué? Porque un líder puede no ser capaz de ayudarme y esto puede desanimarme para buscar a Dios. Por lo tanto, necesitaba seguir buscando de Dios quien revelaría sus planes y propósito para mi vida sólo si permanecía enfocada en Él. Además, esa experiencia fue para recordarme de ser un buen líder y de la necesidad de tener buenos líderes en la iglesia, el Cuerpo de Cristo y sus responsabilidades.

Es necesario tener líderes bien preparados que puedan dirigir el rebaño de Dios. Si como líderes no podemos o no estamos dispuestos a dirigir el rebaño, entonces necesitamos quitarnos de esa posición privilegiada y permitir que aquellos que tienen el llamado y el corazón lo hagan. Sé que hay casos en los que un líder puede no entender por lo que esa persona está pasando porque no lo ha experimentado, pero pueden orar para tener dirección sobre cómo ayudar. Puede haber ocasiones en que la única ayuda sea orar y luego conectarlos con alguien que ha pasado por ese proceso o que tiene el mismo llamado.

Entiendo que los líderes son seres humanos y muchas veces pueden estar tan ocupados con el ministerio, su vida personal y las pruebas, que tal vez no busquen de Dios en cómo ayudar a aquellos cuando vienen buscando dirección. Es importante que como líderes seamos conscientes cuando el Espíritu Santo está trabajando en la vida de alguien y los traiga a nuestra vida para que oremos por ellos, les guiemos o seamos sus mentores. Esta experiencia me ayudó a permanecer concentrada sólo en Dios para poder saber qué hacer con mi vida y mis escritos. Dios también usó esta experiencia para recordarme que esta es Su iglesia, por la que Él murió en la cruz y de cuán precioso es el Cuerpo de Cristo, la iglesia, para Él, así que necesito continuar orando por ella.

Pasé muchos años tratando de deshacerme de mi ansiedad y los problemas de colon sin éxito. No importaba lo saludable que comiera nada funcionaba. Ahora, después de veinte años había superado la enfermedad. A principios de diciembre se finalizó mi divorcio y era una mujer soltera. Pensé que mi sanidad había sucedido porque ya no tenía el estrés de los problemas de un matrimonio, pero esa no era la respuesta. Dios me hizo ver que esta enfermedad era una atadura muy pesada que había entrado a mi vida desde hacía muchos años y que mi sanidad la recibí el día que me arrepentí de mi rebeldía y orgullo y restauré mi relación con Él. ¡Y así es como recibí mi libertad, mi sanidad!

Cuando Dios me mostró esto me hizo pensar en la mujer que menciona la Biblia, la que estuvo con sangrado por más de cinco años y que fue sana al tocar a Jesús. Al igual que ella yo ahora estaba ¡libre de esta enfermedad! Cuando empezaba a sentir ansiedad ya no necesitaba depender de cosas dulces para calmarme, sino que recurría a Dios y trataba de llevarle enseguida todas mis preocupaciones. Así era la manera como yo podía tener paz ahora. Continué comiendo cosas dulces pera ya no por adicción, sino que ahora las comía en cantidad moderada y como postre. Todavía tenía que cuidar mi dieta, pero ya no tenía que beber productos para tener una digestión normal en mi colon.

Hubo otros cambios que tuve que enfrentar. No eran tan buenos como mi salud, pero tuve que enfrentarlos. Fue difícil estar de vuelta en casa y que me preguntaran amistades de la iglesia o colonia en dónde estaba mi esposo. Para evitar dar explicaciones simplemente les dije que estaba en el extranjero por razones de trabajo sin revelar mi estado civil y sólo mis amistades más cercanas sabían de mi divorcio. En la iglesia no pude evitar que otras personas se enteraran. Unos cuantos me criticaron por mi nuevo estado civil y me lo hicieron saber de una manera muy cruel. No tenían idea de cuánto me lastimaron y cómo me hacían sentir rechazada y juzgada. No fui lo suficientemente fuerte para seguir yendo a la misma iglesia y ver a esa gente que me criticó. Había estado fuera por más de tres años y estaba tan feliz de estar de vuelta en mi iglesia local, pero al ser tratada de esta manera realmente me dolió mucho.

Sus críticas me hicieron sentir que no era digna del llamado de Dios para mi vida. Así que decidí que era mejor dejar mi iglesia local y asistir a otra iglesia cristiana. Anhelaba tanto continuar sirviendo a Dios, pero ¿cómo podría hacerlo si sentía que la gente sólo veía en mí a una misionera divorciada que había fallado a Dios? En esta nueva iglesia pude concentrarme en mi sanidad y seguir creciendo espiritualmente mientras me estaba adaptando a mi nueva vida como madre soltera.

Poco después de divorciarme un hombre de mi iglesia local me llamó e invitó a tomar un café y acepté su invitación. Los dos éramos solteros y nunca pensé que algo pudiera pasar entre nosotros. Yo estaba recién divorciada y él era recién viudo. Mantuve muchas familias en mis oraciones de intercesión y su familia era una de ellas. Realmente no lo conocía, solo sabía que él llevaba varios años asistiendo a mi iglesia y ahí lo había visto servir también. No sabía nada de su vida, solo lo conocía como una de las muchas familias de mi iglesia que habían apoyado con donaciones y acompañado a viajes misioneros en Tijuana. No era raro que él tuviera mi número de teléfono ya que todas las personas que donaban lo tenían. Lo que si era extraño era su invitación, pero lo acepté ya que pensé que me vendría muy bien distraerme y tomar un descanso de mi vida cotidiana y también poder convivir.

Salimos y disfrutamos de nuestra charla. Acepté volver a salir con él y nunca pensé que algo pasaría de estas salidas al cafecito. En cada charla que teníamos yo le compartía acerca de la transformación que Dios estaba haciendo en mi vida. Cada uno de nosotros habló de lo que estábamos planeando hacer con nuestras vidas, de cómo sería el futuro y nunca pensamos que nos enamoraríamos. Sin poder evitarlo nos enamoramos, pero antes de aceptar ser su novia tuve que orar y buscar la dirección de Dios.

Yo tenía temores sobre esta nueva relación debido a mis divorcios y el dolor que estos me trajeron. Una noche me puse a orar por esta nueva relación y creí haber escuchado que Dios me dijera que no temiera, pero qué debía de hacer. Obedecí y tuve paz, e hice lo que Dios me instruyó. Abrí mi corazón a este hombre cristiano y con mucha honestidad compartí cómo me sentía y por lo que había pasado. Le compartí de cuánto necesitaba ser amada y que si él iba aceptarme tal como estaba con un pasado y si podía amarme entonces podríamos intentar nuestro noviazgo. Pero si no podía era mejor no intentarlo.

Él me dijo que quería ser mi novio y acepté que él fuera el hombre que tanto he deseado tener en mi vida. En las pocas veces que salimos pude ver buenas cualidades en él, lo que había anhelado en un hombre desde mi juventud. Yo estaba muy feliz de ser su novia y orgullosa de nuestra relación y de que él era un hombre que estaba sirviendo a Dios a través de la iglesia.

No sabía cómo decirles a mis hijos que estaba por empezar un noviazgo. Habían pasado trece años desde la última vez que salí de novia y fue con mi exesposo. Mis hijos aceptaron y estuvieron muy contentos por nosotros. Así que empezamos nuestro noviazgo, pero seguí asistiendo a mi iglesia hasta que un día fui con mi novio a un evento de mi antigua iglesia y justo después de esto decidí volver. El estaba feliz de que estábamos asistiendo a la misma iglesia y yo también. Yo había extrañado el ser parte de la iglesia a la cual había pertenecido durante más de once años y donde tenía muchas amistades. Fue incómodo asistir a mi iglesia local al principio ya que algunos me juzgaron. Antes había sido juzgada por ser una misionera divorciada y ahora por estar de novia. No fui lo suficientemente fuerte como para resistir las críticas de algunas personas y permití que me afectaran muchas veces, haciéndome llorar por todas las cosas malas de las que me acusaron.

Con las oraciones y el apoyo de mi novio pudimos superar las críticas y tuve que aprender a tener una "piel gruesa" como dicen en inglés. Dios me mostró que los ataques eran del enemigo y que necesitaba reprender, rechazar todas las mentiras que se decían sobre mí y no creerlas ni entretenerlas. Tuve que orar para que mis hijos estuvieran protegidos de escuchar esas mentiras. Tuve que aprender a no guardar nada contra aquellos que me criticaron, perdonarlos tal como Jesús y orar para que Dios abriera sus ojos para ver la verdad y llegaran a conocer quién realmente era yo.

Disfruté el empezar a conocer a mi novio y esto fue en un viaje misionero en que él me acompañó. Yo había hecho un banquete para navidad para siete pastores y sus familias en Tijuana. En este evento servimos una gran cena, les dimos muchos regalos, oramos por cada uno de ellos y sus familias. Fue tan hermoso compartir todo esto con mi novio y fue una buena manera de empezar nuestro noviazgo. El orar y servir juntos fue muy lindo, pude ver su corazón dadivoso y servicial.

Pasó un mes y resultó que tenía que mudarme de casa, pero no estaba lista ya que no me habían dado el aviso con tiempo y además porque tenía tantas cosas pasando en mi vida. No estaba lista para enfrentar todos los desafíos que esto traería a mi vida. Era madre soltera, era responsable por mi hijo en la universidad y mi otro hijo adolescente en casa. Seguía estudiando en el colegio y empacando todo para mudarme con mi hijo y nuestro perro. No tuvimos ayuda para esta mudanza y tuve que hacerlo todo con mi hijo menor. Teníamos que separar todas nuestras pertenencias de las pertenencias de mi exesposo y esto era demasiado con que batallar. También estaba en mi nueva relación amorosa y estábamos empezando a tener problemas debido a que a veces él tenía muy mal carácter. No le ponía mucha atención a todo esto porque sentí que era normal porque él todavía estaba de luto y por sus cambios recientes en su vida y que pronto lo superaría.

Mis problemas y la situación de mi vida llegaron tan rápido que no pude ni procesarlo. Sin darme cuenta de la situación en la que mi novio estaba le pedí de su ayuda, sin fijarme en las tantas cosas que estaban pasando en su vida. No sabía qué más hacer, le pregunté si podíamos mudarnos con él y yo contribuiría a los gastos de la casa y así lo hicimos. Me mudé a una habitación y mi hijo en otra y solo trajimos nuestras cosas personales. Renté una bodega y ahí guardamos el resto de nuestras pertenencias. Desafortunadamente mudarme junto con mi novio no fue una buena idea porque habíamos caído en tentación y al poco tiempo después de vivir en la misma casa caímos otra vez y comenzamos a vivir en unión libre.

Yo sentía mucho remordimiento por lo que habíamos hecho, me sentía tan mal porque esta relación era tan especial para mí y no quería vivir en pecado. Pensé que esto no iba a pasar y que yo iba a ser fuerte ya que estaba creciendo en mi caminar con Dios, pero sucedió. Los dos nos arrepentimos y nos comprometimos a no vivir en pecado, pero hubo ocasiones en la que caímos de nuevo y él tuvo que dejar de servir en la iglesia por este pecado. Por otro lado, yo ya no hacía trabajo misionero ya que estaba enfocada en la escuela y mi familia. Estábamos enamorados y deseábamos casarnos así que nos comprometimos y meses después nos casamos.

Tiempo después vi a una amiga de la iglesia y pudimos pasar tiempo juntas mientras yo la llevé a Tijuana a visitar a su familia. En este viaje la pude conocer un poco más y le compartí un poco sobre las dificultades que atravesé cuando mis hijos eran pequeños. Esta amiga quedó impresionada con mi historia y cómo lo había superado todo. Sugirió que escribiera mi historia y la publicara en un libro. La siguiente vez que la vi en la iglesia me preguntó si estaba trabajando en mi libro ya que anteriormente me había dado un programa de computadora que me podía ayudar a escribir. Le dije que no estaba escribiendo en absoluto pero que deseaba escribir algún día un libro misionero, aunque no creía poder ser escritora.

Ella no fue la primera persona que me dijo que debería escribir mi historia de cuando mis hijos eran pequeños. Mi propia familia y amistades cercanas habían sugerido lo mismo. Tuve el deseo de escribir esa historia, pero sentí que no podía hacerlo todavía porque no estaba lista para compartirlo. Perdí contacto con mi amiga, pero a veces pensaba en ella y en su sugerencia de convertirme en escritora.

La Señal

Había pasado un año y medio desde que tuve mi última visión. Llevaba unos seis meses de casada y ya había terminado mi carrera, pero había hecho planes que esperaría a buscar trabajo en esa especialidad. Era importante para mí mantenerme enfocada en ayudar a mi hijo y estar disponible para sus últimos dos años de la preparatoria, para que así el pudiera estar listo para la universidad. Me concentré en cuidar de mi hogar, ser una buena esposa y madre. No estaba segura de cómo usar mi carrera para conseguir un trabajo en el futuro. Cuando llegase el momento es cuando me preocuparía por eso. Seguí pasando tiempo a solas con Dios y todavía deseaba escribir mi libro misionero, pero sentí la necesidad de recibir más confirmación de parte de Dios si había de convertirme en escritora.

Mi matrimonio no estaba muy bien y esto me desaminaba a creer que pudiera escribir un libro. Era principios de año nuevo cuando pedí a Dios que me diera una señal y fui muy específica en qué señal. Pedí a Dios poder localizar la casa del que fue mi primer Pastor en Campeche. Quería conseguir una foto de recuerdo de mi Pastor y más información sobre su vida ya que lo usaría en mi libro misionero. Quería escribir acerca de mi pastor en ese libro misionero porque él había sido mi inspiración. Yo sabía que este pastor había muerto hacía muchos años, pero sabía que su familia todavía vivía en Campeche.

Así que, en el mes de enero del 2016 fui de visita a Campeche con mi esposo y un día salimos a buscar la casa del Pastor y después de mucho caminar pudimos localizarla. Tuve la oportunidad de platicar con una de sus hijas quien me recordaba muy vagamente. Después pude compartirle que deseaba escribir un libro misionero. Le compartí que deseaba tener una foto de recuerdo de su padre, mi Pastor. Que él ha sido una gran influencia espiritual en mi vida y un gran ejemplo de un hombre humilde, lleno de amor y obediencia a Dios. Le compartí de cómo siempre lo recordaba, como cuando nos predicaba en español y de cuando a veces nos decía algunas palabras en el lenguaje maya. Después de platicar un rato, ella me pidió regresar en la tarde ya que tuviera quien le ayudara a buscar la caja con los recuerdos de la familia.

Al llegar la tarde llegué a casa de la hija del Pastor acompañada por mi esposo y esta vez nos fuimos en auto en lugar de ir caminando. Campeche es muy húmedo y caliente y la casa nos quedaba como a veinte minutos caminando, así que no queríamos quedarnos a medio camino vencidos por el clima. Mi esposo me esperó en el carro mientras entré a la casa, ya que pensamos que no tardaría, sino que sería una visita muy corta, pues solo iba a recoger una foto.

No tenía ni idea de lo que me esperaba al entrar en esa casa. Fui recibida por la hija de mi Pastor y después de saludarnos ella empezó a mostrarme fotos y una Biblia, la Biblia de mi Pastor. Recuerdo que al instante reconocí su Biblia y pude acordarme de cuando el Pastor, el Hermano Canito, la cargaba para luego usarla para predicar. Abrí la Biblia y pregunté si podía tomar fotos de su Biblia y de las fotos que contenía.

Su hija me dijo: "Mi padre dejó dos biblias y esta se la regalo. Creo que mi padre estaría contento de saber que usted la tiene y de que usted sigue sirviendo a Dios."

Yo le insistí que no podía llevármela, pero ella me hizo ver que era una bendición recibirla y poder honrar a su padre de esta manera, que una sierva de Dios la tuviera. Me hizo ver que ella tenía una segunda Biblia que su padre dejó y que ella sabía que yo la valoraría mucho.

Me quedé sin palabras y le agradecí de todo corazón el privilegio de poder recibir algo tan preciado, la Biblia de mi primer Pastor El Hermano Canito. Supe que esto era contestación a mi oración y era mucho más de lo que pedí. Esta era señal de Dios. Él me estaba diciendo que le creyera y que le obedeciera.

Luego que me despedí de ella me metí al carro donde mi esposo esperaba pacientemente. Me encontraba llorando y sin palabras algo no común para mí ya que nunca estoy sin palabras. Todo lo que pude hacer era mostrarle la Biblia a mi esposo y ya que terminé de llorar pude hablar. Antes de que planeáramos este viaje, había compartido con mi esposo cuál había sido mi petición de oración y ahora mi esposo era testigo de cómo Dios había contestado mi petición de oración. Los dos nos quedamos asombrados de lo que acababa de acontecer, que Dios me acababa de confirmar que necesitaba dedicarme a escribir.

Mis Cargas

Era el mes de febrero y Dios traería otro cambio en mi vida. Estaba luchando con la idea de ser escritora y ser usada por Dios debido a ciertos sentimientos y problemas que todavía estaba teniendo. El cambio ocurrió en mí al pedir ayuda, luego de una cita de consejería con mi hermano el Pastor que vivía en Tijuana. Sabía que ya no podía cargar con mi vergüenza, dolor, remordimientos y ser atormentada de nuevo por horribles pensamientos como los que había tenido en el pasado. Conduje a Tijuana y minutos antes de cruzar la frontera y perder la señal de radio, llegué a escuchar en una estación de radio cristiana un breve testimonio de una persona que superó ser constantemente atormentado por sus pensamientos. (Esto fue cita divina y no coincidencia.)

Este testimonio me animó a ser transparente una vez que me reuní con mi hermano. Este hermano es quien también ha sido mi compañero en el ministerio y no podía pensar en nadie mejor para ayudarme que él. Le compartí por primera vez los pensamientos dolorosos que me atormentaban muchas veces en mi vida. No entré en detalles ya que no pensé que fuera necesario, pero me concentré en compartir por qué había sufrido y cómo todavía estaba sufriendo. Necesitaba que me escuchara como pastor y no como mi hermanito y él lo hizo. Me había visto sufrir, pero no sabía qué cargas había estado llevando conmigo. Oró por mí y me dio instrucciones sobre cómo orar sola en casa, de ungir mi cabeza y volver a dedicar mi vida y todo mi cuerpo a Dios.

Siempre le había pedido a Dios que cambiara mis pensamientos, pero nunca he hecho este tipo de oración. Regresé a casa y sola en una habitación ungí mi cabeza y oré pidiéndole a Dios que me perdonara por cometer fornicación y por cualquier pecado que no había confesado. Entonces oré rechazando todo lo malo que había traído a mi vida y lo que otros habían traído a mi vida. Luego volví a dedicar todo mi ser a Dios, desde mi cabeza hasta mis pies.

Mientras oraba, finalmente pude verme a mí misma como Dios me ve, que soy pura para Él porque soy su hija y que todo está en el pasado. Esta oración me trajo libertad de las cadenas, de la vergüenza, de sentirme sin valor y de sentir la culpabilidad. Esta rededicacion me puso en el lugar que Dios tiene para mí como su hija. Finalmente podría vivir libre de todas las cosas que me atormentaron desde mi infancia y vivir libre de vergüenza. ¡Gracias a Dios por su perdón, por su amor, por verme de mucho valor y por darme una vida abundante! ¡Gracias a Dios por mi hermano también! Después de esto me sentí vigorizada con una fe más fuerte en Dios, me sentí más enfocada en cómo hacer lo que Él quería que hiciera usando la educación que tenía y con los escritos que me había dado.

Pecados Ocultos

Mayo del 2016

Era tan hermoso el seguir creciendo en la palabra de Dios y tener una relación más cercana con Él, sin embargo, no podía decir lo mismo de mi relación con mi esposo, ya que no era muy buena. Estábamos teniendo algunos problemas y no teníamos una buena comunicación la cual causó que los problemas que teníamos jamás fueran enfrentados y arreglados. Parecía como si el no pudiera enfrentarlos, así que mejor se quedaba callado y a veces se enojaba tanto que se iba de la casa. Después de irse por unos días regresaba, pero nada se arreglaba entre nosotros, pero él se comportaba como si nada hubiera pasado. Cuando yo trataba de hablar sobre ello, él mejor me pedía callarme y que lo olvidara. Si yo insistía en hablar sobre ello las cosas escalaban y se convertían en un pleito.

Así que yo callaba para poder vivir en paz, aunque por dentro esto me estaba haciendo mucho daño a mí y a nuestra relación. Su abandono me empezó a afectar. En ocasiones dejaba volar mi imaginación, constantemente era tentada en pensar que era mejor en seguir mis deseos que tuve antes de nuestro noviazgo. El deseo de regresarme a vivir a México. Él no ponía interés en arreglar el matrimonio, no quería hablar y encima de ello me abandonaba, ¿qué podía yo hacer? Me sentía no deseada y su comportamiento me hacía sentir que nuestro matrimonio no era importante para él, ya que, si lo fuera estaríamos trabajando juntos para hacerlo mejor. Estaríamos yendo a consejería matrimonial y haciendo lo necesario para que funcionara, pero esto no sucedía.

Esto era muy difícil de creer, me encontraba en otro matrimonio roto, y ahora ¿qué podía hacer? ¿Ponía mis planes en marcha? o ¿qué otra cosa podía hacer? Me sentí guiada por Dios a examinar lo que poseía y leí en la Biblia Éxodo 20:17: "No codiciarás la casa de tu prójimo, no codiciarás la mujer de tu prójimo, ni su siervo, ni su criada, ni su buey, ni su asno, ni cosa alguna de tu prójimo." Después escribí lo que Dios me mostró ese día.

¿Qué tenía que Dios pudiera usar para su gloria? La respuesta: Cosas tangibles y no tangibles, ¿qué cosas?

- **Tangible:** Carro, computadora, televisión, teléfono celular, trastes para cocinar y electrodomésticos de cocina, libros, muebles y equipo de ejercicio.
- **No tangible:** la necesidad de poseer los Estados Unidos, conocimiento de la Biblia, testimonios, matrimonio, ser bilingüe, título de carrera, cocinar, hablar, enseñar, ayudar, estudiar, aprender y tiempo.

Dios usará esto para abastecer mis necesidades y las de otros. ¿Poseo las cosas tangibles y no tangibles que tengo? He luchado con la idea de que me es mejor vivir fuera de Estados Unidos y esta idea me pasa por la cabeza siempre que discuto con mi esposo. Mi primera reacción después de que me abandona era huir a México y hacer lo que planeaba hacer antes de casarnos. La otra razón por la que quería irme era porque también extrañaba la casa donde crecí. ¿Por qué debo quedarme aquí cuando mi esposo no me trata bien y siento que no soy deseada? Antes de casarme con él, mis planes eran volver a casa una vez que mi hijo menor se graduara de la preparatoria y abrir un ministerio en México, pero en lugar de eso me casé y tuve que decir adiós a esos planes.

Cristo fue rechazado porque los israelitas no lo veían como suyo, pero buscaron a otra persona, a pesar de que él estaba físicamente presente. Podían ver a Jesús, podían aceptarlo a él y a todas sus bendiciones, pero la mayoría de ellos no lo hizo.

Yo Dalila, estaba deseando, codiciando la vida de otros mientras que Dios me había dado lo mejor. Pero como mis ojos estaban en otro país y en otras personas no podía ver y aceptar mis posesiones, mis bendiciones. Esto se debía a la forma en que estaba viviendo con mi esposo, en descontento y en dolor. Esto también se debía a que me sentía sola y extrañaba mucho mi casa y porque seguía comparando mi vida de cuando crecí con la de mi vida actual. Había luchado con esto durante unos años, pero no veía lo malo que era esa comparación.

Así que dije: "Dios, te pido que me perdones por codiciar la vida de otras personas. Reconozco que he pecado contra ti y ahora veo cómo esto no me permitió poder disfrutar plenamente la bendición de vivir en Estados Unidos. Este fue un pecado oculto encubierto con el hecho de que sentí que era normal extrañar casa, pero no me daba cuenta de que estaba pecando. Estaba deseando tener sus vidas y no estaba aceptando la mía. Que estaba casada y que mi lugar era estar con mi esposo a pesar de nuestras dificultades. Dios, tu me pusiste en las vidas de las personas de México para ayudarles, pero no debo codiciar sus vidas, en el nombre de Jesús hago esta oración. Amén."

Mis preguntas continuaron. ¿Quién soy? ¿Es la voluntad de Dios que yo viva en este país o es mi voluntad? ¿Qué me pasó la última vez que viví en México? ¡Mis planes fallaron! Desde mi nacimiento y hasta ahora Dios me ha permitido vivir en diferentes países y ¿por qué? ¿Tienen parte en mi llamado? ¿Cuál es realmente mi llamado?

Veía mi lista de las cosas tangibles y no tangibles que poseía y me preguntaba: "¿Qué es lo que realmente poseo? ¿Poseo los Estados Unidos, un país donde he puesto mis raíces y que amo? ¿O vivo en tierra prestada, con recuerdos y sueños de otros? ¿Por qué vivo así? ¿Esto procede de Dios?"

Me contesté: "¡La respuesta es no! ¡No, esto no es de Dios! Dios tiene planes para mí, Dalila. Así que yo no necesito desear, querer, codiciar lo que tiene para otros en México o algún otro lugar. Yo acepto el país de los Estados Unidos como mi país y lugar de vivienda sin importar lo que está pasando en mi matrimonio o vida. Te agradezco por este país Señor y por todos los demás países en los que me has bendecido en vivir. Ahora tengo que poseer todas las cosas que tengo en mi lista." Dios ha diseñado específicamente planes para mí, Dalila. ¿Cuáles son esos planes? La única manera de saberlo es buscando a mi Amo y Rey Jesús y preguntarle y Él me hablará. Me escribirá y me dará su guía. Me mostrará y dirá cómo vivir los planes que Dios tiene para mí. Pero necesito someter mi voluntad, mi vida y mis deseos y ya no tener recuerdos de dónde nací y deseando poder vivir de la misma manera. Y necesito dejar de codiciar la vida de aquellos que viven en donde crecí, sino que necesito vivir satisfecha y aceptar mi vida aquí en los Estados Unidos tal como es. Puedo extrañar casa y las personas, pero necesito asegurarme de no caer en la codicia, en no desear tener sus vidas. Ahora necesito empezar por poner atención a la vida que Dalila tiene y que necesita seguir viviendo en la voluntad, propósito y con la provisión de Dios. ¡Mi obediencia a Dios proporcionará mi propósito en la vida!

Un Joven

Una familia me contactó porque necesitaban ayuda para tomar decisiones escolares para su hijo, un joven adulto. Tuve la oportunidad de ayudar a este joven y a sus padres a tomar una buena decisión sobre su escuela y futuro. Después de ayudarles me sentí guiada por Dios en escribir material sobre cómo ayudar a un joven y a sus padres. Dios me dio oportunidad de usar este material y dar un taller gratis en la iglesia donde mi hermano Pastoreaba en Tijuana. Esto me hizo ver por qué hace años atrás Dios me dijo que regresara a la escuela a terminar mi carrera. Veo como lo que estudié, que es Ciencias de Servicios Humanos me ha ayudado personalmente a reconocer mis traumas y también me ayudó a estar más preparada para ayudar a otros.

Ahora no solo tenía mis veinte años de trabajo misionero como experiencia, sino que también tenía la preparación académica. Escogí estudiar Servicios Humanos ya que esta carrera era la más común con el trabajo misionero y porque deseaba usarlo para convertirme en oradora y mentora para seguir ayudando familias. En el tiempo que escogí estudiar mi carrera ni siquiera tenía idea de escribir un libro y menos sabía lo que Dios planeaba para mi vida. El dar este taller me ayudó a verme trabajando como oradora y mentora.

La Escuela

Estábamos en el mes de Junio y estaba luchando entre escuchar a Dios o escuchar los problemas que este matrimonio presentaba, más desacuerdos y pleitos. Mi esposo sabía que yo era una misionera, pero él luchaba en aceptar de que yo quisiera continuar sirviendo a Dios ahora que estábamos casados. Cuando éramos novios hablamos de mi llamado y carrera. De cómo yo continuaría sirviendo a Dios ya que el matrimonio no debe de cambiar nuestro llamado y especialmente ahora que ya no tenía niños pequeños en casa. Me encanta ser esposa y sabía que era mi primer ministerio, pero también sabía que Dios tenía un propósito para mí además de ser esposa y madre. En cuanto a trabajo yo deseaba tener un trabajo donde pudiera ayudar a la gente.

Cada vez que trataba de compartir con mi esposo cómo Dios me hablaba y mis escritos y el tipo de trabajo que deseaba hacer, él se rehusaba a escucharme y aceptarlo. Su reacción y negatividad me hacían sentirme muy triste y aislada. Tenía que guardármelo todo y lo único que quedaba por hacer era orar por él y por nuestro matrimonio. Mi esposo había aceptado que yo escribiera mi libro misionero ya que él estuvo conmigo cuando Dios lo confirmó, pero él no lo veía como un trabajo y menos aceptaba que me convirtiera en oradora y mentora. Insistí en buscar la voluntad de Dios porque necesitaba saber que no estaba imaginando este cambio en mi vida y que estaba haciendo lo correcto a pesar de la falta de comprensión e interés de mi esposo.

Ahora necesitaba saber qué paso tomar así que en mi cumpleaños visité un seminario cristiano pensando que tal vez necesitaba inscribirme para poder convertirme en oradora y escritora. Pensé que tal vez podría conducir a la escuela todos los días y luego volver a casa en lugar de vivir en los dormitorios. Que tal vez podría ir a la escuela mientras mi esposo estaba trabajando y mientras mi hijo estaba en la escuela cursando su último año de la preparatoria. Una vez que llegué a casa, compartí con mi esposo sobre mi visita al seminario y mis pensamientos acerca de cómo Dios podría utilizarme como oradora y escritora.

Al instante vi cómo su cara cambiaba y parecía muy preocupado tanto que se negó a escuchar más sobre esto así que paré el tema. Me di cuenta de lo difícil que era para él, así que tuve que seguir orando y buscando de Dios. Busqué otra escuela en Internet y qué opciones tenían que fueran mejor para mí. Estaba haciendo planes para visitarlo cuando escuché la voz de Dios diciéndome: "Dalila, no te inscribas porque si lo haces estarás ocupada con la escuela y en casa y no tendrás tiempo para Mí. Continúa buscándome y pasando tiempo conmigo. ¡Ya estás en la escuela! ¡Estás en Mí escuela!"

Acepté su respuesta y no me inscribí en ninguna escuela de seminario humano, pero continué en el Seminario de Dios. Seguí pasando tiempo a solas con Él, caminando y creciendo en su Palabra. ¡Dios me estaba enseñando y me seguiría enseñando!

A Solas con Dios

Cinco días después de mi cumpleaños escribí esta oración a Dios.

Prisionera en el Señor.

Yo Dalila, como prisionera de Dios estoy en su tiempo y voluntad. No tengo autoridad para mandar o decir lo que debo hacer. Dios es quien me dice qué hacer y cómo hacerlo. Y el único día que saldré de esta prisión de Dios será para encontrarme con Él cara a cara, mientras tanto Dios me guarda entre sus cuatro paredes por mi propio bien y para su gloria. ¡En estas cuatro paredes no me falta nada y nadie me distrae! Así como un prisionero sólo es liberado al cumplir su sentencia, Dios me liberará cuando haya cumplido mi sentencia, que es cumplir el propósito para el cual fui creada. Cuando Dios me suelte de esta cárcel será para estar ante su presencia, como en el tribunal cuando la persona comparece ante el Juez. Porque estaré ante Dios cuando termine mi trabajo aquí en la tierra y yo Dalila estaré cara a cara con Mi Juez, Mi Creador, Mi Gran Dios YO SOY y me dirá: "Dalila, ¡Buen Trabajo! Has sido fiel Mi sierva, ven a descansar en Mi Presencia". Mientras tanto, sigo en esta tierra y sigo estando dentro de la prisión (las manos de Dios, la voluntad de Dios) encarcelada donde no puedo escapar de estas cuatro paredes, porque quiero estar segura de que hago su voluntad y que satisface mis necesidades y que le traigo gloria. ¡Ya no quiero cometer errores, ya no quiero ser una mujer sin dirección y sin un propósito! Quiero permanecer encarcelada en la prisión de Dios (en sus manos, en su voluntad) y esta es la única manera en que, ¡yo Dalila quiero vivir! Dios por favor ayúdame, guíame a permanecer en tus cuatro paredes como tu prisionera y satisfecha en tu voluntad. Necesito que me guíes y que siempre pueda sentir tu amor. Te doy gracias por elegirme para estar contigo y ser Tu Prisionera JESUCRISTO. Es en el nombre de Jesús que hago esta oración, gracias, ¡Amén!

¡Mi libertad será cuando te conozca cara a cara! ¡Estoy aislada del mundo para ser la Prisionera de Jesús!

Tu sierva y prisionera, Dalila.

¡Sí, Tú!

Julio del 2016

Era julio y tendría otro encuentro con Dios, otra visión. La portada del libro es la imagen de esta visión, de mi encuentro con Dios. En esta imagen se ve una multitud y una mano. Yo soy la que está en medio de la multitud con el vestido color fucsia, rosa. La mano es de Dios llamándome, pero estoy pensando que está llamando a otra persona en la multitud y no a mí. Mi dedo está apuntándome a la cara porque estoy interrogando a Dios, diciendo: "¿Me estás llamando a mí? ¿Quieres que haga esto? ¿Estás seguro? ¿Por qué yo? Si tú puedes encontrar grandes mujeres piadosas que se han casado sólo una vez y no han batallado como yo. ¡Ellas deberían ser usadas para compartir la historia de sus vidas y no yo! Además, no soy escritora, sino platicadora. ¡No hay forma de que yo pueda escribir! Ah, ¿y quieres que escriba en dos idiomas, español e inglés? ¡Eso es aún más difícil! ¡No, no puedo! Sólo hablo un español e inglés sencillo y no tengo la educación para hacer esto. Además, si yo compartiera la historia de mi vida, sería un mal testimonio en lugar de un buen testimonio. Esto se diría: 'esto es lo que no debes hacer en tu vida, en lugar de, esto es lo que debes hacer en tu vida' porque escribiré con transparencia y podrán ver, ¡todas mis fallas! Bueno, esto haría que la gente se burlara de ti Dios y me apuntara con los dedos por el mal ejemplo que soy de una mujer cristiana."

¡Ah! pero Dios no estaba llamando a nadie más en la multitud que a mí, Dalila. Y así que me dijo: "¡Sí, Tú!" El que Dios quisiera usar la historia de mi vida para traerle gloria era algo imposible de creer.

Finalmente, mi respuesta a Dios fue: "Sí, Dios, escribiré el libro, pero el libro misionero que tenía en mente y no la historia de mi vida".

Es así como esta visión terminó.

David, El Rey

Estaba luchando con tener vergüenza y todavía tenía los pensamientos de que recibiría malas críticas una vez que la gente leyera la historia de mi vida. Entonces Dios me animó a ver en la Biblia la vida de Abraham, Sansón y David. David fue el que influyó mucho en ayudarme al ver las similitudes de su vida con la mía. Me impresionó mucho cómo David, el Rey era un hombre tan amoroso hacia Dios, la familia, los amigos y el pueblo bajo su reinado. Pero yo lucharía de nuevo en creer que Dios podría usarme de esta manera, escribiendo mi historia y compartiéndola. No entendía cómo podría escribir la historia de mi vida si estaba en mi tercer matrimonio y luchando con ello también. ¿Qué podría escribir? ¿Que tengo muchos problemas en este matrimonio y que he fracasado en otra relación amorosa otra vez?

Sabía que Dios todavía me podía usar, pero quería ser usada en la manera que estaba acostumbrada. Que era a un nivel muy pequeño y sin exponer mi vida personal y los detalles íntimos de ella. Siempre traté de compartir testimonios de mi vida para animar a otros, pero no me había dado cuenta de qué estaba escondiendo las cosas de las que estaba avergonzada y esto era lo que me llenaba de temor. Si yo escribiera el libro y lo publicara entonces la gente sabría la historia de mi vida y eso era a lo que me temía.

Hubo un día en que la casa necesitaba reparación y mi esposo contrató a un señor que conocíamos de nuestra iglesia para que le ayudara. Durante un descanso tuve la oportunidad de hablar con él por un tiempo. Lo conozco desde hace muchos años desde cuando mis hijos eran pequeños. Mientras hablaba con él, compartió conmigo que estaba ayudando a un amigo en cómo escribir un libro. Yo le compartí acerca de cómo Dios me estaba dando escritos y llamando a escribir la historia de mi vida y cómo yo me negaba a hacerlo ya que no pensaba que yo fuera un buen ejemplo que seguir.

Me animó a compartir mi historia, sabía que me apasionaba Dios, pero dijo que compartir mis fracasos podría ayudar a otras personas. Mencionó que sabía de alguien que estaba en un momento crucial de su vida y necesitaba tomar la decisión correcta y que podría usar mi testimonio para hacerlo. Después de que me dijo eso me sentí animada a compartir la historia de mi vida.

Dios fue fiel, nunca me dejó ir y continuó trabajando en mí y mostrándome por qué tenía que obedecerle. Semanas después obedecí y acepté su voluntad para mi vida, el escribir y publicar la historia de mi vida. Esto no fue fácil porque mis problemas matrimoniales empeoraron, pero sentía que Dios me insistía en seguir meditando sobre la vida de David, El Rey, el de la Biblia. Pues lo volví a leer y en esta ocasión puse más atención a los detalles de la vida de David. Ahora no solo me fijé en las cosas buenas de su vida, sino que también me fijé en sus pecados y fracasos. Esto me obligó a ver su humanidad total y no solo las grandes cosas que hizo. Esto me ayudó a ver cómo Dios veía a David a pesar de sus faltas y pecados.

¡Oh! Sí, porque el Rey David era un hombre de Dios, pero él también era ser humano con faltas, tentaciones y que en ocasiones también pecó. Este mismo David había sido un gran guerrero, pastor de ovejas, poeta, escritor, músico, maestro, un líder con gran voluntad, mente y mucho más.

Cuando David era confrontado por su pecado él se arrepentía y aceptaba la disciplina de Dios. Pude recordar que este rey era aquel niño que un día creyó que podía matar a un gigante con una piedra a pesar de que su familia y la gente no creyera en él. ¡Y él lo logró, mató al gigante! Dios lo había escogido para ser rey y todo lo que él pasó en su vida le sirvió para cuando él se hiciera rey. ¡Él llegó a ser David el rey y conservó el reinado y liderazgo hasta el día de su muerte!

¡El Rey David nunca perdió su reinado! ¡El cumplió su llamado y propósito en su vida! La Biblia nos habla de él y de su linaje en Mateo 1:1, nos dice: "Libro de la generación de Jesucristo, hijo de David, hijo de Abraham." David fue un rey, gobernador sobre el pueblo de Dios y de donde el Mesías, Jesucristo vendría. ¡José era descendiente de David y el padre de Jesús! ¡La vida de David trajo gloria a Dios! ¡Este es el linaje de JESUCRISTO!

¡Tengo Algo Que Ofrecer!

A finales de agosto tuve la oportunidad de ayudar a una joven que necesitaba guía sobre sus sueños y vida espiritual. Con la aprobación de mi esposo, invité a esta joven con su madre a pasar tres días en la casa. Pasé tiempo ayudando a esta familia mientras mi esposo trabajaba para que no afectara nuestro tiempo familiar. A través de los años había hospedado a personas en mi casa porque necesitaban un lugar temporal para vivir y transporte o porque estaban enfermas y solas. En mis años de ministerio he podido dar consejería durante una hora o un poco más, pero normalmente lo he hecho en sus casas, en la iglesia de Tijuana o en mi casa. Ahora estaba alojando por primera vez a una familia para poder ser su consejera y mentora. Cuando trabajé con esa jovencita, compartí un poco de mi testimonio y esto me hizo darme cuenta de que el testimonio de mi vida podría tener un impacto positivo en la vida de alguien. Recibí más afirmación después de compartir con ellas uno de mis escritos ya que me dieron un comentario positivo.

La experiencia con esta familia me hizo visualizar mi vida como oradora y mentora. Que yo podría estar ayudando a las personas de una manera profesional. Este pensamiento trajo una gran satisfacción a mi alma. Ahora necesitaba averiguar cómo hacer realidad estos sueños, lo cual no era tan fácil. Tal vez era más fácil conseguir un trabajo normal e ignorar todos estos planes, pero no quería hacerlo porque sabía que para esto nací y anhelaba tanto cumplirlo y verlo realidad. Sólo requería de mucha fe de mi parte para ver lo imposible hecho posible, hecho realidad. Cuando anhelaba convertirme en oradora y mentora mientras asistía al colegio, pensé en trabajar en un programa sin fines de lucro, pero ahora todo había cambiado. Tendría que hacer este tipo de trabajo por mi propia cuenta y esto podía ser mucho más difícil. Tenía muchas cosas pasando en mi vida personal que no podía pensar en estas cosas, pero tenia que enfocarme en nuestra mudanza de casa.

El cambio de casa no fue difícil para mí, pero sí lo fue para mi esposo. Fui muy paciente con él dándole mi apoyo y comprensión ya que sabía lo difícil que era tener que mudarse, especialmente por el efecto emocional que esto tenía en él. Nos mudamos a un pequeño apartamento y ya que acomodamos todas nuestras cosas, me ocupé en hacerlo nuestro nuevo hogar, cocinando y atendiendo a mi familia como de costumbre. En cuanto a mi esposo, él actuaba con mucha negatividad hacia esta nueva casa y constantemente me hacía ver que este lugar no era su casa y menos su hogar. Esto me dolía mucho ya que él no podía ver cuánto le amaba y que mi hijo y yo estábamos deseando que se sintiera en casa, tal como nosotros.

No importaba lo que hacía o decía a él no le gustaba tener que vivir en este nuevo lugar, esto lo mantenía constantemente de mal humor. El estaba muy quebrantado a causa de su duelo todavía y también por los otros cambios en su vida. Creía que podía ayudarlo a sanar y cambiar ya que yo había luchado con algunos de los mismos problemas en mi pasado, pero estaba equivocada. Él ni siquiera estaba dispuesto a aceptar ayuda y menos a reconocer sus luchas.

Así que desde que vivimos en este apartamento todos nuestros problemas escalaron y nuestros desacuerdos ya no eran tan esporádicos, sino que ocurrían con mucha frecuencia, convirtiéndose siempre en pleitos y terminando siempre con el abandono de mi esposo. Estuvimos viviendo, así como por cinco meses hasta que mi esposo me abandonó definitivamente. Me encontraba en este lío y sola. ¿Dónde estaba ese amor que tanto necesitaba tener de un hombre? Ese hombre era mi esposo y era su amor el que debía tener. ¿Dónde estaba mi esposo? Si me preguntabas te respondería; ¡No está conmigo!

SEGUNDA PARTE

¿QUIÉN TE ESCOGIÓ?

California, 2 de Febrero del 2017

Continuación del día 1 de 7. Me encontraba sola en este apartamento y mi única esperanza estaba en Dios y en este ayuno que hoy empecé. Sabía que ya no podía seguir viviendo como lo estábamos haciendo y que nuestra separación era necesaria, aunque era muy doloroso. Mi desobediencia a Dios me había causado sufrimientos, fracasos en dos matrimonios y ahora me encontraba luchando por mi tercer matrimonio. Puedo ver qué tipo de mujer había sido. Veía la batalla entre mi carne y mi espíritu, por un lado, alimentando a la carne los deseos sexuales y demás.

Por el otro lado, el espiritual, alimentando al espíritu que sólo quiere estar a los pies de Jesús y haciendo su voluntad. Yo quería ser feliz al lado de mi esposo y sé que él también desea lo mismo, aunque en ese momento no sabíamos cómo hacerlo posible. No entramos en este matrimonio con malicia, sino porque nos enamoramos, buscábamos amor y compañía, pero en esos últimos meses no habíamos tenido mucho de esto.

El hecho es que éramos dos personas rotas, que estábamos cargando mucho dolor que nos estaba afectando para poder mostrar, dar y recibir amor. Ciertamente puedo descansar sabiendo que Dios es misericordioso y aunque estoy pasando por estas dificultades Él usará este matrimonio para nuestro bien y su gloria, pensé.

Veía qué acciones y decisiones había tomado en mi vida y es increíble todo el sufrimiento que había causado a mí misma y a otros. Veía también a las personas que me había causado muchos sufrimientos porque les permití entrar a mi vida y aquellos que entraron por la fuerza. Nunca me di cuenta de lo frágil que había sido. Durante toda mi vida pensé que era una mujer fuerte, pero ahora veía lo fácil que fue para mí decir si a un hombre en mi vida y al pecado. No sabía la pesada carga que llevaba y que no estaba olvidando ni perdonando.

Así que cada vez que tenía discusiones y pleitos con mi esposo, traía al presente mis sentimientos de resentimiento hacia los hombres y estos se basaban en mis dolores y falta de perdón. Estos sentimientos eran tan negativos hacia los hombres y hacia mi esposo. Fueron cosas que salieron a la luz como resultado de enfrentar mi pasado. No sólo me enfrenté a mi pasado, sino que lo acepté como parte de quién soy yo y de quien me hizo ser. ¡Nadie más ha vivido esta vida excepto yo y solo yo he podido salir adelante!, pensaba.

Terminé esta larga lista de mi pasado hoy que es el primer día de mi ayuno de siete días. Estaba a mediados de mis cuarenta años y me tomó tantos años hacer esto, pero gracias a Dios se acabó. Al ver mi vida y todos mis sufrimientos sentía compasión por mí misma lo cual me movía a amarme a mí misma y a darme mucha gracia. Estaba en tanta necesidad de todo eso porque había vivido una vida como una persona rota durante tanto tiempo, pero no más, ¡gracias a Dios! Pude ver que soy una mujer cristiana, pero ahora veo cómo me costó estar en el espíritu ya que no sabía cómo hacerlo.

Estaba muy contenta de haber tenido que enfrentar mi pasado porque me ayudó a ver estas cosas positivas sobre mí que antes no veía. Además, me dio más compasión por mis hijos, el de amarlos al máximo porque necesitaban todo el amor que yo podía darles. También de extenderles mucha gracia y comprensión. Y ahora para mi esposo también tenía compasión y podía ver cómo había estado tratando de amarlo, pero lo estaba haciendo de la manera equivocada. Ahora debía amarlo de la manera correcta, como mi alma gemela. Debía extenderle la gracia y la comprensión también y aprender a ser esa ayuda idónea. Por último, sentía compasión también por aquellos a quienes había lastimado.

¿Quién te Escogió?

¿Quién es el hombre que teme á Jehová? El le enseñará el camino que ha de escoger. Su alma reposará en el bien, Y su simiente heredará la tierra. El secreto de Jehová es para los que le temen; Y a ellos hará conocer su alianza. Mis ojos están siempre hacia Jehová; Porque él sacará mis pies de la red.
-Salmos 25:12-15

Pasé tiempo orando, pidiendo perdón y liberación de Dios donde lo necesitara. Sé que Dios ha escuchado mi oración y acepto su perdón y liberación. Luego oré entregando todos mis sufrimientos y dolores a Dios y le pedí que me sanara. En cuanto a mi esposo sé que él es frágil y que ha sufrido y que también necesita sanar. Puede que no tengamos los mismos sufrimientos, pero es ser humano igual que yo así que ambos somos susceptibles a los dolores de la vida y las luchas de la carne. Ambos hemos pecado, recibido y causado dolor en nuestras vidas como seres imperfectos que somos. ¡Pero tenemos un Dios perfecto y esto me da esperanza!

El diablo siempre ha querido destruirme. No le bastó robar mi inocencia y niñez, pervertir mi sexualidad y mente, robarme mis bendiciones, quiere matarme, ¡pero no puede ya que le pertenezco a Jesucristo! Dios me hace ver que Él me creó y por lo tanto Él sabe lo que es mejor para mí, ya que Él es DIOS. Me dice:

"Y respondió Jehová a Job (Dalila) desde un torbellino, y dijo: ¿Quién es ése que oscurece el consejo con palabras sin sabiduría? Ahora ciñe como varón (mujer) tus lomos; Yo te preguntaré, y hazme saber tú. ¿Dónde estabas cuando yo fundaba la tierra? Házmelo saber, si tienes inteligencia." (Job 38:1-4)

Luego me dice:

"Reconoced que Jehová él es Dios: Él nos hizo, y no nosotros a nosotros mismos. Pueblo suyo somos, y ovejas de su prado. Entrad por sus puertas con reconocimiento, Por sus atrios con alabanza: Alabadle, bendecid su nombre. Porque Jehová es bueno: para siempre es su misericordia, Y su verdad por todas las generaciones" (Salmos 100:3-5).

Luego me habla recordándome lo que hizo por mí en la Cruz con este versículo:

"Entonces los soldados del presidente llevaron a Jesús al pretorio, y juntaron a Él toda la cuadrilla; y desnudándole, le echaron encima un manto de grana, y pusieron sobre su cabeza una corona tejida de espinas, y una caña en su mano derecha; é hincando la rodilla delante de Él, le burlaban, diciendo: ¡Salve, Rey de los judíos! Y escupiendo en Él, tomaron la caña, y le herían en la cabeza. Y después que le hubieron escarnecido, le desnudaron el manto, y le vistieron de sus vestidos, y le llevaron para crucificarle" (Mateo 27:27-31).

También Dios me muestra cómo yo no entendía lo que es y lo que significa el matrimonio para Él y por qué lo estableció. Me hace ver que, aunque yo siempre he orado y anhelado por años vivir en un buen matrimonio, me encontraba muy ignorante en cuanto a su significado real. Mis matrimonios han sido fracaso tras fracaso y esto no ha sido por falta de buenos ejemplos de matrimonio cristiano. Aunque yo anhelaba tanto ser feliz y traer honor a Dios en este mi tercer matrimonio quité mi vista, visión y enfoque en Dios. Así que Dios me dice: "Si Jehová no edificare la casa, en vano trabajan los que la edifican". (Salmo 127: 1).

Qué triste darme cuenta de que de nada me servía tener un lugar para vivir, cocinar y limpiar, si no estaba siendo edificado en Dios. ¡Estaba casada pero abandonada! Me encontraba en mi casa durmiendo en mi sala en un sofá en lugar de mi cama. Mi cuarto estaba vacío, solo tenía unas cajas con mis cosas personales y mi otra ropa en el armario. No había ni una cama y menos un esposo.

A pesar de esta escena tan depresiva Dios quiere que recuerde de cómo he estado orando por avivamiento y los matrimonios desde hace años cuando vivía en el estado americano de Misuri. A pesar de que en ese tiempo yo estaba pasando por la etapa final de mi segundo matrimonio. Me sentí guiada por Dios a orar por avivamiento y los matrimonios. Y estos eran los versículos que Dios me había dado en ese tiempo:

- "Por lo cual dice: Despiértate, tú que duermes, y levántate de los muertos, y te alumbrará CRISTO" (Efesios 5:14).
- "Mi pueblo (El Cuerpo de Cristo-La Novia-La Iglesia) fue talado, porque le faltó sabiduria (Palabra de Dios)" (Oseas 4: 6).

Aunque he estado orando por algunos años por los matrimonios y avivamiento no entendía completamente lo que significaba para Dios hasta el día de hoy. El pueblo cristiano está tomando leche cuando debe de estar comiendo carne. ¡Esto necesita ser transformado para que el avivamiento venga! Sí, que el cristiano necesita comer carne (madurez espiritual) y no leche (no hay crecimiento espiritual). Esta falta de conocimiento impide que la novia (el creyente, la iglesia) este alistándose diariamente. ¿Cómo va a estar alistándose la novia (el creyente, la iglesia) si carece mucho de su fundamento bíblico? ¿Si no vive basado en la Palabra de Dios? Esta novia (la iglesia) necesita actuar, necesita levantarse y no estar sentada como bebé esperando su biberón de leche, sino que debe estar comiendo carne, ¡La Palabra de Dios! ¡La Palabra y única Palabra de Dios, El Verbo que se hizo carne, ¡JESUCRISTO!

Yo estoy incluida en esta exhortación, ya que a veces tomaba leche y a veces comía carne. Batallaba en estar firme y parada cuando las pruebas venían a mi vida o cuando era tentada. Así que después de esta revelación le contesté a Dios con este versículo: "Entonces María (Dalila) He aquí la sierva del Señor; hágase a mí conforme a tu Palabra" (Lucas 1: 38).

Dios me muestra que, aunque yo escogí mi propio destino Él todavía me ama y que he sido creada con un propósito. Me hizo ver que soy alguien especial aquí en la tierra y que pertenezco a una familia. Que su propósito para mi vida siempre ha estado ahí ya que Dios permanece y sus bendiciones están vigentes todavía a pesar de mis sufrimientos, pecados o malas decisiones en mi vida. Fui guiada por Dios en escribir mi nombre y lo llené con toda mi información.

Gráfica 2: Mi Nombre, ¿Quién Soy?

Jeremías 1:5	D	A	L	I	L	A
Antes que te formase en el vientre te conocí, y antes que salieses de la matriz te santifiqué, te dí por profeta a las gentes.	Fecha de Nacimiento: Hija de: Hermana de:	Fecha de Salvación: Fecha de Llamado:	Esposa de: Madre de:	Nuera de: Suegra de:	Sobrina de: Tía de: Cuñada de:	Amiga de: Prójima de:

¡Yo soy alguien! ¡Pertenezco a una gran familia, comunidad y no estoy sola! Guiada por Dios leí estos versículos de la Biblia en Mateo 26:26-30, Isaías 54, Mateo 19:1, Apocalipsis 12:11. 16:15, 19:9, 22:16-17 y Génesis 20:16. Luego tomé la santa cena en casa dando gracias a Dios por todas sus revelaciones para mi vida. Le estaba pidiendo que me ayudara a creer en su Palabra y así poder caminar en ello. Yo no soy fuerte y necesito de su ayuda. Esta misma noche asistí a una reunión de oración en la iglesia donde pude orar por otros y también recibir oración para mi familia, esto me dio mucha fortaleza.

¿En Manos de Quién?

Antes de que este día terminara pude entregar mi matrimonio a Dios, creyendo que es Dios quien lo estableció y que Él hará lo que tenga que hacer en mi esposo y en mí. Pero antes de que pudiera dejar completamente mi matrimonio en las manos de Dios, Él tuvo que hablarme y darme de su paz y lo hizo de esta manera.

Salí a caminar en la tarde y aproveché ese tiempo para hablar con Dios en oración. Estaba orando y llorando al mismo tiempo cuando oí que Dios me decía: "Confía en Mí".

Con una voz de llanto le contesté: "Dios no puedo dejar de llorar porque no tengo a mi esposo conmigo, lo perdí".

Entonces Dios me dijo: "Deja de llorar y confía en Mí".

Yo seguí llorando y continué dando la misma respuesta a Dios y Él me daba la misma respuesta, que dejara a mi esposo en sus manos.

Hasta que finalmente pude soltar a mi esposo y dejarlo en las manos de Dios. Le dije: "Dios, perdí a mis dos hijos de pequeños y tú me los regresastes en mis manos. Así que ahora suelto a mi esposo en tus manos. Yo sé que tú no puedes dármelo de vuelta hasta que él sea el hombre que necesita ser para ti y luego para mí". Después de hacer esto me encontraba inconsolable ya que sentí que estaba perdiendo a mi esposo.

Así que Dios me dijo: "Dalila, ¿qué hago Yo con todo lo que tú pones en Mis Manos? ¿No bendigo Yo todo lo que tú pones en Mis Manos? Yo siempre bendigo todo lo que tú dejas en Mis Manos".

Esta respuesta de Dios me hizo entender cuán cierto ha sido esto en mi vida. Él siempre ha bendecido todo lo que he dejado en Sus Manos. Pude conseguir a mis hijos de vuelta y pude criarlos y verlos crecer. Dios siempre ha bendecido mi vida, familia y siempre ha provisto para nosotros. Después de esta conversación me fui a casa y guiada por Dios leí este versículo: "Por tanto, os digo que todo lo que orando pidiereis, creed que lo recibiréis, y os vendrá" (Marcos 11:24). "Pedid, y se os dará; buscad, y hallaréis; llamad, y se os abrirá" (Mateo 7:7).

Después de leer este último versículo pude dejar a mi esposo y matrimonio en las manos de Dios. Ahora podía enfocarme en hacer lo que Dios quería que yo haga, así que le dije este versículo:

"Y dijo Moisés (Dalila) a Dios: He aquí que llego yo a los hijos de Israel, y les digo, El Dios de vuestros padres me ha enviado a vosotros; si ellos me preguntaren: ¿Cuál es su nombre?, ¿qué les responderé? Y respondió Dios a Moisés (Dalila): YO SOY EL QUE SOY. Y dijo: Así dirás a los hijos de Israel: YO SOY me ha enviado a vosotros. Y dijo más Dios a Moisés (Dalila): Así dirás a los hijos de Israel: Jehová el Dios de vuestros padres, el Dios de Abraham, Dios de Isaac y Dios de Jacob, me ha enviado a vosotros. Este es mi nombre para siempre, este es mi memorial por todos los siglos" (Éxodo 3:13-15).

"Seré contigo; ¡No te dejaré, Ni te desampararé (Dalila)!" (Josué 1:5).

"Por tanto, id, y doctrinad a todos los gentiles, bautizándolos en el nombre del Padre, y del Hijo, y del Espíritu Santo" (Mateo 28:19).

Dios me dio ánimo a través de su Palabra y pude levantarme de los muertos y creer en Avivamiento para mi vida y matrimonio, a pesar de las circunstancias presentes. ¡Yo tenía que buscar el conocimiento de Dios y no el mío! ¡Yo necesitaba leer más la Palabra, la Biblia para poder hacer que Dios fuera mi guía y así poder poner toda mi Fe en JESUCRISTO! Todo lo revelado de mi pasado no fue para condenación sino para que Dios me mostrara en qué he pecado y para ya no más hacerlo. También para librarme de tener vergüenza y librarme de la opresión del enemigo.

Yo necesitaba aprender a no solo perdonar a aquellos que me han lastimado, sino que también necesitaba dejar ir y olvidar todo aquello. Estos sufrimientos eran los que estaban causando la pesadez en mi espíritu y era lo que me estaba causando el no poder ver y aceptar mi vida presente. Dios ahora me exhortaba con estos versículos de la Biblia: Gálatas 5:1-26, Efesios 5:5-7 y Hebreos 10:38-39.

"Porque sabéis esto, que ningún fornicario, ó inmundo, ó avaro, que es servidor de idolos, tiene herencia en el reino de Cristo y de Dios. Nadie os engañe con palabras vanas; porque por estas cosas viene la ira de Dios sobre los hijos de desobediencia. No seáis pues aparceros con ellos" (Efesios 5:5-7).

"Porque los que son de Cristo, han crucificado la carne con los afectos y concupiscencias. Si vivimos en el Espíritu, andemos también en el Espíritu" (Gálatas 5:24-25).

¡Hoy Existes!

Para darme ánimo, Dios me hizo ver la vida de Abraham y su fe y esto fue de mucha bendición para mí. Vi las faltas de Abraham y Sara, pero sobre todo pude ver que Dios cumplió su promesa dada a Abraham y Sara, aunque les costó esperar muchos años. Este es el testimonio que Dios está usando para levantarme y avanzar en mi caminar con Cristo a pesar de la presente circunstancia en mi vida. Dios fue real en la vida de Abraham y Sara, veamos estos versículos:

- Jehová Habla: Génesis 12:1-3, 15:1-5
- Jehová Visita: Génesis 21:1
- Jehová Interroga: Génesis 18:9,13
- Jehová Promete: Génesis 12:2-3, 13:15-17, 18:10
- Jehová Aparece: Génesis 18:1
- Jehová Cumple: Génesis 21:2

"Y creyó a Jehová, y contóselo por justicia" (Génesis 15:6).

Dios le dio la Promesa a Abraham de la tierra prometida a los 75 años. Antes de que el cumpliera 86 años le promete que será padre y tendría una descendencia innumerable. Abraham se convierte en padre por primera vez a los 86 años y en este tiempo el ya llevaba diez años viviendo en la tierra prometida, Canaán. Sin embargo, el hijo de la Promesa no llegaría hasta que Abraham tuviera 99 años. Así que él tuvo que esperar veinticinco años por su hijo prometido Isaac, veamos sus vidas.

Dios le cambió el nombre de Abram a Abraham, el padre de naciones del cual saldrían reyes. Abraham fue al que Dios le dio la promesa de Israel, el pueblo escogido de Dios. Él era fuerte en Dios, pero había algunas veces que él era débil porque se dejaba guiar por su carne que lo llevó a pecar.

Abraham amaba a Dios, pero había ocasiones en que no creía y esto le llevó a dejar que su esposa Sara tomara decisiones en lugar de él.

Sara llevó a Abraham a cometer adulterio y a ser padre de un hijo no prometido, todo por su impaciencia y la obediencia de Abraham hacia ella en lugar de obedecer a Dios. Abraham escuchaba a Dios hablarle y tuvo conversaciones con Él y sus ángeles, pero aun así el dudó y pecó. Él mentiría sobre que Sara era su esposa cuando estaban en Egipto porque pensó que lo iban a matar. ¿Llamarías a eso Fe? ¿Por qué él es contado en la Biblia en el libro de Santiago como el Padre de la Fe? Podemos ver que Abraham tuvo tantas faltas y probablemente podríamos hacer una lista de todas las cosas que él hizo mal.

Quiero que veas por qué fue escogido Abram. Él fue un pecador como tú y yo, pero cuando Dios le decía que hiciera algo él lo hacía. Abraham obedecía. Las veces que él se encontró en problemas no era porque Dios no le había dicho lo que iba a hacer con él y por él, sino que era cuando él tenía que esperar en Dios. Ciertas cosas o personas en su vida como su edad, su esposa, sus deseos, dudas y desobediencia es lo que le causó caer en pecado.

El gran ejemplo de Abraham no es que no cayó en pecado, sino que cada vez que caía en pecado, él se levantaba. Él se arrepentía de su pecado y caminaba con Dios. La promesa dada a Abraham no llegaría sin dolor. El aguantó muchas pruebas y tribulaciones en camino hacia la tierra prometida, pero Dios estuvo con él y con cada una de las generaciones de Abraham. Aunque fueron nuevas generaciones Dios fue el mismo. Él le dio la promesa a Abraham y cumplió su Palabra, se hizo realidad. Nunca le dijo que su promesa llegaría sin sufrimientos y tampoco le dijo que sería fácil.

Al contrario, Dios le dio aviso de que sus generaciones llegarían a la tierra prometida pero que esto les costaría su libertad y le dijo cuáles generaciones sufrirían. Así que todo dependía de que si Abraham creyese la promesa y si estaba dispuesto a seguir a Dios a pesar de que no lo vería todo, sino que solo sus futuras generaciones lo verían. Él obedeció porque amaba a Dios y a sus padres. Obedeció por su amor a Dios y por amor a sus futuras generaciones. A pesar de que él nunca lograría ver que todas las promesas se cumplieran en su vida, ¡él creyó en Dios y esto le dio la oportunidad de bendecir de por vida a todas sus generaciones! Esta es la razón por el cual él es llamado "El Padre de la Fe".

Al estudiar la vida de Abraham y Sara veo por qué el hijo prometido tardó en llegar. Veo por qué sufrieron mucho empezando con Sara, Abraham y aquellos a su alrededor. Pero también veo como la misericordia de DIOS los sostuvo, protegió y proveyó a pesar de ellos fallar. Los planes y propósito de Dios para sus vidas se cumplieron.

Veamos cómo la sumisión de Sara le beneficia a ella, a Abraham y sus descendientes. "Y le dijeron: ¿Dónde está Sara tu mujer? Y él respondió: Aquí en la tienda" (Génesis 18:9). Bajo el techo y cobertura de Abraham, Sara pudo recibir bendición porque se encontraba en el lugar perfecto, su hogar. ¡La descendencia del matrimonio de ellos existe hasta el día de Hoy! ¡Dios cumplió y sigue cumpliendo sus promesas hechas al matrimonio de ellos! ¡Así como las promesas se cumplieron en sus vidas, así también las promesas de Dios se cumplirán en mi vida! Yo necesito permanecer en mi casa que es mi hogar, aunque mi esposo no esté conmigo. ¡Yo existo hasta el día de hoy y las promesas de Dios se han cumplido y seguirán cumpliendo en mi vida, matrimonio y descendientes!

"Cantad alegres a Dios, habitantes de toda la tierra. Servid a Jehová con alegría: Venid ante su acatamiento con regocijo. Reconoced que Jehová él es Dios: Él nos hizo, y no nosotros a nosotros mismos. Pueblo suyo somos, y ovejas de su prado. Entrad por sus puertas con reconocimiento, por sus atrios con alabanza: Alabadle, bendecid su nombre. Porque Jehová es bueno: para siempre es su misericordia, y su verdad por todas las generaciones" (Salmos 100).

Capítulo 2

AMENAZAS DEL ENEMIGO Y PROTECCIÓN DE DIOS

Entonces los varones alargaron la mano, y metieron a Lot en casa
con ellos, y cerraron las puertas. Y a los hombres que estaban
a la puerta de la casa desde el menor hasta el mayor, hirieron
con ceguera; mas ellos se fatigaban por hallar la puerta.
-Genesis 19:10-11

Delilah P.I.O.

Día 2 de 7. Es viernes, es mi segundo día de oración y ayuno. Empiezo mi día como de costumbre dejé a mi hijo en la escuela y luego regreso a casa. Continúo estudiando la Biblia y orando que hoy Dios me muestre su voluntad. Que pueda enfocarme en Él y no en las circunstancias de mi matrimonio. Dios me da paz y me hace ver que necesito seguir teniendo comunicación con mi esposo, siempre y cuando haya respeto.

Recibí un texto de mi esposo con una foto de su almuerzo, él no sabía que yo estaba ayunando. Que tentación, pero gracias a Dios pude ser fuerte y continuar con mi ayuno. Mi obediencia a Dios era más importante que una comida. Este ayuno es lo que Dios usará para liberarme y hacer su voluntad en mi vida, así que tengo que continuar con ello.

Así es como estoy haciendo mi ayuno. En estos siete días he renunciado a comer alimento sólido, el ir al cine y ver televisión. Intento quedarme en casa lo más que pueda. Solo tomaré líquidos como jugo, té, café descafeinado, agua, un poco de fruta y pequeñas porciones de pan o galletas saladas. Sólo ayunando es que podré quitarme de todo lo que me distrae en poder escuchar a Dios y entonces podré lograr pasar más tiempo leyendo su Palabra y escuchando su Voz. Créeme que no es fácil renunciar a toda comida especialmente a lo que tú quieres o deseas hacer y en su lugar aceptar lo que Dios quiere que comas y hagas durante este tiempo.

El renunciar a ver la televisión o el cine, hablar con amigas o ir de compras no es fácil, pero lo voy a hacer con la ayuda de Dios. Yo sé que es necesario que haga el ayuno tal como Dios me lo pide y que renuncie a la comida que tanto me gusta y a mi rutina, y en su lugar enfocarme solo en Dios mientras mi hijo este en la escuela. Ya he sufrido mucho y he hecho las cosas a mi manera así que ya no quiero vivir así. Necesito depender de Dios completamente y esa es la única manera en que puedo tener Victoria en Jesús.

Me encanta comer y cocinar comida casera tanto que deseo algún día tener un restaurante. Así que este ayuno no es cosa fácil, pero sí posible con Dios quien me guarda de caer en tentación y me da fuerza para mantenerme enfocada en Él.

La Puerta

Entonces los varones alargaron la mano, y metieron a Lot en casa
con ellos, y cerraron las puertas. Y a los hombres que estaban
a la puerta de la casa desde el menor hasta el mayor, hirieron
con ceguera; mas ellos se fatigaban por hallar la puerta.
-Genesis 19:10-11

Dios me mostró dos ejemplos de cómo para protegernos él cierra
la puerta contra satanás y sus demonios. Para que Dios protegiera era
importante serle obediente. También vi cómo Dios nos muestra misericordia
a pesar de que a veces desobedecemos. Prueba de esto es mi vida, pero
veamos la vida de Abraham y Lot, quienes vivieron juntos y después en
regiones separadas.

Abraham-1 Sam 2:6, Gen 9:5-6, 20:1-18, Exo 20:13, Mat 5:21

Abraham ofrece a su único hijo Isaac en sacrificio por obediencia a
Dios. Dios le cierra la puerta de la muerte a Isaac en ese día. Él moriría por
muerte natural y no por manos de su padre. Dios le dijo a Abraham que
llevara y ofreciera a Isaac como ofrenda, pero no le dijo mátalo. Debido a

la obediencia de Abraham Dios abrió la puerta para que un animal tomara el lugar de sacrificio de Isaac. Dios no permitiría que Isaac fuera muerto por su padre y que cometiera pecado, asesinato.

Era la obediencia de Abraham quien lo llevó en ese día a llevar a su hijo prometido al monte y esa obediencia le trajo la bendición de estar ante la presencia de Dios. Este fue el día en que por primera vez Abraham llegó a conocer a Dios como Jehová-Jireh El Proveedor. Y en este mismo día también Dios le dijo a Abraham que él y su descendencia poseerían las puertas de sus enemigos.

En otra ocasión Dios cierra la puerta de adulterio para evitar que otro hombre, el Rey Abimelec se acostase con Sara la esposa de Abraham. Esto a pesar de que Abraham mintió diciendo que ella era su hermana y no su esposa. Dios le hablaría al Rey en un sueño diciéndole que deje ir a Sara y le da instrucciones de como dejarla ir.

Dios no permite pecado contra sí mismo y ofensa contra Sara. Así que en lugar de Dios ser burlado es honrado y Sara también. Dios abrió la puerta de bendiciones para ella y Abraham, ya que salen de esa ciudad a salvo y con muchas riquezas. Hasta el Rey que fue engañado sale bendecido ya que Dios abre la puerta de vida y ahora hijos son procreados en casa del Rey.

Lot-Gen 14:1-16, 18:16-22, 19:1-16

Cuando Lot y su familia fueron raptados Dios cerró la puerta de maldad en contra de Lot, su familia y sus posesiones. Dios mandó a Abraham y trescientas dieciocho personas para rescatarlos de manos del enemigo. Por segunda ocasión Lot y su familia son amenazados, pero en esta ocasión es la misma gente de su ciudad de Sodoma. La gente perversa de su ciudad de Sodoma había venido a buscar a sus dos visitantes, los dos ángeles. Para querer salvar a los ángeles de la perversión Lot ofrece a sus hijas pero esto era un pecado, así que esto nunca fue una opción. Los ángeles no necesitaban la ayuda de Lot ya que ellos son seres celestiales quienes dependen directamente de Dios. Podemos ver que los ángeles rehusaron la ayuda de Lot e hicieron lo que Dios les mandó a hacer, cerraron la puerta de maldad contra Lot y su familia. Dios cerró la puerta de pecado contra Lot y sus hijas. Dios no permitió que Lot pecara ya que él estaba ofreciendo a sus hijas a perversión. Dios castigó al malvado, hizo que sus ángeles les cegaran los ojos y después les cerraron la puerta en sus caras.

Nosotros podemos pensar que podemos ayudar a Dios, pero tal como podemos ver la historia de Lot, Dios no necesitó la ayuda de Lot y tampoco la de ningún ser humano. Haremos las cosas mal y pecaminosas tal como lo trató de hacer Lot si nosotros tratamos de ayudar a Dios. Mejor debemos tratar de confiar en Dios ya que Él es el único que lo sabe todo y Él es el único que nos puede proteger del enemigo.

Capítulo 3

MIS DEBILIDADES Y TENTACIONES

Así también, la lengua es un miembro pequeño, y se gloría de grandes cosas. ¡He aquí, un pequeño fuego cuán grande bosque enciende! Y la lengua es un fuego, un mundo de maldad. Así la lengua está puesta entre nuestros miembros, la cual contamina todo el cuerpo, é inflama la rueda de la creación, y es inflamada del infierno.
-Santiago 3:5-6

Día 3 de 7. Es sábado y mi hijo y yo nos quedamos en casa ya que él no tenía clases o prácticas de deporte. Desayunamos juntos, él su desayuno y yo mi ayuno. Pasé tiempo leyendo la Biblia y orando. En la mañana mi esposo me había mandado un mensaje por texto en el cual me expresó como se sentía. Ambos nos hemos lastimado muchísimo. Pude ver cuánto yo lo había lastimado y sacado de mi vida. Vi cómo a Dios primero lastimé y luego a mi esposo, y cómo siempre le echaba la culpa de mis fallas y pecados. Le había dicho que por su culpa no podía ponerme a escribir y cuidar mi dieta. Todo esto eran mentiras de satanás que yo, Dalila, la hija de Dios había creído. Enseguida pensé: *Con razón hoy me encuentro en esta situación. Por eso me encuentro sola, sin cama y sin mi esposo. Con razón me había sentido deprimida, sin esperanza y sin propósito.*

Leí Mateo 26:33-35,57-75 el cual Dios usó para mostrarme que, así como Pedro luchó con su carne que era tener una lengua carnal, yo estaba luchando con lo mismo. Pedro negó a Jesús tres veces antes de que cantara el gallo. A pesar de que él amaba a Jesús, Pedro falló.

Como ser humano he tenido muchas luchas y cuando he sido tentada he caído, me han hecho pecar contra Dios y lastimar a mi esposo e hijos. Como madre he fallado y los he lastimado con mi control, al juzgarlos, al ser impaciente y caprichosa. He tenido falta de sumisión a Dios y a mi esposo, falta de sabiduría de Dios y de confianza. Pensaba que yo era muy fuerte y que no iba a caer y fallar. Estaba dependiendo de mi orgullo y no veía que era débil y tal como Pedro fallé. Gracias a Dios que no es culpabilidad, remordimiento y lástima lo que siento, ya que el enemigo de nuestra alma eso quiere que uno sienta. He sentido la convicción del Espíritu Santo, así que arrepentida pido perdón y decido apartarme del pecado. Sé que probablemente soy espiritualmente fuerte en muchas otras áreas de mi vida, pero el día de hoy era necesario ver en que otras áreas de mi vida soy débil y contra qué tentaciones he luchado.

Mi boca, o sea mi lengua ha sido un problema para mí desde muy pequeña ya que hablaba mucho y la usaba para estar a la defensiva y continué haciendo esto hasta mi edad adulta sin darme cuenta. En nuestra gran familia casi todos hablábamos mucho así que no pensé que esto fuera algo malo, el hablar tanto. Hace como unos cinco años me di cuenta de esto y pude reconocer que necesitaba aprender a saber cuándo abrir mi boca y no abrirla no más porque sí. Y fue en ese tiempo que oré a Dios, pidiendo que me diera control sobre mi lengua y de poder usar mejor selección de palabras al hablar.

Claro, de niña casi no lastimé con ello, pero ya al ir creciendo lo hice y más de adulta. Pedro con su lengua negó a Jesús y yo Dalila he hecho lo mismo al usar mi boca para mal. Así que, de ahora en adelante seré más sensible a Dios en cuanto el poder y peligro que poseo en mi lengua. Dios me dio este versículo:

"Así también, la lengua es un miembro pequeño, y se gloría de grandes cosas. ¡He aquí, un pequeño fuego cuán grande bosque enciende! Y la lengua es un fuego, un mundo de maldad. Así la lengua está puesta entre nuestros miembros, la cual contamina todo el cuerpo, é inflama la rueda de la creación, y es inflamada del infierno." (Santiago 3:5-6).

Quebrantada por lo que Dios me mostró pedí perdón a Dios y supe que tenía que pedir perdón a mi esposo e hijos. Así que le mandé un texto a mi esposo pidiéndole si nos podíamos ver en la hora de su almuerzo para platicar. A las 12:30 pm salí a revisar mi caja de correos que está afuera de casa y al caminar de regreso vi a mi esposo que se acercaba con su carro. Al salir del carro él me vio a los ojos y me dio un abrazo muy grande. Me dijo que no leyó mi texto porque estaba manejando, pero que él deseaba verme. Pues quedamos en vernos ese día a la hora de su almuerzo. Para este tiempo ya llevábamos siete días de separados y esta era la separación más larga que habíamos tenido.

Me reuní con mi esposo en su hora de almuerzo y pude compartirle lo que Dios me había mostrado en la Biblia sobre la vida de Pedro y la mía. Compartí con él la gráfica 1 del capítulo 1 y le pedí que me perdonara por ser una mujer carnal en muchas ocasiones. Que me perdonara por no someterme a él y por mis fallas. Le dije cuánto lo amo y cuánto deseo seguir casada con él. Tuve que tomar responsabilidad por mis faltas como esposa sin poner excusas y pedir perdón con un corazón sincero.

Mi esposo me perdonó, pero expresó que tenía dudas de que si debíamos continuar juntos o no ya que somos tan diferentes. Él pensaba de esta manera y no solo él ya que yo también pensaba igual, que nosotros éramos un error. Pero ahora ya no, porque Dios me mostró qué es un matrimonio para él y cómo necesita ser el mío.

A pesar de que me fue muy difícil escuchar a mi esposo hablar negativamente sobre nuestro matrimonio y sobre mí, tuve que darle a él la oportunidad de poder expresar cómo se sentía. Él continúo hablando, trayendo todo lo malo que he hecho y mis fallas, así que muy sutilmente le pedí que parara de recordarme mis fallas y que se enfocara en el presente. Le compartí de cómo Dios me dijo que ayunara por siete días y en el proceso que ahora me encontraba, quebrantada por lo que Dios me mostró y lo que significa el matrimonio para él.

Al terminar nuestra conversación pude tener paz y decirle que respeto como se siente. Le dije: "Ven a casa cuando estés listo y yo sabré esperar en Dios".

Le pregunté si yo podía orar, oramos y con su permiso le ungí con aceite en su cabeza y oré por él, pidiendo que la voluntad de Dios se cumpliera en su vida. También le di gracias a Dios que me permitió orar por mi esposo a pesar de que él dudaba todavía de mi corazón arrepentido y de nuestro matrimonio. Le di gracias a mi esposo por escucharme y permitirme orar por él. Nos despedimos y me fui a casa.

Al llegar a casa compartí con mi hijo Moisés el estudio Bíblico de la vida de Pedro y las similitudes con mi vida. Él escuchó pacientemente y ya que terminé de hablar le pedí perdón y me perdonó. Me abrazó sin reproches y me puse a llorar de gratitud por tener un hijo con un corazón tan noble. Le ungí con aceite y oré pidiendo a Dios que cumpliera su propósito en su vida y que le bendijera.

Al llegar la noche me comuniqué por teléfono con mi hijo Gersón. Le compartí lo mismo que había compartido con mi esposo e hijo menor. Le dije de cómo Dios me había dado convicción. Tuvimos una muy larga conversación y claro, mi hijo me perdonó. Él estaba contento por mí por lo que Dios me había mostrado y de cómo yo estaba dispuesta a aceptar mis fallas y dispuesta a cambiar. Antes de terminar esta llamada, mi hijo me compartió que estaba muy preocupado y estresado porque todavía faltaba pagar sus clases de universidad. Él es estudiante tiempo completo y trabaja medio tiempo y nosotros sus padres le ayudamos lo más que podemos, pero no podemos cubrir todo.

Dios me mostró que esto era opresión de satanás, que él era quien estaba tentando a mi hijo a desobedecer a Dios en perder su fe y llenarse de duda. Le pedí a mi hijo que era necesario esperar en la provisión de Dios y que no era bueno pensar en renunciar a sus estudios. Que si él hacía eso sería prematuro y era mejor esperar y confiar en Dios. Finalmente, mi hijo entró en razón y me sentí tranquila así que pude orar con él. Le dije que Dios proveerá para él como siempre lo ha hecho y que Él nunca nos falla.

Gracias a Dios que mi hijo compartió lo que estaba en su corazón. Dios pudo contestar mi oración de madre. Llamé a su padre esa misma noche y le pedí que llamara a nuestro hijo Gersón. Al día siguiente tuve un mensaje de voz donde mi hijo me decía: "Mamá estoy bien y te quiero mucho."

Gracias a Dios que como padres podemos orar por nuestros hijos no importando la edad que tengan y ellos pueden saber que aquí estamos para guiarlos. Ellos todavía necesitan nuestra guía, aunque ya no vivan en casa. No importa que decisión tomen, mis hijos saben que oraré primero y luego trataré de ayudarlos. ¡La oración intercesora es Poderosa! ¡DIOS es bueno!

La siguiente persona en mi lista de pedir perdón fue mi cuñada y su esposo, mi hermano el Pastor. Les pedí que me perdonaran por meterme muchas veces en sus vidas. No importaba qué tan buenas eran mis intenciones, yo tenía que dejar que Dios obrara en su familia y no decirles cómo vivir. De cuánto yo sentía el haber quitado a mi hermano el tiempo de su familia cuando no era necesario platicar ya que lo podíamos hacer otro día. No estaba mal en que nos juntáramos como familia a platicar, pero había muchas ocasiones en las cuales hablamos mucho por teléfono o en persona. Venimos de una familia muy numerosa y él es mi único hermano que vive un poco cerca de mí, ya que el resto de mi familia vive muy lejos.

No importa qué tan sola me sintiera muchas veces, tenía que aprender a darle su espacio a mi hermano y su familia. Ambos me perdonaron y oraron por mí. Me dijeron que estaban contentos de que Dios me hubiera hablado y cómo Él siempre nos da su perdón.

Me exhortaron a acudir siempre a Dios con mis debilidades y tentaciones ya que él es quien me puede ayudar a cambiar y salir adelante. Me recordaron que muchas veces mi lengua empieza una buena conversación pero que al final de mi plática termino quejándome y siendo negativa así que, mejor cuide mi lengua. Que como siempre, lastimamos a aquellos que amamos y que están cerca de nosotros y esto causa que los empujemos de nuestras vidas. Esto ha sido tan cierto en mi vida y no me había dado cuenta hasta que Dios me lo mostró.

Tengo una gran relación con mi hermano y la seguiré teniendo, pero ahora tendré más cuidado y respeto de su tiempo en familia y del lugar que me corresponde como su hermana. Extraño mucho a mi familia tan numerosa con la cual crecí y anhelo que vivamos cerca uno del otro, pero esto no es posible. Necesito entregarle a Dios la necesidad de tener a mi familia cerca y permitirle que me llene con su amor. Mientras tanto seguiré cultivando el lazo familiar con toda mi familia lo más que pueda.

Me puse a orar por mi familia al darme cuenta de cuánto los extraño y antes de acostarme hice un genograma de mi familia. Empecé la gráfica con mis abuelos y lo terminé con mis hijos (ejemplo de genograma en mi página web). Lo usé para orar, intercediendo y luego declarando las bendiciones de Dios sobre mi familia. También oré por mis amistades, por el cuerpo de Cristo, la Iglesia, e Israel. Terminé mi ayuno y oración ese día entregando y sometiendo a Dios Mi Creador mi cuerpo, alma y espíritu.

Capítulo 4

ME PERDONO

Mejor es vivir en un rincón de zaquizamí. Que
con la mujer rencillosa en espaciosa casa.
-Proverbios 21:9

Día 4 de 7. Era domingo y Dios me mantuvo en el mismo camino de sanidad, pidiendo perdón a aquellos que había lastimado. Llamé a mi madre quien vive en México y le pedí perdón.

Ella me contestó: "Hija te perdono y te quiero mucho".

Después pedí perdón a través de texto a todos mis hermanos y hermanas ya que todos viven fuera de los Estados Unidos y luego me fui a la iglesia.

Antes de que empezara el servicio pude leer una contestación que uno de mis hermanos puso diciendo: "Nadie es perfecto y yo no te condeno".

Pensé que mi hermano mal entendió mi texto pensando que yo tenía culpabilidad y creí haber mandado otro mensaje, el de arrepentimiento.

Después otro de mis hermanos me envió un video donde me dijo: "No hay nada que perdonar y solo Dios hace eso, ya que él es el único Juez. Tú eres quien te tienes que perdonar a ti misma".

Empecé a llorar y comprendí que el mensaje que les envié reflejaba culpabilidad y que yo no me había perdonado a mí misma.

Este mismo hermano me dijo: "Dalila, Dios es quien te tiene que perdonar. Tú misma eres quien te tienes que perdonar, tu esposo e hijos, pero no nosotros. ¡Te queremos tal como eres con tu personalidad tan alocada!"

Lloré y me dije en voz alta: "¡YO ME PERDONO!"

Y me sentí LIBRE. Sentí como si me hubiera quitado de mi espalda unos cien kilos. Minutos después empezó el servicio y pude alabar a Dios con cada canción. Pude escuchar el mensaje de Dios predicado por nuestro Pastor, qué bendición. Este mensaje iba con lo que yo estaba experimentando en mi vida. Ya que terminó el servicio entendí que estaba quebrantada en pedazos y que Dios me había humillado. Que tenía que pasar este proceso también y que todo había sido para mi bien.

Oré a Dios y dije: "¡ESTOY LISTA! ¡ÚSAME!"

Me fui a casa y después de estacionarme en la cochera, Dios contestó mi oración, Él me dijo: "Dalila has sido desobediente, dejaste que otras cosas y personas tomaran Mi lugar en tu vida."

Yo le dije: "Señor perdí a mis hijos y tú los regresaste, a mi marido lo perdí, pero lo dejo en tus manos pase lo que pase. Aquí está tu hija pródiga otra vez con mis dos hijos y sin mi esposo. Tú nunca me has dejado, ¡ÚSAME, JESÚS!"

Entonces Dios me dio estos dos versículos:

"Si se humillare mi pueblo, sobre los cuales ni nombre es invocado, y oraren, y buscaren mi rostro, y se convirtieren de sus malos caminos; entonces yo oiré desde los cielos, y perdonaré sus pecados, y sanaré su tierra. Ahora estarán abiertos mis ojos, y atentos mis oídos, a la oración en este lugar: Pues que ahora he elegido y santificado esta casa, para que esté en ella mi nombre para siempre; y mis ojos y mi corazón estarán ahí para siempre. Y tú, si anduvieres delante de mí, como anduvo David tu padre, é hicieres todas las cosas que yo te he mandado, y guardares mis estatutos y mis derechos, Yo confirmaré el trono de tu reino, como concerté con David tu padre, diciendo: No faltará varón de ti que domine en Israel." (2 Crónicas 7:14-18).

"No dará tu pie al resbaladero; Ni se dormirá el que te guarda. He aquí, no se adormecerá ni dormirá El que guarda a Israel. Jehová es tu guardador: Jehová es tu sombra a tu mano derecha. El sol no te fatigará de día, Ni la luna de noche. Jehová te guardará de todo mal: El guardará tu alma. Jehová guardará tu salida y tu entrada, Desde ahora y para siempre." (Salmo 121:3-8).

Después de estas revelaciones de Dios pude tener paz y disfrutar el resto del día con mi hijo y visita de familiares. Les preparé cena, pero yo continué con mi ayuno. Vi un poco de televisión con ellos a pesar de que yo había renunciado a ver televisión durante mi ayuno. Dios me dio paz, pude sentarme y ver caricaturas con los niños.

Dios me dijo: "Este es mi amor y de esta manera es como muestras mi amor. Yo no quiero tu religión y sacrificios sino tu amor por Mí y por Otros. ¡De esta manera tú tendrás Paz! Disfruta tu día con tu familia. ¡Sé tú misma y no una mujer religiosa! ¡Danza y disfruta!"

Entendí que no se trataba de lo que yo había ofrecido no hacer esta semana, sino que se trataba de que mi corazón estuviera con la actitud correcta. Sí, se trataba de que tuviera paz conmigo misma, con Dios y con aquellos que me rodean. ¡Qué día tan bendecido!

Capítulo 5

HABLANDO VIDA

Panal de miel son los dichos suaves. Suavidad
al alma y medicina para los huesos.
-Proverbios 16:24

Día 5 de 7. Es Lunes, hablé con mi hijo mayor, Gersón, sobre su preocupación por su colegiatura. Después de terminar de hablar con él pude entregar todas mis preocupaciones en las manos de Dios. Le pedí que tuviera el control y que me mostrara cómo orar por mi hijo. Oré por el favor y provisión de Dios sobre la vida de mi hijo, por paz y que aprenda a esperar en Dios. Al orar me di cuenta de que necesitaba interceder más y más en oración por mis hijos. Esa tarde, como de costumbre recogí a mi hijo a las cinco de la tarde de la preparatoria, pero esta vez fuimos a la tienda en lugar de ir a casa.

Mi hijo Moisés necesitaba algo de la tienda y mientras estábamos ahí me llamó el padre de mi hijo mayor. Me compartió que eran mentiras del enemigo de nuestra alma que había atacado a nuestro hijo el otro día y estuve totalmente de acuerdo con él. Luego le compartí de como yo siempre había batallado porque viví creyendo esas mentiras de satanás, pero ya no más. Le compartí de como Dios me había recordado de no creerle al enemigo, pero de creer la verdad, la Palabra de Dios y de obedecerle.

Le compartí al padre de mi hijo como me sentía tan mal por haberles destruido la vida a mis hijos en gran manera. Habían sufrido por mi culpa y tenido una vida problemática.

Él me dijo: "Dalila tú no has causado una vida problemática, tú eres una gran madre. ¡Eres una gran mujer con grandes hijos y gran familia! La vida está en la lengua. ¡No pienses negativo, pero habla Vida!"

Me di cuenta de que esto es continuación del proceso de sanidad y liberación. Un día antes Dios me había mostrado sobre mi lengua carnal y hoy era continuación de lo que necesitaba ser completamente arrancado de mí, la culpabilidad. Por casi todos los años de la vida de mis hijos había vivido creyendo que yo les había fallado. Por lo tanto, creía que les había destruido sus vidas. ¡Pero ahora pude ver que eso no era cierto! Le di las gracias por exhortarme, animarme y por mantenernos en sus oraciones. No es tan fácil cambiar tu mente y mi prueba vino enseguida.

Cuando manejaba camino a casa al salir de la tienda con mi hijo, me sentí irritable y enseguida empecé a pensar negativamente y ya cuando estacioné el carro me sentí sin esperanza. Me dije a mi misma: "¡Yo no puedo hacer esto! ¡Yo no puedo cambiar! ¡Es muy difícil!"

Me encontraba con hambre y débil, así que el enemigo estaba tratando de arrastrame de nuevo a sus mentiras y así pecar contra Dios. Esto significaría regresar a ser una persona negativa. Esto significaría vivir una vida infeliz y llena de culpabilidad. Pero no caí en las trampas del enemigo ya que Dios cambió mi corazón y mente y cuando salí del carro y llegué a casa pude tener paz conmigo misma y mi hijo.

Al entrar en mi casa pude ser recibida por todas las cosas que se encontraban en las paredes de mi sala y comedor, todo lo que Dios me había dado, sus revelaciones a través de escritos, sueños y visiones.

En la noche llegó a visitarme mi esposo y le compartí de como Dios me había hecho ver que mis pensamientos negativos eran mentiras del enemigo que yo estaba creyendo. Me compartió de como él pensaba venir a visitarme y pedirme que empezáramos de nuevo, como cuando salimos la primera vez. Como cuando me invitó a tomar un café con pan y después de varias salidas al cafecito nos enamoramos.

Después de que él dijera esas palabras me hizo pensar de cuando nos enamoramos y sentíamos como mariposas en el estómago. De cuando a los dos no nos importaba el tiempo, sueño o apetito. Así que esta idea de volver a empezar me hizo sentir tan bien. Como que podía sentir esas mariposas otra vez. Le contesté que me parecía muy buena idea que empezáramos de nuevo. Él me compartió que tiene mucho amor para darme pero que yo lo había sacado de mi vida. La visita fue corta pero muy buena. Nos despedimos diciendo que estaríamos juntos cuando ambos estuviémos listos para vivir juntos y ya no separarnos más.

En la mañana mi esposo me había mandado un texto preguntándome si podía regresar a casa. ¿Que si estaba lista para recibirlo? Anhelaba tanto este momento que le dije que sí, pero luego enseguida me di cuenta de que no estaba lista. Que necesitaba continuar en este ayuno y oración de siete días.

Le dije: "No estoy lista porque Dios está trabajando en mí y necesito más tiempo para trabajar en cambiar." Era necesario que continuara con el ayuno para que estas ataduras y pensamientos negativos fueran completamente arrancados de mi vida. Él me pudo entender. Me compartió que estaba buscando más de Dios también. Así que Dios estaba trabajando y sanando a ambos. Dios me dio una doble porción de sus bendiciones. Primero, mi victoria sobre pensamientos negativos, las mentiras de satanás y también el haberme visto con mi esposo y oír sobre su anhelo de crecimiento espiritual.

Segundo, Dios me hizo ver que aquí en la tierra es el único lugar donde tendré la oportunidad de tener un matrimonio terrenal, que significa esposo y esposa. Puedo tener paz sabiendo que no cuenta ante Dios cuántos novios y esposos he tenido en el pasado porque para Él soy una mujer de valor. Esta revelación me trajo libertad de culpabilidad y de vergüenza por haber fracasado en mis relaciones y matrimonios anteriores. Dios desea que yo me enfoque en mi matrimonio terrenal, que es con mi esposo y en mi matrimonio que contará en el cielo, mi matrimonio con el Señor JESUCRISTO.

En el cielo no tendremos matrimonio entre hombre y mujer, sino que todos seremos como ángeles. Dios lo muestra con estos versículos:

"Aquel día llegaron a Él los Saduceos, que dicen no haber resurrección, y le preguntaron, Diciendo: Maestro, Moisés dijo: Si alguno muriere sin hijos, su hermano se casará con su mujer, y despertará simiente a su hermano. Fueron pues, entre nosotros siete hermanos: y el primero tomó mujer, y murió; y no teniendo generación, dejó su mujer a su hermano. De la misma manera también el segundo, y el tercero, hasta los siete. Y después de todos murió también la mujer. En la resurrección pues, ¿de cuál de los siete será ella mujer? porque todos la tuvieron. Entonces respondiendo Jesús, les dijo: Erráis ignorando las Escrituras, y el poder de Dios. Porque en la resurrección, ni los hombres tomarán mujeres, ni las mujeres marido; mas son como los ángeles de Dios en el cielo." (Mateo 22:23-30).

En el cielo seremos todos solteros, no existirá relación de esposo y esposa. Así que aquí en la tierra es mi única oportunidad de tener un matrimonio y ¡yo lo quiero tener! El amarnos mutuamente como esposo y esposa y crecer juntos. Ya que entiendo mejor cada día lo que es un matrimonio y lo que quiero que el mío sea, esto ahora me ayuda a seguir dejando a mi esposo en las manos de Dios. Mi Padre Dios puede seguir haciendo lo que necesite hacer para que nosotros podamos tener este matrimonio terrenal como debe de ser, amando a Dios y siempre amarnos mutuamente, no importando las circunstancias en nuestras vidas.

Era tiempo de cenar así que comí una fruta mientras mi hijo disfrutó de su cena. Antes de acostarse mi hijo, oramos juntos. Luego a solas pasé tiempo en oración dando gracias a Dios por lo revelado y pedí ayuda para no enfocarme en cosas negativas en mi vida y en la vida de aquellos que me rodean. Pedí que yo pueda recordar que es el enemigo con sus mentiras quien está detrás de los pensamientos negativos. Agradecí mucho a Dios por enseñarme el significado del matrimonio terrenal y por la visita de mi esposo. Pedí a Dios que me diera sus pensamientos y que usara mi lengua, para cuando el enemigo me ataque yo pueda hacer lo que la Biblia dice:

"Porque las armas de nuestra milicia no son carnales, sino poderosas en Dios para la destrucción de fortalezas; Destruyendo consejos, y toda altura que se levanta contra la ciencia de Dios, y cautivando todo intento a la obediencia, de Cristo; Y estando prestos para castigar toda desobediencia, cuando vuestra obediencia fuere cumplida." (2 Corintios 10:4-6).

También oré pidiendo a Dios que bendijera mi vida, matrimonio, familia y la iglesia. Lo que antes había vivido era ya mi pasado. Algunas habían sido decisiones buenas y otras decisiones malas. Los pecados que cometí contra Dios no cuentan ya que le he pedido perdón y Él me ha perdonado todos mis pecados. También no todo era pecado, sino que algunas cosas eran simplemente malas decisiones hechas por mi inmadurez.

El enemigo ya no puede rebajarme y acusarme, diciéndome de "¿cómo es que eres creyente si mira lo malo que has hecho en tu vida?" Estoy ahora enfocada en lo que Dios me ha mostrado y me puedo dar cuenta de que necesito usar mejores palabras al hablar, tener un nuevo vocabulario. Recuerdo que mi papá me había dicho en varias ocasiones que cuando yo era niña una señora le dijo que yo iba a ser una gran mujer, ¡pero nunca lo creí! ¡Pero ya no pienso así!

Ahora estoy enfocada en tener buenos pensamientos y creo que soy ¡una gran mujer! Que a pesar de todo lo que he pasado y sufrido en mi vida jamás renuncié a mi fe en Dios. He continuado luchando por mi vida y familia día tras día. Tengo mucho que ofrecer como persona hacia mi esposo, mis hijos, nuestras familias y personas en este mundo. No soy una gran mujer por quien soy sino por quien mi Dios es. ¡Tengo a un Gran DIOS y es por eso por lo que soy una gran mujer!

"La blanda respuesta quita la ira; Mas la palabra áspera hace subir el furor." (Proverbios 15:1)

"El que guarda su boca y su lengua, su alma guarda de angustias." (Proverbios 21:23)

Dios hizo que escribiera una lista de qué tan lejos Él me ha traído en mi vida y que viera cómo Él me ha usado. Era tanta mi opresión que no podía darme cuenta de cuánto Dios me ha usado, porque estaba enfocada en mentiras, ¡pero ya no más! Me fue muy difícil hacer esta lista, pero me ayudó a poner en práctica qué es estar enfocada en Dios. Al hacerlo me di cuenta de cuantas bendiciones he tenido, aunque claro no las puedo compartir todas así que tuve que hacer una corta lista. Esta lista es jamás para mi vanagloria, sino que lo hice en obediencia a Dios.

Con esta nueva actitud pude ver lo grandioso que es Dios y lo que ha hecho en mi vida, hijos y familia. Puedo ver que he sido un buen instrumento en las manos de Dios y que he podido llevar frutos para su Reino. Aquí está un resumen de las bendiciones en mi vida y servicio a mi Rey Jesucristo.

Bendiciones en Mi Vida Personal

Soy bendecida al tener a Jesucristo como mi Salvador y el poder crecer día tras día en mi relación con Dios a través de su Espíritu Santo en mí. Bendecida de tener la libertad de poder adorar a Dios en casa, la iglesia y donde yo vaya.

Nací en una familia numerosa y amorosa, compuesta por mis padres y mis hermanos. En total tengo once hermanos y hermanas, fui bendecida con un medio hermano del lado de mi padre de su matrimonio anterior. A pesar de que este hermano no creció y vivió con nosotros siempre nos aceptó y amó, al igual que su familia. Crecí con medicina natural debido a que mi padre practicaba la medicina natural. Él era sobador de huesos (quiropráctico) y esto le permitió poder cuidar de nuestro cuerpo físico. Siempre trabajó por su propia cuenta y mucho, en casa y fuera de casa. Él sabía hacer muchas cosas. Me crié con pura comida casera y con frutas que tenemos en el Caribe, que ahora llaman orgánico y con mucho pan, especialmente los ricos panes dulces.

Tuve ambos padres que me mostraron cómo trabajar duro y cómo vivir honesta e intensamente. Mi madre, una mujer muy trabajadora, siempre se encontraba cocinando, limpiando, cuidándonos y atendiéndonos a nosotros sus once hijos. Fui bendecida con una madre que cocinaba muy rico y que nunca le importó dar de comer a tantas bocas. Creciendo en casa siempre estábamos esperando comer su rica comida. ¡Eso era el olor a casa! Recuerdo que cuando ella hacía sus tortillas de harina y luego los ponía en un traste, ¡enseguida una pequeña o grande mano las tomaba! Si eras rápido la tomabas y si no tenías que esperar hasta que te llegara tu turno. Nunca tuvimos una mesa grande para sentarnos todos al mismo tiempo así que teníamos que tomar turno para comer. En nuestra mesa siempre teníamos azúcar y chile habanero. En caso de que comieras mucho chile, mi madre decía:

"Come un poco de azúcar para que no te pique el chile en la boca."

Mis padres nos enseñaron a vivir con integridad y nunca tener vergüenza a trabajar. Mi padre siempre decía: "Nunca te de vergüenza de trabajar, pero sí que te de vergüenza de que en lugar de estar trabajando te agarren robando".

Crecimos con una muy buena unión familiar con la cual contamos hasta el día de hoy a pesar de ser una familia tan numerosa. Como cualquier familia tenemos desacuerdos, pero tratando de nunca permitir que los desacuerdos nos separen.

Es una bendición tener ocho maravillosos hermanos quienes siempre han estado dispuestos a dar de sí mismos para ayudar a la familia. Recuerdo cuando mis hermanos más grandes tuvieron que buscar trabajo en otra ciudad, pero ellos no se olvidaban de nosotros ya que siempre nos venían a visitar. Venían a visitarnos y traían muchas monedas y lo repartían entre nosotros los más pequeños que éramos cuatro. Usaba este dinero para comprarme comida en la escuela ya que esto era algo que normalmente no hacía porque éramos pobres. Normalmente comía en casa antes de irme a clases y después al regresar a casa ya que no contábamos con dinero para comprar comida en la escuela.

Dios usó a mis hermanos para consentirme durante el tiempo que fui pequeña y durante mi vida. Cada uno de ellos me ha invitado a comer o ha cocinado para mí. Todos ellos han estado ahí para mí y mis hijos especialmente en los momentos más difíciles de mi vida. Mis bendiciones, mis hermanos y sus familias. Estoy bendecida también en tener a tres maravillosas hermanas quienes ayudaron a mi madre a cuidarme de pequeña. Al igual que mis hermanos, mis queridas hermanas siempre me han ayudado cuando he necesitado un lugar para vivir, comer y ayudarme a cuidar a mis hijos. Ellas me muestran constantemente ese amor sacrificial que tienen para sus familias y para toda nuestra familia.

Además, veo cómo fui bendecida al haber conocido a mi abuelo y a cada una de las familias por ambos lados de mis padres. A una edad muy temprana, mis padres se aseguraron de que los conociéramos y que supiéramos quién era nuestra familia. Tengo los hermosos recuerdos de todas esas reuniones familiares, siempre tenían buena comida, charlas, mucha risa e incluso algo de baile. He visto a muchas familias desunidas y doy gracias a Dios que este no es el caso en mi familia, pero, al contrario, he sido bendecida con estas grandes uniones de familia.

He podido tener la dicha de que se ha cumplido mi sueño de viajar y visitar diferentes países en compañía de mis dos hijos. Visitamos Alemania, Austria, Italia, España, Irlanda y Francia. También he podido viajar acompañada de mi esposo y ha sido muy hermoso disfrutar esta diferente etapa de mi vida junto con él. Tengo la bendición de saber cómo conducir un carro y el privilegio de haber podido manejar en diferentes países. Desde pequeña y hasta que fui joven adulto cuando vivía en casa, tenía que caminar a la escuela, trabajo o la iglesia. No contaba con dinero para pagar mi pasaje de camión así que tenía que caminar, distancias largas y cortas y en un clima muy caluroso. He tenido carro por más de veinte años y ahora no necesito caminar o al menos que yo quiera.

Siempre quise estudiar y conseguir un título, pero debido a nuestra pobreza mis padres no podían pagar mis estudios y yo menos. Dios me bendijo al darme fortaleza y provisión para poder lograr mi carrera a mitad de mis cuarenta años. Tengo ahora mi título en Técnico Superior en Ciencias de Servicios Humanos del Colegio Columbia de Misuri. Se me ha dado la habilidad de poder hablar, escribir y entender dos idiomas, el español y el inglés.

He podido tener hijos. Ser madre es un privilegio y una bendición de Dios. Dios me ha bendecido con dos grandes hijos a los cuales pude criar y que son muy amorosos y perdonadores. Constantemente me muestran el amor de Dios. Soy bendecida de tener un gran vínculo con mis hijos y el privilegio de que ambos confían en mí para ayudarles cuando necesiten dirección o ayuda en la vida. Me complace tener dos hijos que tienen un corazón amoroso por Dios, la familia y hacia otros y poder ver la bendición y el favor de Dios hacia mí y mis hijos. Gracias a mis hijos aprendí a orar y a no rendirme en la vida, ellos me enseñan constantemente a amar incondicionalmente. Tuve el privilegio de ser madrastra y ayudar a criar y ver crecer a dos grandes criaturas. Fui muy bendecida al estar en sus vidas y poder compartir tiempo juntos.

Fue de mucha bendición ver crecer a estos cuatro pequeños y disfrutar tantas aventuras que tuvimos como familia, desde días de campo, paseos al parque y vacaciones. Estoy agradecida por tanto amor que recibí de ellos y poder darles mi amor tambien. Es muchísimo lo que aprendí al ser madre y madrastra de estos cuatro hijos. La bendición de que mi esposo tiene el privilegio de ser padre de dos hijos adultos y que proviene de una familia casi tan grande como la mía. Otra familia importante para mí son mis amistades y sus familias. Dios me ha bendecido en hacerme ver la importancia de cultivar estos lazos de amistad y de valorarlos. Tengo la bendición de tener grandes amistades en mi vida. Agradezco a Dios quien me ha dado estos grandes vínculos de amor de familia y de amistad.

Fui bendecida al estar al lado de mi padre en las últimas horas antes de su muerte. Volé desde San Diego hasta el sur de México y llegué a tiempo para despedirme de mi padre. Pude pasar como una hora sentada en un pequeño banquillo a los pies de su cama leyéndole la Biblia. Luego mi padre ya no quiso estar acostado, sino que se sentó en la cama y me veía frente a frente y parecía como que quería decir algo. Yo seguía sentada en el banquillo y parados junto a mí estaban una hermana y dos de mis hermanos.

Animé a mi padre a despedirse de nosotros y decirle a Dios que él estaba listo para irse a casa, listo para irse al cielo. Después de decirle estas palabras mi padre soltó dos lágrimas. Estas lágrimas rodaron por sus mejillas hasta caer en su pierna ya que él estaba sentado. Esto fue un milagro ya que el cáncer le había quitado su capacidad de producir lágrimas o llantos, pero Dios le dio estas lágrimas para despedirse de nosotros, su familia. Momentos despues mi padre se acostó en su cama. Después de esto le pedí a mi hermano que es Pastor que me acompañara a la cama de mi padre para orar y pedir que Dios se lo llevara a casa. Nosotros éramos los hijos más pequeños.

Mi padre siempre había amado y temido a Dios, pero un año antes de su enfermedad, él aceptó a Jesucristo como su Salvador y ahora tenía una relación personal con Él. Me subí a la cama de mi padre y me arrodillé de su lado izquierdo a la altura de su hombro. Puse mi mano derecha en su pecho y mi mano izquierda sosteniendo su mano derecha y comencé a orar. Pero antes de empezar le dediqué y toqué una canción de una hija que canta a su padre y le agradece por lo que él había hecho por ella.

Mientras la canción estaba tocando yo estaba orando para que Dios lo llevara a casa ya que él estaba listo y que muriera pacíficamente. Terminé mi oración al mismo tiempo con la canción y enseguida dije: "amén". Abrí los ojos y vi a mi padre tomar su último aliento muy tranquilamente y enseguida falleció. ¡Qué bendición estar al lado de mi padre y ver su último aliento sabiendo que va a estar con JESÚS cara a cara! Mi padre pudo vivir por 87 años en la tierra, pero ahora ¡vive eternamente en el Cielo!

En el 2015 fui bendecida en por fin poder nadar bajo el agua y esto lo hice en Cancún. Nunca había podido nadar bajo el agua debido a mi incidente de pequeña, cuando casi me ahogué en las aguas sucias. Crecí asistiendo a eventos de la iglesia en las playas de Campeche y Cancún. Ambas eran ciudades junto al océano, pero yo no nadaba, solo me paraba a la orilla del mar. Traté de nadar bajo el agua sólo dos veces en mi vida, cuando tenía dieciséis años, pero no pude hacerlo porque me dio pánico. En mi luna de miel lo pude hacer en un paseo de buceo en el mar. Tomada de la mano de mi esposo y confiando en él, le dejé llevarme bajo el agua durante todo el recorrido que fue como 30 minutos. Pude ver los peces bajo el agua y ahora entiendo por qué la gente se emociona tanto con el buceo en Cancún, ¡fue increíble!

Dios me ha regalado el tener mi boda de ensueño con mi esposo y a pesar de no estar ahora juntos puedo reconocer que él es una gran bendición para mí. Soy bendecida al ver cómo mi esposo siempre está tratando de protegerme y cuidar de mí y de nuestra familia. De tener un esposo que me ama. Agradezco a Dios que por primera vez en mi vida tuve las etapas de noviazgo tal como es el cortejo, el compromiso y luego la boda. En la boda civil tuve a mis dos hijos y un pequeño grupo de amigos. La bendición de cumplir mi deseo de tener a mi familia en mi boda también, por primera vez mi madre y casi todos mis hermanos asistieron. La boda religiosa fue en una hermosa hacienda privada acompañada por mi madre, hermanos y familia, buena comida y música de Mariachi. ¡Una Boda de Ensueño! Yo quería una boda mexicana y Dios concedió mi deseo. ¡Gracias Dios!

Bendiciones en Mi Ministerio

Tengo la bendición de haber empezado desde muy joven a servir a Dios en el ministerio que me dio. Empecé el trabajo misionero a la edad de quince años y lo hice por algunos años. Luego lo dejé para resumirlo a la edad de veinticuatro años y llegar a cumplir un total de veintidós años de este servicio a Dios. He servido en México en las siguientes ciudades: Campeche, Mérida, Tijuana, Tecate, Rosarito y Cabo San Lucas. En los Estados Unidos serví en San Diego, Oceanside, Vista y Misuri. He podido realizar trabajos misioneros utilizando dos idiomas, inglés y español. Dirigí una asociación sin fines de lucro en Oceanside, California y abrí y dirigí una en Tijuana.

En mi casa, *"el Almacén de Dios"* recaudé comida y donaciones diversas que llevé a Tijuana tres veces a la semana para ser distribuidas a pastores, misioneros, un seminario, un hogar de ancianos, orfanatos, la comunidad y otras partes de México. Dirigí e hice viajes misioneros mensualmente a Tijuana y también cociné para varios de estos eventos con la ayuda de otros. También distribuí comida a familias en mi comunidad y áreas cercanas con las donaciones que colectaba en casa. Tengo la bendición de saber que este ministerio de comida continúa en mi iglesia local, donde siguen ayudando a aquellos con necesidad.

Tengo la bendición de haber formado parte del trabajo misionero durante tantos años en colaboración con otros siervos, donde ayudé coordinando y participando en actividades en la comunidad para mujeres, niños y jóvenes en México. Ayudé a otros ministerios traduciendo en diversos alcances a la comunidad en México. Serví en orar, interceder, abogar para aquellos que estaban enfermos, o con pocos recursos o necesitados. Participé en alcance de ayuda por el desastre del huracán en Cabo San Lucas, ayudé a los refugiados Haitianos en Tijuana. Organicé y dirigí un concierto de recaudación de fondos para las misiones, impartí una clase bíblica de mujeres en la base militar y en mi casa mientras vivía en Misuri.

A través de todos los años de trabajo misionero he podido ver vidas transformadas además de la mía y mi familia, incluyendo la vida de aquellos a quienes serví y de aquellos quienes servían en el ministerio. He visto a algunos siervos convertirse en pastores, misioneros y cristianos apasionados sirviendo a Dios. En Tijuana dos de los jóvenes que sirvieron con nosotros se unieron al seminario y aquí en Oceanside uno se convirtió en Pastor.

Toda esta obra misionera ha sido posible gracias a Dios quien me llamó y luego proveyó. Me siento verdaderamente bendecida de que me haya escogido para hacer este amplio trabajo misionero. No tenía idea de que cuando acepté mi llamado a los dieciséis años, Dios me llevaría a otro país para que pudiera obtener los recursos para ayudar a mi país de México y así poder cumplir mi llamado como líder del trabajo misionero. ¡A Dios sea la gloria! También gracias a Dios por mi familia, amistades, las iglesias, los vecinos y negocios que donaron para este trabajo misionero que sin ellos nada de esto hubiera sido posible. Gracias a Dios por todos los siervos de Estados Unidos quienes sirvieron en este ministerio, gracias a ustedes fue posible alcanzar a más personas para Cristo. Tuve la bendición de poder servir con ustedes y conservo las grandes memorias de todo el trabajo que hicimos para Cristo y donde pudimos amar a la gente a través de este campo misionero.

Gracias a Dios por usar a mi hermano José Luis en llevarme a mi primer viaje misionero y por proveerme a mi otro hermano, el menor y compañero de toda esta obra misionera durante todos estos años, mi hermanito el Pastor Ángel. Por su familia e iglesia en Tijuana quienes sirvieron con nosotros y nos dieron de todo su amor. Agradecida por todos los ministerios, pastores y misioneros con quienes pudimos trabajar juntos en Tijuana y otras ciudades y que conocí a través de este ministerio. La Casa Hogar en Playas de Tijuana, el personal y los niños que han hecho un gran impacto en mi vida y los tengo muy dentro de mi corazón. Bendecida de haber podido servir con tantos siervos y que me hayan permitido ser parte de sus vidas. Han hecho un impacto muy grande en mi vida y yo nunca seré la misma persona, pero siempre trataré de servir como ellas, como ellos sirven, con ese amor sacrificial de Cristo.

Terminé esta lista maravillada de lo mucho que Dios ha hecho a través de mi vida, ¡una mujer pequeña e imperfecta! ¡Pero sólo Dios podría usar a una mujer imperfecta como yo para hacer su maravilloso y perfecto trabajo! ¡Dios es Fiel! ¡Soy su hija y él me ha usado y seguirá usando a mí y a mi familia para su honra y gloria! ¡Aleluya! ¡Le doy la gloria a Dios por permitirme haber vivido tanto tiempo y ver todas sus bendiciones en mi vida personal y en el campo misionero! ¡Gracias, DIOS Eres Grandioso!

Capítulo 6

OPRESIÓN DEL ENEMIGO Y MI FE EN DIOS

El espíritu del Señor Jehová es sobre mí, porque me ungió Jehová; hame enviado a predicar buenas nuevas a los abatidos, a vendar a los quebrantados de corazón, a publicar libertad a los cautivos, y a los presos abertura de la cárcel; A promulgar año de la buena voluntad de Jehová, y día de venganza del Dios nuestro; a consolar a todos los enlutados; A ordenar a Sión a los enlutados, para darles gloria en lugar de ceniza, óleo de gozo en lugar del luto, manto de alegría en lugar del espíritu angustiado; y serán llamados árboles de justicia, plantío de Jehová, para gloria suya.
-Isaías 61:1-3

Día 6 de 7. Es martes, como de costumbre llevé a mi hijo a la escuela y regresé a casa. Cuando llegué me senté en mi comedor a tomar mi porción de ayuno. Mi cocina es uno de mis lugares favoritos en casa porque ahí es donde cocino el alimento físico para mi familia. Me gusta cuidar de ellos y cocinar es una de las maneras en que les muestro mi amor. Mi otro lugar favorito es mi mesa principal, donde recibo el alimento físico, pero también el espiritual. Aquí en esta mesa es donde paso casi todo mi tiempo con Dios en oración, gratitud, alabanza, plegarias, llantos y preguntas. También aquí es donde Él me habla, me asombra, me revela su Palabra, conocimiento, sabiduría, amor y misericordia. Aquí es donde encuentro paz, gozo, orden y propósito. El pasar tiempo con Jesucristo es la única manera en la que le puedo ser obediente.

Dios me recordó mi Propósito. Sí, Él me dijo: "Dalila, ¿recuerdas para que te llamé?"

Contesté: "¡Sí, Señor claro que me acuerdo!"

Empecé a recordar cuando tenía dieciséis años y recibí mi llamado, aunque en ese momento, no sabía que eso era lo que acababa de pasar, y me llevó años saberlo. Este fue el tiempo cuando viví en casa de mi hermano y su esposa en Campeche y que asistía a la iglesia con ellos. Recuerdo que mi iglesia del Nazareno en Campeche estaba teniendo una campaña de restauración y el grupo invitado de alabanza estaba cantando. Cuando hicieron la llamada al altar yo pasé. Sentía la voz de Dios llamándome. Yo ya era salva y ya estaba bautizada, así que no fui al altar por eso, sino que sentí que Dios me estaba diciendo que necesitaba servirle. No entendía lo que quería decir porque ya estaba sirviendo en un ministerio en la iglesia y me apasionaba servirle.

Pero no sabía qué hacer después de pasar al altar. ¿Debía ingresarme a un seminario cristiano? No sentí que debía ingresar a un seminario, pero sí que tenía que ayudar en el campo misionero, pero no entendía lo que esto significaba. Así que hice lo que pude y acompañé a mi hermano en viajes misioneros cuando pude. Nunca hablé con nadie sobre lo que yo sentí y de todas formas tampoco podía explicarlo. Era una joven que tenía hambre de vivir una vida abundante en Cristo.

También a esta misma edad tuve otra experiencia con Dios y esto sucedió en casa de este mismo hermano. Un día estaba viendo un programa de televisión que mostraba países africanos con mucha necesidad, pobreza y me puse a llorar. Durante este programa fue cuando sentí la carga y necesidad de ayudar a la gente en situaciones vulnerables y con mucha necesidad y esta era la primera vez que me sentiría así. Crecí pobre y todavía era pobre así que el ver a familias desfavorecidas era común para mí, pero esta fue la primera vez que tuve una reacción así. Esto era porque este sería mi llamado, aunque no lo sabía en ese tiempo.

Recuerdo que mi hermano José Luis me preguntó: "¿Por qué estas llorando?"

Le contesté que era por lo que había visto en la televisión sobre los niños desfavorecidos con sus familias en África. De cómo yo quería ayudarles, pero cómo podría hacerlo si yo era pobre y no podía.

Mi hermano cambió su cara de preocupación a una cara de gozo y me dijo: "Dalila, esto es el Espíritu Santo quien te tocó y te hizo sentir de esta manera".

Así terminó mi experiencia ese día. No supe que más debía hacer. Desde ese día he querido ir a África y compartir cómo Dios usó su lugar para revelarme mi llamado. Este mismo hermano era quien me llevaba a los viajes misioneros, probablemente porque el veía mi corazón. Él llegó a ser mi padre espiritual.

Debido a que me fui a vivir a Tijuana perdí a mi hermano como mi mentor en mi llamado, pero gracias a Dios que él tenia a mi hermanito Ángel quien vendría a estudiar para pastor en Tecate que está cerca de Tijuana. Mientras él estudiaba en este seminario fue cuando empezamos a trabajar juntos en la obra misionera y hemos estado haciéndolo por todos estos años. Esto no es coincidencia, es el plan divino de Dios.

Después de recordar cómo Dios me llamó y las formas que usó para hacerlo, Él me llevó a leer y meditar en este versículo:

"El espíritu del Señor Jehová es sobre mí, porque me ungió Jehová; hame enviado a predicar buenas nuevas a los abatidos, a vendar a los quebrantados de corazón, a publicar libertad a los cautivos, y a los presos abertura de la cárcel; A promulgar año de la buena voluntad de Jehová, y día de venganza del Dios nuestro; a consolar a todos los enlutados; A ordenar a Sión a los enlutados, para darles gloria en lugar de ceniza, óleo de gozo en lugar del luto, manto de alegría en lugar del espíritu angustiado; y serán llamados árboles de justicia, plantío de Jehová, para gloria suya." (Isaías 61:1-3)

Luego estando bajo su dirección puse en las paredes de mi sala las revelaciones que había recibido desde cuando vivía en Alemania. Pero antes de pegarlas, platicaba con Dios y Él conmigo, una comunicación completamente abierta. ¡Fue glorioso el poder escuchar a Dios hablarme! Después le alabé con alabanzas y mis oraciones. Estuve saboreando estos momentos con JESÚS quien ama mi alma. Luego empecé a declarar el propósito de Dios para mi vida a través de una alabanza que se convirtió en mi oración.

Ya como para el segundo canto finalmente pude creer en mi llamado. No lo había perdido simplemente había pasado por el valle de sombra de muerte y por el fuego purificador de Dios. Me di cuenta de que casi por un año había vivido como guerrera derrotada ya que satanás me tenía oprimida y cautiva con tantas ataduras. ¡Yo Dalila había creído sus mentiras y poco a poco estaba dejando de creer en la verdad que es la Biblia, en sus promesas y mi llamado!

El enemigo me había oprimido a través de mis debilidades que eran mi mente y la comida. Creyendo mentiras, teniendo pensamientos negativos y comiendo ciertas comidas que causaban que me sintiera deprimida y con malas alergias en mi cuerpo. Había caído en mentiras, mi espíritu y carne estaban luchando entre sí. ¡Y estos demonios que buscaban mi muerte me estaban atemorizando y yo ni siquiera sabía! Entendí por qué Dios me había dicho el miércoles pasado que estos demonios solo salen con ayuno y oración. ¡Jamás hubiera pensado y menos comprendido que sutilmente el enemigo de mi alma me estaba pisoteando toda!

Al pensar en hacer ayuno, solo había visto el motivo de hacerlo que era por mi matrimonio y orar por mis hijos. Así que jamás pensé que esto era lo que Dios me manifestaría, que yo Dalila no estaba predicando vida en Jesucristo y que estaba viviendo mi vida a medias. De no haber sido por este ayuno y oración jamás me hubiera dado cuenta ya que el enemigo de nuestra alma trabaja tan sutilmente y usa siempre mentiras y yo ¡como tonta las había creído!

Dios me recordó quién es el enemigo con este versículo: "Vosotros de vuestro padre el diablo sois, y los deseos de vuestro padre queréis cumplir. Él, homicida ha sido desde el principio, y no permaneció en la verdad, porque no hay verdad en él. Cuando habla mentira, de suyo habla; porque es mentiroso, y padre de mentira." (Juan 8:44).

Ahora con lo revelado por Dios, ¡puedo salir adelante y con el poder del Espíritu Santo reprendo a satanás y sus demonios! ¡Gracias Dios por liberarme! ¡La muerte ya no me acecha, sino que tengo vida en Jesucristo! ¡Ahora creo completamente en cada versículo de la Biblia y estoy lista! ¡Soy guerrera de Jesucristo! Hice oración con cada canto que toqué, declarando con mi boca, diciendo: "Yo Dalila, declaro que Dios dijo bendecido sea el nombre del Señor Jesucristo, bendecida sea mi vida, mi familia, la iglesia y el mundo".

Mientras tocaba una alabanza pude recordar de cuando había vivido en Misuri y le había pedido a Dios ver su gloria y traerle gloria. Después de recordar oí que Dios me dijo: "Hoy me has traído gloria y has visto mi gloria. Aférrate a MÍ y seguirás trayéndome gloria y verás mi gloria, la que más anhelas que es, ¡Verme Cara a Cara! Vendré por tí Dalila".

No me es posible explicar cómo me sentí después de esta experiencia con Dios, pero tú lo podrás entender cuando tu experimentes a Dios de esta manera en tu vida.

Recuerdo que el año pasado se me quedó muy grabado en mi corazón el querer ser como Abraham y tener la fe de Abraham. Dios contestó mi oración el jueves a través del estudio que me dio que se llama ¡Hoy Existes! que está en el capitulo 1. Pude comprender lo que significa cuando la Biblia dice creyó Abraham y le fue contado por justicia.

Oré diciendo: "Señor Jesús yo creo y ahora tengo la fe que tuvo Abraham y la declaro sobre mi vida, mi familia e iglesia". Ahora puedo decir: "Dalila tu Fe te ha sido contado por justicia" y sé que es Dios quien me dice esto: "Por la fe Abraham (Dalila), siendo llamado (a), obedeció para salir al lugar que había de recibir por heredad; y salió sin saber a dónde iba" (Hebreos 11:8).

Después de leer este versículo seguí orando en gratitud a Dios porque me dio la Fe como Abraham, esa Fe que cree en Dios únicamente y que no es movida no importa lo que haya pasado o esté pasando alrededor de mí. Se que no será fácil, pero debo mantener mi fe en Dios y seguir creciendo en mi caminar con Él. ¡Me encuentro lista con mi orden al servicio de mi Rey JESUCRISTO!

Dios me dio estos versículos para alentarme. Salmo 108:13, 1 Juan 3:8, Josué 1:5, Isaías 40:31, 54:17, 61:11, Deuteronomio 11:25, Hebreos 4:12, 2 Samuel 22:35, Efesios 6:17, Ester 4:16. Ya no me enfoco en ser negativa, sino que estoy enfocada en vida, mi vida a través de JESUCRISTO. Ahora me enfoco en hablar de vida y las bendiciones de Dios para mi vida. Todo lo que Dios me mostró desde el primer día de ayuno y hasta el día de hoy lo he puesto en mi pared. Puedo ver cómo todo fue acomodado para quedar en su lugar y no es por coincidencia sino un plan divino. Dios es maravilloso, Él pacientemente esperó a que yo pudiera entender lo que estaba pasando en mi vida.

A las 6:30 pm llevé a mi hijo al servicio de jóvenes y luego regresé a casa. Al abrir la puerta escuché que Dios me decía: "Dalila ahora quiero que medites, no pongas música, no escribas. Medita, sólo medita".

Así, que me senté en un lado de mi sofá y oré para que mi mente pudiera estar en silencio. Me tomó unos minutos el callar mi mente, pero por fin lo pude hacer. Conforme medité en Dios, pude descubrir que Dios a través de su Palabra estaba a mi alrededor, en mi casa. En mi cocina tenía un cuadro basado en este versículo: "Venid a mí todos los que estáis trabajados y cargados, que yo os haré descansar. Llevad mi yugo sobre vosotros, y aprended de mí, que soy manso y humilde de corazón; y hallaréis descanso para vuestras almas. Porque mi yugo es fácil, y ligera mi carga." (Mateo 11:28-30).

Después de meditar en esto me levanté y me senté al otro lado de mi sofá. Al mirar hacia arriba pude realizar que este versículo que tengo en mi cocina se ha hecho realidad en mi vida. Que en mi vida he podido tener la paz de Jesús conforme he pasado por el fuego y el valle de sombra de muerte. Que, a pesar de no tener a mi esposo en casa y de que pronto no tendré un lugar en donde vivir, tengo paz. Que a pesar de que mis hijos van a necesitar dinero para su universidad y otras cosas, tengo paz. Que a pesar de que tengo hambre y ampollas en mi boca debido a que me mordí algunas veces por accidente al comer el día de hoy, tengo paz. Que, a pesar de todo esto, no estoy sola porque tengo a DIOS y mi familia. ¡Estoy confiando de que DIOS el Gran Rey sostiene a su hija en sus manos! ¡Que estoy en la palma de sus manos y soy la niña de sus ojos! ¡¡Aleluya!!

En ese momento Dios me dio estos dos versículos mostrándome de cómo, aunque turbada Él ha sido mi Salvación y que era humano lo que pasé. Que Dios es quien me ha dado las fuerzas para soportar todo y dado la fe para confiar en Él. ¡Dios ha sido mi respuesta y mi salida!

"¿Por qué te abates, oh alma mía, Y te conturbas en mí? Espera a Dios;

porque aun le tengo de alabar por las saludes de su presencia." (Salmos 42:5).

"No os ha tomado tentación, sino humana: mas fiel es Dios, que no os dejará ser tentados más de lo que podéis llevar; antes dará también juntamente con la tentación la salida, para que podáis aguantar." (1 Corintios 10:13).

Ahora veo todas mis paredes y veo mi pared de fe. Desde hace unos años he querido poner como parte de la decoración en mi casa una pared de fe, aunque nunca conseguí hacerlo. Aunque cuando pensé en poner una pared de fe yo no lo tenía planeado de esta manera. Mi idea era poner fotos de mi padre, abuelo y testimonios con versículos de la Biblia. Esta pared iba a ser mi linaje familiar, tendría testimonios de fe, amor y toda su valentía. Pero hoy al pegar todo lo que Dios me instruyó poner en las paredes me doy cuenta de que esta pared de fe es sobre DIOS y DALILA, aunque no he terminado la pared todavía.

Al darme cuenta de esta revelación toqué un canto que habla sobre cómo Dios baila alrededor de uno y uno sin darse cuenta, así es como me sentí. Sí, la presencia de Dios ha estado siempre conmigo sin que muchas veces me diera cuenta. Guiada por Dios leí este versículo: "Jehová en medio de ti, poderoso, Él salvará; gozaráse sobre ti con alegría, callará de amor, se regocijará sobre ti con cantar." (Sofonías 3:17).

Luego recogí a mi hijo de la iglesia y regresamos a casa. Oré con mi hijo y luego él se acostó a dormir. Mientras tanto me quedé despierta y continúe meditando en Dios, en cómo esta pared es sobre la vida de Dalila. Esta pared incluye personas y países que han sido parte de mi vida y que lo son hasta el día de hoy. Ya que como persona no estoy sola en este mundo, sino que soy parte del plan de Dios que va más allá de mi plan. ¡Lo entiendo ahora, rio de gozo y asombro!

Dios me ha estado pidiendo que me enfoque en Él y yo, esto es, que esté casada con Él. Esta es la visión que me dio en el capitulo 1 imagen numero 2 que se llama "La Cruz" y donde me muestra cómo debe ser mi relación con Él. Un matrimonio es lo que Jesucristo pide que yo tenga con Él. He luchado en tener este tipo de relación con Él, de tener un matrimonio con Jesús, pero ahora ya lo entiendo y ¡estoy dispuesta a tenerlo! ¡Toda esta pared se trata de DALILA! ¡Es el Testimonio de DALILA! Puedo compartir con la gente sobre mi legado familiar pero lo único que necesito enfocarme es en mi relación con DIOS y mi vida, en ¡cómo DALILA vive para DIOS!

A las 11:13 de la noche no podía y no quería dormirme ya que anhelaba que Dios se siguiera revelando en mi vida. Normalmente me acuesto como a esa hora, pero debido a mi ayuno me había estado acostando como a las 9 ya que me sentía un poco débil y con hambre, pero esa noche no. Pedí al Señor Jesús, que en mi debilidad se manifestase y que me diera fuerzas para escribir lo que Él me mostrara. Recuerdo que hacía mucho que quería asistir a una vigilia de oración, ya que de joven asistí a varios y siempre me gustaron. Extrañaba no tenerlas. Esa noche escuché a Dios decirme: "¡Mi Hija querías una noche de vigilia de oración pues ¡aquí la tienes! ¡Mantente despierta escuchando y espera en Mí!"

Así que comí una fruta después de escuchar a Dios y continué despierta en esa hermosa vigilia. Dios me reveló que acababa de experimentar avivamiento en mi vida a través de ese ayuno y oración. Yo tenía que primero experimentar avivamiento en mi vida, para que entonces pudiera ser usada por DIOS para traer avivamiento. Pude sentarme y con una mente clara escribir todo lo que Dios ha hecho, está haciendo y hará en mi vida. ¡Aleluya, amén! ¡A Dios sea la gloria por los siglos de los siglos, amén! Gracias a Dios porque se manifiesta en mi vida y contesta las peticiones de mi corazón. Eran las 12:08 am y antes de acostarme a dormir Dios me dio este estudio que se llama "La Regadera."

La Regadera

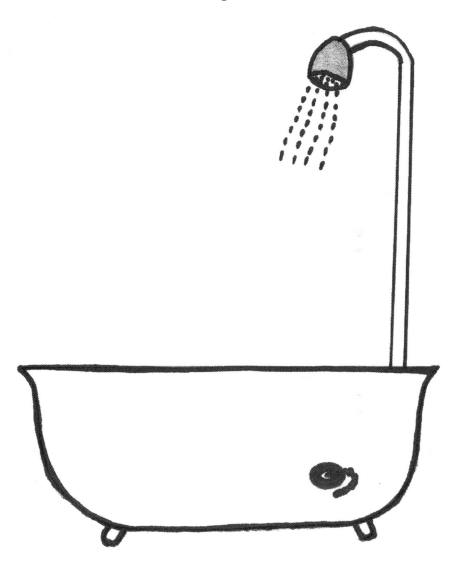

Porque las armas de nuestra milicia no son carnales, sino poderosas
en Dios para la destrucción de fortalezas; Destruyendo consejos, y
toda altura que se levanta contra la ciencia de Dios, y cautivando todo
intento a la obediencia, de Cristo; Y estando prestos para castigar
toda desobediencia, cuando vuestra obediencia fuere cumplida.
-2 Corintios 10:4-6

Tu cuerpo se ensucia diariamente así que necesitas bañarte para poder estar limpio. No importa qué tipo de regadera, bañera o tina tengas, lo que importa es que te bañes todos los días. Pero tienes un problema ya que tú te metes a bañar en tu tina (bañera) que tiene puesta todavía la tapadera y que tiene acumulado toda el agua sucia de tus baños anteriores. Tú has decidido no quitarle la tapadera por lo tanto el agua sucia no sale. No importa cuánta agua limpia caiga sobre tu cuerpo, tú todavía sigues sucio. Si sigues sucio todavía es porque tus pies están parados en toda el agua que has colectado en tu bañera por días o años. A través de este dibujo Dios me mostró que así era la Dalila de antes, pero como de ahora en adelante puede vivir diariamente en Cristo.

- **El agua de la regadera**: La Palabra de Dios, la Biblia
- **Bañera (tina):** Tu mente o tus creencias
- **Agua sucia:** Lo que vives en tu diario vivir
- **Tapadera:** Lo que no quieres dejar ir o cambiar en ti

Como cristiano escuchas y a lo mejor lees la Palabra de Dios, pero no la estás creyendo y en lugar de eso estas creyendo otras cosas. Por lo tanto, tú te encuentras colectando en tu tina o bañera toda el agua sucia de todos los baños que te has dado en tu vida y esto causa que todavía estés caminando con los pies sucios.

¡Ya no hagas eso! Quita la tapadera de tu tina o bañera, límpiala y sólo permite que sea el agua limpia quien te bañe. ¡Usa la tapadera! La tapadera de la bañera tiene un propósito, el de retener el agua limpia y también el de dejar salir el agua ya sucia.

Usa la tapadera para lo que fue creada y esta será la única manera en la que tú podrás salir limpio del baño. La única agua que tu cuerpo debe recibir de ahora en adelante debe ser de la regadera, ya que de ahora en adelante ya no estarás acumulando el agua sucia de la tina. Este baño que te has dado hoy ha quitado todo lo sucio de tu cuerpo y estás completamente limpio. ¡Ya no más baños a la mitad! Deja que tu vida sea llenada diariamente por la Palabra de Dios, la Biblia, Vive creyéndolo y caminando en ella. Recuerda: eres cabeza y no cola, ¡camina como tal! ¡Eres victoriosa, victorioso en JESUCRISTO! Dios te ama. El pagó un precio muy grande por ti en la cruz, así que ¡camina en victoria!

Capítulo 7

LA NOVIA Y EL NOVIO

PRIMERA PARTE

¿QUIÉN ES LA NOVIA?

Día 7 de 7. Es miércoles era mi último día de ayuno. ¡Gracias a Dios lo pude lograr! Estaba en mi séptimo día. Como de costumbre llevé a mi hijo a la escuela y luego regresé a casa. Al pasar tiempo con Dios esta mañana, Él me reveló más razones por el cual tuve que ayunar por siete días. Pude entender lo que significa el número siete que Dios me mostró en la visión que tuve en el mes de abril del 2014 cuando hice el ayuno de cinco días. Al meditar en estos siete días pude ver que de nuevo Dios me ha dado el número siete.

Vi la pared de mi comedor que tiene siete versículos de la Biblia, esta es la primera pared donde Dios me guío a poner versículos. Pero esto no se trata nada más del número siete sino de su significado que es lo que Dios logró hacer en mi vida en estos siete días. Estas paredes de mi casa despliegan las revelaciones de Dios, sus planes y propósito para mi vida. Dios me ha hablado a través de su Espíritu Santo y su Hijo Jesucristo. Ahora entiendo perfectamente y esto es lo que llaman la plenitud del Espíritu Santo o la llenura del Espíritu Santo. Ahora puedo servir a Dios y cumplir mi propósito en mi vida y traer gloria a Dios. Vi como Dios siempre ha estado presente en mi vida, durante las batallas y victorias. ¡Aleluya!

Durante muchos años he deseado que mi casa sea casa de oración, tal como la Biblia dice: "Y les dijo: Escrito está: Mi casa, casa de oración será llamada" (Mateo 21: 13). Mi deseo es que cada persona que entre a mi casa pueda recibir paz y ánimo para seguir caminando con el Señor Jesucristo. En caso de no conocer a Jesucristo como Salvador, que puedan recibirlo y así salir de mi casa con paz y con ánimo.

Al entrar en mi casa deseo que puedan ver mi pared de fe, que es el testimonio de mi vida y que esto les dé ánimo para continuar caminando en su fe con Jesucristo sin importar las circunstancias de su vida. Ahora entendí que yo soy esa casa de oración, que mi vida y testimonio es lo que la gente puede ver y por el cual pueden recibir ánimo para seguir adelante.

Estoy tan agradecida por haber caído en las manos misericordiosas de mi Dios, así como el Rey David de la Biblia. Esto causa en mí lágrimas y sonrisas, pero de gozo. Cuando el Rey David fue confrontado por su pecado que cometió con Betsabé y por haber matado al esposo de ella, le dieron a escoger que castigo recibiría de las tres opciones que tenía. Una de las opciones era Dios y fue la que David escogió. Él no quiso escoger el castigo de parte del hombre ya que el sabía que un ser humano puede ser cruel y malo. El escogió ser castigado directamente por Dios sabiendo que sería misericordioso con él. ¡Dios ha levantado mis manos caídas y ha levantado mi cabeza, y ha llenado mi copa hasta rebozar!

Delilah P.I.O.

¿Quién Es la Novia? Dalila, El Cuerpo de Cristo, la Iglesia

Día Que Me Convertí en la Novia, Dia de Salvación, Octubre de 1983

A pocos meses de este, mi tercer matrimonio hice un dibujo. Estábamos en el año 2016. Hice este dibujo en un pedazo de papel que reciclé de un calendario viejo. Me encontraba sentada en un sofá de la sala y estaba viendo hacia fuera donde había un macetero con flores que mi esposo me había regalado. Las había puesto encima de un macetero grande que había conseguido de una tienda de cosas de segunda de un orfanatorio en Tijuana. Me levanté y fui a buscar un pedazo de papel donde pudiera escribir y tomé el primero que encontré y que estaba disponible para mí, mi calendario viejo. Este pedazo de papel está roto por un lado y escrito por atrás, pero del otro lado estaba en blanco hasta que lo usé para hacer este dibujo. Dibujé una vasija grande con un ramo de flores adentro. Al ramo le faltaba una flor en un tallo. Se podría decir que este dibujo es bonito, pero también que debí haber usado un papel nuevo, en blanco y que mejor hubiera tirado este papel en la basura, ya que ha sido usado. Sin embargo, ese no es el caso ya que yo le encontré uso todavía.

Hoy Dios me muestra que este dibujo me representa, que es Dalila la novia. Soy una novia que ha sufrido, que ha sido quebrada en pedazos y que está incompleta. ¡He sido reciclada para Dios y por Dios! Cuando pensé que mi vida no tenía propósito y que ya todo se había acabado Dios le dio la vuelta a mi vida, tal como el papel reciclado. La parte de la hoja de atrás todavía tenía propósito, así también ¡mi vida todavía tiene propósito! ¡Yo todavía soy la novia de Jesús! Así como este florero es hermoso, así también soy hermosa para Dios. Puedo ser usada para que dentro de mi florero se pongan flores y pueda alegrar la vida de alguien al verme.

Toda persona en este mundo tendrá problemas y dolores, pero eso no es todo lo que cuenta en nuestra vida aquí en la tierra. Lo que importa es que tenemos la esperanza de que algún día estaremos en el cielo con Dios y ya no tendremos más sufrimientos y dolor. Mientras tanto estamos aquí en la tierra y somos una novia que está esperando a su Novio, esperando ver a JESUCRISTO, ¡Cara a Cara!

Dios me hace ver cómo aquí en esta tierra debo estar incompleta tal como ese florero está incompleto ya que tiene un tallo sin una flor. Pues yo estoy incompleta también porque me hace falta mi novio, Jesucristo. Que necesito recordar que para Dios soy hermosa y que estaré completa el día que esté Cara a Cara con JESÚS. Mientras tanto necesito continuar viviendo aquí en la tierra siendo completa solo a través de su Espíritu Santo. Dios me volvió a dar el mismo versículo de ayer con el que empecé mi día,

"El espíritu del Señor Jehová es sobre mí, porque me ungió Jehová; hame enviado a predicar buenas nuevas a los abatidos, a vendar a los quebrantados de corazón, a publicar libertad a los cautivos, y a los presos abertura de la cárcel; A promulgar año de la buena voluntad de Jehová, y día de venganza del Dios nuestro; a consolar a todos los enlutados; A ordenar a Sión a los enlutados, para darles gloria en lugar de ceniza, óleo de gozo en lugar del luto, manto de alegría en lugar del espíritu angustiado; y serán llamados árboles de justicia, plantío de Jehová, para gloria suya." (Isaías 61:1-3).

Como parte de este proceso de Dios, tuve que aprender cómo fui creada y por qué de esta manera.

Personalidades

Es hermoso saber que Dios nos creó personas con diferentes personalidades y que estas pueden ser usadas para enseñarnos a amarnos unos a otros a pesar de nuestras diferencias. A veces nuestras personalidades pueden chocar con la de otras personas porque puede que seamos similares y claro eso no es malo, pero sí puede ser desafiante. Por ejemplo, uno de mis hijos tiene una personalidad muy similar a la mía ya que ambos somos personas extrovertidas, con mucha energía y platicadores. Muchas veces nuestra personalidad beneficia nuestra relación ya que nos ayuda a ver cosas de la misma manera y podemos ponernos de acuerdo. Pero, por otro lado, hay ocasiones en las que no nos podemos poner de acuerdo y nuestras personalidades chocan. El ser consciente de la diferencia de nuestras personalidades me ha ayudado a no guardar cosas en contra de mi hijo o de otros y me ha ayudado a ejercer control de mí misma y a ser mas paciente. Debo seguir confiando en Dios y en que mi personalidad tiene un gran propósito en mi llamado y que Él todavía sigue trabajando en mí tal como lo hace en mi familia y en los que me rodean. Gracias a Dios que Él nos hizo con diferentes personalidades para que juntos podamos trabajar en hacer este mundo mejor y que solo con el amor de Dios es como lo podemos hacer.

Talentos o Habilidades

Todos tenemos diferentes talentos o habilidades que hemos heredado de nuestros padres. Ejemplo de un talento que poseo es el de la facilidad manual. Puedo usar mis manos para cocinar desde comidas básicas hasta comidas complicadas como mis panes, tortillas y otras especialidades al horno o en la estufa. Este talento lo he usado mucho en mis años sirviendo a Dios y a mi prójimo. Casi todo lo que cocino lo he aprendido sola, se puede decir que soy una cocinera nata. Hago mis propias recetas y disfruto mucho el cocinar. Heredé el talento de cocinar de parte de mi abuelo materno. Al padre de mi madre le encantaba cocinar, a mi madre le encantaba cocinar y a mí me encanta cocinar también. Así que esta habilidad de poder cocinar la heredé de mi familia.

Otro ejemplo de otro talento que poseo es el de la habilidad social, que heredé de mi familia. A mis dos padres les encantaba platicar y hacían amistades muy fácilmente. También mis dos abuelos maternos tenían la facilidad de poder comunicarse muy bien con la gente. Así que ahora ya sabes porque me gusta platicar, esto ya es "cosa de familia". Mi madre me contó la historia de cómo antes de que se casara mi abuelo con la abuela, de cómo él vivió y trabajó por doce años en un convento de curas donde él fue el cocinero. Mi abuelo era una persona muy pacífica, pero le encantaba platicar. Mi abuela hizo algo que no era muy común en esos días, fue al colegio para estudiar y aprendió leyes y usó su habilidad social para defender al pobre y necesitado. Mi abuelo la conoció en el colegio y luego se casaron. Ellos tenían una tienda de abarrotes en casa y normalmente era atendida por mi abuelo y las hijas. También él se encargaba más de las cosas de casa más que la abuela ya que ella se dedicaba a ayudar a la gente.

Mi madre me relató que muchas veces su madre traía gente necesitada a su casa para que ellos los atendieran con hospedaje y alimentos, mientras ella se iba a abogar por sus derechos. Así fue como mi madre aprendió a cocinar mucho ya que mi abuelo y ella muchas veces tenían que cocinar para la familia y para la gente que la abuela dejaba en su casa. Esto ayudó a mi madre a aprender a cocinar y hacer rendir la comida para muchos que a su vez ayudó con la familia de trece que tendría al casarse con mi padre. En los planes de Dios nunca se desperdicia lo que aprendemos, todo tiene un propósito.

Nunca conocí a mi abuela porque murió mucho antes de que naciera, pero hay una calle que lleva su nombre. Gracias a Dios sí tuve la bendición de conocer a mi abuelo quien era muy conocido como Don Angelito. Era muy conocido por su amor a Dios y a su prójimo y por ser un hombre muy pacífico.

Hace unos cuatro años que me enteré de esta historia de mis abuelos y fue cuando tuve a mi madre de visita en California. En esa visita ella me ayudó a cocinar para una cena de navidad que yo estaba haciendo para llevar a un seminario cristiano en Tecate y celebrar navidad con ellos. Llevé el banquete y otras donaciones acompañada por mi madre, una amiga y nos vimos en el seminario con mi hermano el Pastor. Esta era la primera vez que mi madre hacía un viaje misionero con nosotros sus hijos. Al terminar el evento ella nos compartió de cómo le hicimos recordar memorias de su infancia de cuando sus padres usaban sus talentos para ayudar a otros. Fue hermoso conocer un poco sobre la historia de la vida de mi madre y de mis abuelos.

Como puedes ver pude dar ejemplos de dos grandes talentos que heredé de parte de mi familia, el ser una persona social y mi pasión de cocinar, ambos muy bien usados en la obra misionera empezando con mi casa. Un talento o habilidad es algo con el cual tú has nacido y has heredado de parte de tu familia. ¿Sabes cuáles son tus talentos?

El Cuerpo de Cristo: Ministerios, Llamados y Dones del Espíritu Santo

Cada uno según el don que ha recibido, adminístrelo a los otros, como buenos dispensadores de las diferentes gracias de Dios.
-1 Pedro 4:10

Aprendimos que los talentos o habilidades los heredamos de nuestra familia y nacimos con ellos. Por otro lado, los dones del Espíritu, ministerios y llamado son dados por Dios y no son algo que tú puedes heredar de tu familia. Dios te ha dado un llamado, te ha dado un ministerio bajo el cual puedas trabajar y te ha dado los dones del Espíritu Santo para que así puedas cumplir sus planes y propósito para tu vida y traerle gloria.

Diversidad de Operaciones (Ministerios). En Total Existen Nueve

Y acerca de los dones espirituales, no quiero, hermanos, que ignoréis. Sabéis que cuando erais Gentiles, ibais, como erais llevados, a los ídolos mudos. Por tanto os hago saber, que nadie que hable por Espíritu de Dios, llama anatema a Jesús; y nadie puede llamar a Jesús Señor, sino por el Espíritu Santo. Empero hay repartimiento de dones; mas el mismo Espíritu es. Y hay repartimiento de ministerios; mas el mismo Señor es. Y hay repartimiento de operaciones; mas el mismo Dios es el que obra todas las cosas en todos. Empero a cada uno le es dada manifestación del Espíritu para provecho. Porque a la verdad, a éste es dada por el Espíritu *palabra de sabiduría*; a otro, *palabra de ciencia* según el mismo Espíritu; A otro, *fe* por el mismo Espíritu, y a otro, *dones de sanidades* por el mismo Espíritu; A otro, *operaciones de milagros*, y a otro, *profecía*; y a otro, *discreción de espíritus*; y a otro, *géneros de lenguas*; y a otro, *interpretación de lenguas*. Mas todas estas cosas obra uno y el mismo Espíritu, repartiendo particularmente a cada uno como quiere. Porque de la manera que el cuerpo es uno, y tiene muchos miembros, empero todos los miembros del cuerpo, siendo muchos, son un cuerpo, así también Cristo.
-1 Corintios 12:1-12

Diversidad de Llamados: En Total Existen Cinco

Y Él mismo dió unos, ciertamente *apóstoles*; y otros, *profetas*; y otros, *evangelistas*; y otros, *pastores* y *doctores (maestros)*; Para perfección de los santos, para la obra del ministerio, para edificación del cuerpo de Cristo; Hasta que todos lleguemos a la unidad de la fe y del conocimiento del Hijo de Dios, a un varón perfecto, a la medida de la edad de la plenitud de Cristo: Que ya no seamos niños fluctuantes, y llevados por doquiera de todo viento de doctrina, por estratagema de hombres que, para engañar, emplean con astucia los artificios del error: Antes siguiendo la verdad en amor, crezcamos en todas cosas en aquel que es la cabeza, a saber, Cristo; Del cual, todo el cuerpo compuesto y bien ligado entre sí por todas las junturas de su

alimento, que recibe según la operación, cada miembro conforme a su medida toma aumento de cuerpo edificándose en amor.
-Efesios 4:11-16

Diversidad de Dones: En Total Existen Siete

De manera que, teniendo diferentes dones según la gracia que nos es dada, si el de *profecía*, úsese conforme a la medida de la fe; si *ministerio*, en servir; ó el que *enseña*, en doctrina; El que *exhorta*, en exhortar; el que *reparte*, hágalo en simplicidad; el que *preside*, con solicitud; el que hace *misericordia*, con alegría. El amor sea sin fingimiento: aborreciendo lo malo, llegándoos a lo bueno;
-Romanos 12:6-9

El Espíritu Santo me da estos versículos de la Biblia:

- "Y todos tus hijos serán enseñados de Jehová; y multiplicará la paz de tus hijos." (Isaías 54:13).
- "Nombrado de Dios pontífice según el orden de Melchisedec. Del cual tenemos mucho que decir, y dificultoso de declarar, por cuanto sois flacos para oir. Porque debiendo ser ya maestros a causa del tiempo, tenéis necesidad de volver a ser enseñados cuáles sean los primeros rudimentos de las palabras de Dios; y habéis llegado a ser tales que tengáis necesidad de leche, y no de manjar sólido. Que cualquiera que participa de la leche, es inhábil para la palabra de la justicia, porque es niño; Mas la vianda firme es para los perfectos, para los que por la costumbre tienen los sentidos ejercitados en el discernimiento del bien y del mal." (Hebreos 5:10-14).
- "Palabras del rey Lemuel; la profecía con que le enseñó su madre. ¿Qué, hijo mío? ¿y qué, hijo de mi vientre? ¿Y qué, hijo de mis deseos? No des a las mujeres tu fuerza, Ni tus caminos a lo que es para destruir los reyes. No es de los reyes, oh Lemuel, no es de los reyes beber vino, Ni de los príncipes la cerveza. No sea que bebiendo olviden la ley, Y perviertan el derecho de todos los hijos afligidos. Dad la cerveza al desfallecido, Y el vino a los de amargo ánimo: Beban, y olvídense de su necesidad, Y de su miseria no

más se acuerden. Abre tu boca por el mudo, En el juicio de todos los hijos de muerte. Abre tu boca, juzga justicia, Y el derecho del pobre y del menesteroso. Mujer fuerte, ¿quién la hallará? Porque su estima sobrepuja largamente a la de piedras preciosas. El corazón de su marido está en ella confiado, Y no tendrá necesidad de despojo. Daréle ella bien y no mal, Todos los días de su vida. Buscó lana y lino, Y con voluntad labró de sus manos. Fué como navío de mercader: Trae su pan de lejos. Levantóse aun de noche, Y dió comida a su familia, Y ración a sus criadas. Consideró la heredad, y compróla; Y plantó viña del fruto de sus manos. Ciñó sus lomos de fortaleza, Y esforzó sus brazos. Gustó que era buena su granjería: Su candela no se apagó de noche. Aplicó sus manos al huso, Y sus manos tomaron la rueca. Alargó su mano al pobre, Y extendió sus manos al menesteroso. No tendrá temor de la nieve por su familia, Porque toda su familia está vestida de ropas dobles. Ella se hizo tapices; De lino fino y púrpura es su vestido. Conocido es su marido en las puertas, cuando se sienta con los ancianos de la tierra. Hizo telas, y vendió; Y dió cintas al mercader. Fortaleza y honor son su vestidura; Y en el día postrero reirá. Abrió su boca con sabiduría: Y la ley de clemencia está en su lengua. Considera los caminos de su casa, Y no come el pan de balde. Levantáronse sus hijos, y llamáronla bienaventurada; Y su marido también la alabó. Muchas mujeres hicieron el bien; Mas tú las sobrepujaste a todas. Engañosa es la gracia, y vana la hermosura: La mujer que teme a Jehová, ésa será alabada. Dadle el fruto de sus manos, Y alábenla en las puertas sus hechos." (Proverbios 31:1-31).

- "Entonces Jesús dijo a sus discípulos: Si alguno quiere venir en pos de mí, niéguese a sí mismo, y tome su cruz, y sígame." (Mateo 16:24).

El Espíritu Santo ahora me da estos versículos de la Biblia específicamente para Israel:

Israel el Remanente

- "Sobre tus muros, oh Jerusalem, he puesto guardas; todo el día y toda la noche no callarán jamás." (Isaías 62: 6).

- "Y edificarán los desiertos antiguos, y levantarán los asolamientos primeros, y restaurarán las ciudades asoladas, los asolamientos de muchas generaciones. Y estarán extranjeros, y apacentarán vuestras ovejas, y los extraños serán vuestros labradores y vuestros viñadores. Y vosotros seréis llamados sacerdotes de Jehová, ministros del Dios nuestro seréis dichos: comeréis las riquezas de las gentes, y con su gloria seréis sublimes. En lugar de vuestra doble confusión, y de vuestra deshonra, os alabarán en sus heredades; por lo cual en sus tierras poseerán doblado, y tendrán perpetuo gozo. Porque yo Jehová soy amador del derecho, aborrecedor del latrocinio para holocausto; por tanto afirmaré en verdad su obra, y haré con ellos pacto perpetuo. Y la simiente de ellos será conocida entre las gentes, y sus renuevos en medio de los pueblos; todos los que los vieren, los conocerán, que son simiente bendita de Jehová. En gran manera me gozaré en Jehová, mi alma se alegrará en mi Dios; porque me vistió de vestidos de salud, rodeóme de manto de justicia, como a novio me atavió, y como a novia compuesta de sus joyas. Porque como la tierra produce su renuevo, y como el huerto hace brotar su simiente, así el Señor Jehová hará brotar justicia y alabanza delante de todas las gentes." (Isaías 61:4-11).

- "Mas el fruto del Espíritu es: caridad, gozo, paz, tolerancia, benignidad, bondad, fe, mansedumbre, templanza: contra tales cosas no hay ley. Porque los que son de Cristo, han crucificado la carne con los afectos y concupiscencias." (Gálatas 5:22-24).

SEGUNDA PARTE

¿QUIÉN ES EL NOVIO?

Y miré; y he aquí en medio del trono y de los cuatro
animales, y en medio de los ancianos, estaba un Cordero
como inmolado, que tenía siete cuernos, y siete ojos, que son
los siete Espíritus de Dios enviados en toda la tierra.
-Apocalipsis 5:6

¿Quién Es el Novio? JESUCRISTO, La Cabeza de la Iglesia

No penséis que he venido para abrogar la ley ó los
profetas: no he venido para abrogar, sino a cumplir.
-Mateo 5:17

El Espíritu Santo me hacer ver quién es DIOS. Y esto no es porque no sé quién Dios, sino que necesito recordar quién es Él y también aprender más de Él. Aquí esta una pequeña lista en comparación con la larga lista que la Biblia nos da en quien Dios es, de cómo es conocido o llamado y de cuáles son sus planes para su novia, su iglesia.

Gráfica 3: El Novio, JESUCRISTO

DIOS ES LA TRINIDAD: Dios el Padre, Dios el Hijo Jesucristo y Dios el Espíritu Santo. Colosenses 2:9, 2 Corintios 13:14, Isaías 9:6	**DIOS:** Existe por sí mismo, infinito, eterno, incomprensible, soberano, trascendente, sin límite, El único Dios, majestuoso, omnipresente, todo lo sabe, todo poderoso, no cambia, es el mismo siempre, es espíritu. Isaías 44:6
DIOS Genesis 1:1	**JEHOVÁ Genesis 2:4**
ESPIRITU SANTO Juan 14:26, 16:7, 13	**YO SOY EL QUE SOY Éxodo 3:14**
EL SEÑOR Éxodo 34:23	**DIOS ES AMOR 1 Juan 4:7-8**
EL SEÑOR TU PROVEEDOR Genesis 22:14	**EL SEÑOR QUIEN TE SANA Éxodo 15:26**
EL SEÑOR QUIEN SANTIFICA Éxodo 31:13	**EL SEÑOR TU PAZ Jueces 6:24**
EL SEÑOR TU PASTOR Salmos 23:1	**EL SEÑOR TU JUSTICIA Jeremías 23:6**
DIOS TODOPODEROSO Genesis 17:1	**JESÚS Isaías 9:6, Lucas 1:35**
Algunas de las maneras como es conocido Jesús: El Pan de Vida, Maestro, Luz del Mundo, Puerta de las Ovejas, El Buen Pastor, Vida y Resurrección, El Camino, La Verdad, Rabí, Sumo Sacerdote, Señor de Señores, Amigo	La Vid, Pan de Vida, Rey de Reyes, Quien Me Rescata, El Mesías, León de Judá, Oveja, Guerrero, Salvador, Nuestro Abogado, Nuestro Guía, Hermano, La Vida Verdadera
Isaías 41: 13 Porque yo Jehová soy tu Dios, que te ase de tu mano derecha, y te dice: No temas, yo te ayudé.	2 Crónicas 20:15 Jehová os dice así: No temáis ni os amedrentéis delante de esta tan grande multitud; porque no es vuestra la guerra, sino de Dios. Leí Salmos 97

EL NOVIO	LA NOVIA
Dios pagó el precio por su novia, la muerte de su hijo Jesús en la cruz. Jesús resucitó y ha hecho un pacto con su novia, El Cuerpo de Cristo que es la Iglesia que un día regresará por ella. Pero Él tuvo que irse para ir a preparar una casa, una mansión para nosotros su novia. Mientras tanto nos dejó a sí mismo, su Espíritu Santo para que esté con nosotros siempre.	La novia ha aceptado a Cristo como su Salvador, ella ha hecho un pacto con Él. Mientras esperamos necesitamos seguir viviendo, seguir creyendo y esperando el regreso de Jesucristo. Cuando la trompeta suene estará anunciando el regreso de nuestro Prometido quien ha venido a raptar a su Novia, El Cuerpo de Cristo, La Iglesia. ¡Un día tendremos las Bodas del Cordero y estaremos celebrando!

Para ser esa novia es necesario que aceptes al novio Jesucristo y que ores diligentemente para poder ser completamente de Él. Jesús ya te escogió así que tú ahora tienes la opción de aceptarle. ¿Has aceptado ser la novia de Jesús? ¿Has aceptado su propuesta de matrimonio? ¿Lo esperas ansiosamente estando lista, listo? ¡Sí, estoy lista JESÚS! ¿Estás tú lista, listo?

El Espíritu Santo me da más versículos:

- "Resta pues, hermanos, que os roguemos y exhortemos en el Señor Jesús, que de la manera que fuisteis enseñados de nosotros de cómo os conviene andar, y agradar a Dios, así vayáis creciendo. Porque ya sabéis qué mandamientos os dimos por el Señor Jesús. Porque la voluntad de Dios es vuestra santificación: que os apartéis de fornicación; Que cada uno de vosotros sepa tener su vaso en santificación y honor." (1 Tesalonicenses 4:1-4).

- "Por amor de Sión no callaré, y por amor de Jerusalem no he de parar, hasta que salga como resplandor su justicia, y su salud se encienda como una antorcha. Entonces verán las gentes tu justicia, y todos los reyes tu gloria; y te será puesto un nombre nuevo, que la boca de Jehová nombrará. Y serás corona de gloria en la mano de Jehová, y diadema de reino en la mano del Dios tuyo. Nunca más te llamarán Desamparada, ni tu tierra se dirá más Asolamiento; sino que serás llamada Hephzibah, y tu tierra, Beulah; porque el amor de Jehová será en ti, y tu tierra será casada. Pues como el mancebo se casa con la virgen, se casarán contigo tus hijos; y como el gozo del esposo con la esposa, así se gozará contigo el Dios tuyo. Sobre tus muros, oh Jerusalem, he puesto guardas; todo el día y toda la noche no callarán jamás. Los que os acordáis de Jehová, no ceséis, Ni le deis tregua, hasta que confirme, y hasta que ponga á Jerusalem en alabanza en la tierra. Juró Jehová por su mano derecha, y por el brazo de su fortaleza: Que jamás daré tu trigo por comida a tus enemigos, ni beberán los extraños el vino que tú trabajaste: Mas los que lo allegaron lo comerán, y alabarán a Jehová; y los que lo cogieron, lo beberán en los atrios de mi santuario. Pasad, pasad por las puertas; barred el camino al pueblo; allanad, allanad la calzada, quitad las piedras, alzad pendón a los pueblos. He aquí que Jehová hizo oir hasta lo último de la tierra: Decid a la hija de Sión: He aquí viene tu Salvador; he aquí su recompensa con él, y delante de él su obra. Y llamarles han Pueblo Santo, Redimidos de Jehová; y a ti te llamarán Ciudad Buscada, no desamparada." (Isaías 62).

- "De cierto, de cierto os digo: El que en mí cree, las obras que yo hago también él las hará; y mayores que éstas hará; porque yo voy al Padre." (Juan 14:12).

- "Por tanto nosotros también, teniendo en derredor nuestro una tan grande nube de testigos, dejando todo el peso del pecado que nos rodea, corramos con paciencia la carrera que nos es propuesta, Puestos los ojos en al autor y consumador de la fe, en Jesús; el cual, habiéndole sido propuesto gozo, sufrió la cruz, menospreciando la vergüenza, y sentóse a la diestra del trono de Dios." (Hebreos 12:1-2).

- "Toda Escritura es inspirada divinamente y útil para enseñar, para redargüir, para corregir, para instituir en justicia, Para que el hombre de Dios sea perfecto, enteramente instruído para toda buena obra." (2 Timoteo 3:16-17).

- "Y todo aquel que dice palabra contra el Hijo del hombre, le será perdonado; mas al que blasfemare contra el Espíritu Santo, no le será perdonado." (Lucas 12:10).

- "De cierto os digo que todos los pecados serán perdonados a los hijos de los hombres, y las blasfemias cualesquiera con que blasfemaren; Mas cualquiera que blasfemare contra el Espíritu Santo, no tiene jamás perdón, mas está expuesto a eterno juicio." (Marcos 3:28-29).

- "Por tanto os digo: Todo pecado y blasfemia será perdonado a los hombres: mas la blasfemia contra el Espíritu no será perdonada a los hombres. Y cualquiera que hablare contra el Hijo del hombre, le será perdonado: mas cualquiera que hablare contra el Espíritu Santo, no le será perdonado, ni en este siglo, ni en el venidero." (Mateo 12:31-32).

- "Si alguno viere cometer a su hermano pecado no de muerte, demandará y se le dará vida; digo a los que pecan no de muerte. Hay pecado de muerte, por el cual yo no digo que ruegue. Toda maldad es pecado; mas hay pecado no de muerte. Sabemos que cualquiera que es nacido de Dios, no peca; mas el que es engendrado de Dios, se guarda a sí mismo, y el maligno no le toca." (1 Juan 5:16-18).

- "Si confesamos nuestros pecados, él es fiel y justo para que nos perdone nuestros pecados, y nos limpie de toda maldad." (1 Juan 1:9).

- "Porque es imposible que los que una vez fueron iluminados y gustaron el don celestial, y fueron hechos partícipes del Espíritu Santo. Y asimismo gustaron la buena palabra de Dios, y las virtudes del siglo venidero, Y recayeron, sean otra vez renovados para arrepentimiento, crucificando de nuevo para sí mismos al Hijo de Dios, y exponiéndole a vituperio. Porque la tierra que embebe el agua que muchas veces vino sobre ella, y produce hierba provechosa a aquellos de los cuales es labrada, recibe bendición de Dios: Mas la que produce espinas y abrojos, es reprobada, y cercana de maldición; cuyo fin será el ser abrasada." (Hebreos 6:4-8).

- "Ahora pues, ninguna condenación hay para los que están en Cristo Jesús, los que no andan conforme a la carne, mas conforme al espíritu." (Romanos 8:1).

- "Toda herramienta que fuere fabricada contra ti, no prosperará; y tú condenarás toda lengua que se levantare contra ti en juicio. Esta es la heredad de los siervos de Jehová, y su justicia de por mí, dijo Jehová." (Isaías 54:17).

- "Porque la ley, teniendo la sombra de los bienes venideros, no la imagen misma de las cosas, nunca puede, por los mismos sacrificios que ofrecen continuamente cada año, hacer perfectos a los que se allegan. De otra manera cesarían de ofrecerse; porque los que tributan este culto, limpios de una vez, no tendrían más conciencia de pecado. Empero en estos sacrificios cada año se hace conmemoración de los pecados. Porque la sangre de los toros y de los machos cabríos no puede quitar los pecados. Por lo cual, entrando en el mundo, dice: sacrificio y presente no quisiste; Mas me apropiaste cuerpo: Holocaustos y expiaciones por el pecado no te agradaron. Entonces dije: Heme aquí (En la cabecera del libro está escrito de mí) Para que haga, oh Dios, tu voluntad. Diciendo arriba: Sacrificio y presente, y holocaustos y expiaciones por el pecado no quisiste, ni te agradaron, (las cuales cosas se ofrecen según la ley,) Entonces dijo: Heme aquí para que haga, oh Dios, tu voluntad. Quita lo primero, para establecer lo postrero. En la cual voluntad somos santificados por la ofrenda del cuerpo de Jesucristo hecha una sola vez. Así que, todo sacerdote se presenta cada día ministrando y ofreciendo muchas veces los mismos sacrificios, que nunca pueden quitar los pecados: Pero éste, habiendo ofrecido por los pecados un solo sacrificio para siempre, está sentado a la diestra de Dios, Esperando lo que resta, hasta que sus enemigos sean puestos por estrado de sus pies. Porque con una sola ofrenda hizo perfectos para siempre a los santificados. Y atestíguanos lo mismo el Espíritu Santo; que después que dijo: Y este es el pacto que haré con ellos Después de aquellos días, dice el Señor: Daré mis leyes en sus corazones, Y en sus almas las escribiré: Añade: Y nunca más me acordaré de sus pecados é iniquidades. Pues donde hay remisión de éstos, no hay más ofrenda por pecado. Así que, hermanos, teniendo libertad para entrar en el santuario por la sangre de Jesucristo, Por el camino que él nos consagró nuevo y vivo, por el velo, esto es, por su carne; Y teniendo un gran sacerdote sobre la casa de Dios, Lleguémonos con corazón verdadero, en plena certidumbre de fe, purificados los corazones de mala conciencia, y lavados los cuerpos con agua limpia. Mantengamos firme la profesión de nuestra fe sin fluctuar; que fiel es el que prometió: Y considerémonos los unos a los otros para provocarnos al amor y a las buenas obras; No dejando nuestra congregación, como algunos tienen por costumbre, mas exhortándonos; y tanto más, cuanto veis que aquel día se acerca. Porque si pecáremos voluntariamente después de haber recibido el conocimiento de la verdad, ya no queda sacrificio por el pecado, Sino una horrenda esperanza de juicio, y hervor de fuego que ha de devorar a los adversarios. El que menospreciare la ley de Moisés, por el testimonio de dos ó de tres testigos muere sin ninguna misericordia: ¿Cuánto pensáis que será más digno de mayor castigo, el que hollare al Hijo de Dios, y tuviere por inmunda la sangre del testamento, en la cual fué santificado, é hiciere afrenta al Espíritu de gracia? Sabemos quién es el que dijo: Mía es la venganza, yo daré el pago, dice el Señor. Y otra vez: El Señor juzgará su pueblo. Horrenda cosa es caer en las manos del Dios vivo. Empero traed a la memoria los días pasados, en los cuales, después de haber sido iluminados, sufristeis gran combate de aflicciones: Por una parte, ciertamente, con vituperios y tribulaciones fuisteis hechos espectáculo; y por otra parte hechos compañeros de los que estaban en tal estado. Porque de mis prisiones también os resentisteis conmigo, y el robo de vuestros bienes padecisteis con gozo, conociendo que tenéis en vosotros una mejor sustancia en los cielos, y que permanece. No perdáis pues vuestra confianza, que tiene grande remuneración de galardón: Porque la paciencia os es necesaria; para que, habiendo hecho la voluntad de Dios, obtengáis la promesa. Porque aun un poquito, Y el que ha de venir vendrá, y no tardará. Ahora el justo vivirá por fe; Mas si se retirare, no agradará a mi alma. Pero nosotros no somos tales que nos retiremos para perdición, sino fieles para ganancia del alma." (Hebreos 10:1-39).

- "¿Quién nos apartará del amor de Cristo? tribulación? ó angustia? ó persecución? ó hambre? ó desnudez? ó peligro? ó cuchillo? Como está escrito: Por causa de ti somos muertos todo el tiempo: Somos estimados como ovejas de matadero. Antes, en todas estas cosas hacemos más que vencer por medio de aquel que nos amó. Por lo cual estoy cierto que ni la muerte, ni la vida, ni ángeles, ni principados, ni potestades, ni lo presente, ni lo por venir, Ni lo alto, ni lo bajo, ni ninguna criatura nos podrá apartar del amor de Dios, que es en Cristo Jesús Señor nuestro." (Romanos 8:35:39).

¡Propósito en la Obediencia!

Conforme escribo esto, creo y puedo decir que estoy ¡completa! Ahora me encuentro segura de lo que debo hacer con mi vida. Al regresar esta última vez a vivir a California recuerdo que un día escuché que Dios me decía que ya no haría más el trabajo misionero de manera física, o sea que ya no estaría recogiendo y llevando donaciones que es labor física.

Que debía continuar con el trabajo misionero, pero solo de una manera espiritual, aunque yo no lo entendía y tampoco sabía lo que significaba. Fue muy difícil para mí ya no aceptar donaciones especialmente porque sabía que se necesitaban y porque las personas estaban dispuestas a dar.

En muchas ocasiones mis impulsos y deseos quisieron guiarme en servir, era tentada en hacer lo que siempre estaba acostumbrada hacer, recoger donaciones y llevarlos a donar y ministrar al necesitado. Aunque difícil, pero logré no actuar por mis impulsos y deseos y he podido enfocarme en hacer la voluntad de Dios, en obedecerle y escribir. Gracias a Dios por este ayuno ya que ahora puedo entender lo que significa hacer trabajo misionero espiritual y ya no más trabajo misionero laboral. Así que seguiré sirviendo a Dios, pero de la manera que Dios quiere que le sirva y no a mi manera. Con Dios todas las cosas son posibles.

Las revelaciones de esta semana pasan a ser un libro el cual Dios me da en memoria de mi tiempo con Él. ¡Este es el trabajo misionero que Él dijo que estaría haciendo! ¡Ahora soy una novia que diariamente se prepara para el día de su boda! Mi Propósito es revelado. ¡Propósito en la Obediencia! Me viene a la mente este versículo: "Y sabemos que a los que a Dios aman, todas las cosas les ayudan a bien, es a saber, a los que conforme al propósito son llamados." (Romanos 8:28).

¡Gracias DIOS! ¡Dalila, entrenada para ser usada en traer Avivamiento! ¡Restaurando Vidas!

Ya no tengo dudas y tampoco necesito más confirmación de Dios. Ahora creo y voy a obedecer y servir a Dios.

En este ayuno Dios me dio este libro. Me río ahora y es una risa de gozo. Me tomó unos años saber lo que Dios quiso decir cuando me dijo: "Tu libro está completo". Hoy se cumple "la visión" que Él me dio en el 2014 que menciono en el capítulo 1, imagen 3. Estoy completa, estoy sana y lista para compartir el testimonio de mi vida a través de mi libro. Ya no estoy avergonzada y tampoco me preocupa lo que la gente pueda pensar o decir de mí cuando se enteren de lo que he pasado y he hecho. Mis libros tenían que ser escritos en el orden correcto, primero el testimonio de mi vida, luego puedo escribir otros libros incluyendo un libro misionero. ¡Qué maravilla! ¡Dios es un Dios de orden, de cumplimiento y que hace todo en el tiempo perfecto! Esto me hace pensar en el versículo de la Biblia que dice y lo estoy diciendo con mis propias palabras, que nosotros hacemos nuestros propios planes pero que luego viene Dios y los cambia. ¡A Dios sea la Gloria! ¡Tengo un propósito en mi vida! ¡Dios ha cambiado mi lamento en baile! Dios ahora me recuerda los dos versículos de la Biblia que me dio cuando comencé este ayuno, esto era lo que me faltaba en mi caminar espiritual, pero ¡ya no más! Ahora Dios es el que construye mi Hogar y tengo su conocimiento. ¡Gracias JESÚS!

- "Si Jehová no edificare la casa, En vano trabajan los que la edifican: Si Jehová no guardare la ciudad, En vano vela la guarda." (Salmos 127:1).
- "Mi pueblo fué talado, porque le faltó sabiduría. Porque tú desechaste la sabiduría, yo te echaré del sacerdocio: y pues que olvidaste la ley de tu Dios, también yo me olvidaré de tus hijos." (Oseas 4:6).

Fin de mi ayuno de siete días. ¡Gracias DIOS!

Una semana después de haber terminado mi ayuno de siete días Dios me dio otro estudio Bíblico y tuve que compartirlo en este libro ya que va con las cosas que Dios me ha enseñado. Estas enseñanzas han causado un cambio muy grande en mi vida y siento que son la razón principal por la que tuve que escribir este libro. Sigue leyendo y descubriendo lo maravilloso y poderoso que es Dios.

¡Jesús Lo Hizo! ¡Así Que Yo También Lo Puedo Hacer!

Entonces Jesús le dijo: Vete, Satanás, porque escrito está:
Al Señor tu Dios adorarás, y a Él sólo servirás.
-Mateo 4:10

Este estudio está basado en Mateo 4:1-11 pero aquí están otros versículos que también utilicé: Deuteronomio 6:16, Éxodo 20:1-5, 13, Juan 1:1-4, 14, 6:35, 10:10, Santiago 1:12-15, Efesios 4:14-16, Hebreos 10:23, 11:6, Apocalipsis 1:8, Mateo 6:30-34 y Filipenses 4:19.

El Espíritu de Dios fue el que llevó a Jesús al desierto y luego llegó el tentador, satanás con su pecado, sus mentiras. Es necesario aclarar esto para que tú no te confundas y pienses que Dios fue quien tentó. Dios no tienta a nadie, ya que cada una de las cosas con que una persona es tentada es pecado y Dios no peca.

Necesidad Física: Primera Piedra

Mateo 4:1-4

Este pasaje nos cuenta que Jesús fue llevado al desierto por el Espíritu para ser tentado por satanás. Antes de que esto sucediera Jesús se había bautizado y después ayunado por 40 días. Él estaba fuerte espiritualmente, pero se encontraba físicamente débil y con hambre. Pero a pesar de eso Dios permitió que el Espíritu llevara a Jesús al desierto al terminar su ayuno. Mientras Jesús estaba ahí vino satanás y le vino a tentar con comida, la necesidad urgente de todo ser humano, y Jesús era ser humano. Él tenía un cuerpo físico que tenía necesidad de alimento, ropa, descanso, casa, amor, pero en ese momento la necesidad más urgente era comida.

Veamos este versículo: "Y llegándose a Él el tentador, dijo: Si eres Hijo de Dios, di que estas piedras se hagan pan." (Mateo 4:3).

Satanás está cuestionando si Jesús es el Hijo de Dios y trata de querer poner duda en su mente de quién es Él y causar que desobedezca a Dios. Le pide a Jesús que le compruebe si Él es el Hijo de Dios y que lo demuestre al usar su poder para hacer un milagro, que convierta piedras en pan. El enemigo ofreció satisfacer el hambre de Jesús con unas piedras que encontró en el desierto y quiso que Jesús las comiera para que se enfermara y muriera.

Satanás usa sus mentiras, le pone la palabra: "Si Eres". El nunca dijo que él sabía que era verdad, dijo lo que él creía, sus propias mentiras. Usó sus armas para atacar y tentar a Jesús, las mentiras y la duda. Creyó que Jesús aceptaría ya que como todo ser humano Él tenía hambre y tenía que comer, ¡pero esto no sucedió!

Jesús no podía ignorar las mentiras y acusaciones de satanás, pero tuvo que contestarle ya que Él sabía que el Espíritu era quien lo había llevado ahí para pasar esta prueba. Jesús es el Hijo de Dios y afirma su posición y linaje, y nunca pierde el control. Lo podemos ver en su respuesta: "Mas Él respondiendo, dijo: Escrito está: No con solo el pan vivirá el hombre, mas con toda palabra que sale de la boca de Dios." (Mateo 4:4).

Jesús contestó, se defendió y jamás se sometió al pecado ni al enemigo. Él jamás dudó y por consiguiente jamás desobedeció a Dios, ya que ese es el resultado de la duda. Si uno cae, entonces has desobedecido y pecado. Es importante notar la manera en que Jesús empieza su contestación: "Escrito está." Sí, escrito está. Me imagino que con esta declaración Jesús está diciendo: "No existe nada que tú satanás me puedas decir o hacer porque la Palabra de Dios ya está escrita, ¡tu fin ya está escrito! ¡Sí, yo triunfo en la cruz y tú pierdes la batalla! ¡No necesito pan para vivir sino la Palabra de Dios y YO SOY la PALABRA de DIOS, YO EXISTO POR MI MISMO!"

Sabemos que Jesús es Dios, Jesús es la Palabra de Dios, el Verbo que se hizo carne. Por donde le busque satanás pierde ya que ¡JESÚS ES LA PALABRA DE DIOS! Jesús fue tentado estando débil físicamente como ser humano sin embargo Él no cayó en la tentación. Jesús usó su poder espiritual para tener victoria en su cuerpo físico y espiritual. ¡Jesús confió en Dios para proveer su necesidad de comida y no en el enemigo! "Y aquel Verbo fué hecho carne, y habitó entre nosotros (y vimos su gloria, gloria como del unigénito del Padre), lleno de gracia y de verdad." (Juan 1:14).

Necesidad Espiritual: Segunda Piedra

Mateo 4: 5-7

Jesús continúa en esta prueba y es llevado a otro lugar. En esta ocasión Él ya no es llevado por el Espíritu de Dios, sino que es llevado por satanás. Sí, el lleva a Jesús a la Santa Ciudad y lo pone en lo más alto del templo. El enemigo le habla a Jesús tal como le habló anteriormente, el único lenguaje que sabe hablar, mentiras. "Y le dice: Si eres Hijo de Dios, échate abajo; que escrito está: A sus ángeles mandará por ti, Y te alzarán en las manos, Para que nunca tropieces con tu pie en piedra." (Mateo 4:6).

Le dijo: Si eres Hijo de Dios, y ya sabemos que significa esto ya que lo estudiamos en la primera tentación, pero veamos otra vez. Él está cuestionando que Jesús sea el Hijo de Dios y trata de poner duda en la mente de Jesús sobre quién es Jesús y quiere causar que desobedezca a Dios. Le pide a Jesús que le compruebe si Él es el Hijo de Dios y que lo demuestre al usar su poder en hacer un milagro para evitar morir. Esta tentación escaló de la primera y ahora ya no se trata de comida, sino de algo espiritual y eterno, el alma. Ahora le está pidiendo a Jesús que renuncie a la autoridad de su Padre Dios para que Él sea su propia autoridad y que Él sea quien decida cuándo morir. Le está pidiendo a Jesús que se rebele contra Dios.

Es la segunda vez que el enemigo usa la misma frase para querer poner en duda a Jesús, ¡pero esto no funcionó otra vez! Después que empieza su frase con duda le dice que se tire del edificio alto, del templo. Quería la muerte de Jesús, pero le dijo no morirás porque Dios mandará sus ángeles a salvarte. Le dijo a Jesús que no morirá cuando se tire o sea le está diciendo eres inmortal. Sabemos claramente que Dios es inmortal, pero Jesús tenía que ser mortal ya que Él nació aquí en la tierra como ser humano como nosotros por lo tanto Él iba a experimentar la muerte como todo ser humano.

Para tratar de engañar a Jesús Satanás usa versículos de la Biblia y luego le anexa su mentira. Él nunca puede decir: "yo hice esto" porque él nunca ha creado nada en este mundo excepto sus mentiras. El verso correcto de la Biblia es: "Pues que a sus ángeles mandará acerca de ti, Que te guarden en todos tus caminos. En las manos te llevarán, Para que tu pie no tropiece en piedra." (Salmos 91:11-12).

Jesús no hubiera experimentado un pequeño tropiezo si se hubiera tirado desde arriba del templo. Hubiera sido una muerte segura debido a la altura y suponiendo que Él no hubiera muerto entonces hubiera quedado bien lastimado y así satanás hubiera tenido la oportunidad de terminar su plan, el de matar a Jesús. Jesús jamás hubiera aceptado como opción el plan de satanás y pedir que Dios mandara a sus ángeles a salvarlo. Recuerda Dios no puede ser tentado, el que Jesús brincara nunca fue una opción. Este versículo de la Biblia dice "caminos". Esto habla de donde tú andes y no dice échate abajo como dijo satanás: tírate, salta e intenta matarte. Ningún lugar en la Biblia dice que una persona puede quitarse su propia vida. Solo Dios es quien debe determinar el día de nuestra muerte. "No matarás" (Éxodo 20:13).

Pero satanás estaba tentando a Jesús con muerte, quería que Jesús cometiera suicidio, ah pero le dice: ¡no morirás! Esconde su plan diabólico detrás de la Palabra de Dios usándolo para mal, diciendo: "Él mandará a sus ángeles que te recojan para que tú no caigas contra las piedras". ¿Qué cosa? El enemigo usó una piedra en su primera tentación y ahora usa otra piedra nuevamente. La primera la quiso poner dentro del cuerpo de Jesús y la segunda piedra la quiso usar para golpear el cuerpo de Jesús desde afuera. Al final de cuentas ambos planes eran iguales, ¡buscaban la muerte de Jesús!

¡El enemigo de Dios estaba tentando a Jesús a morir por suicidio! ¡Él había escogido el tiempo y la hora! Sí, satanás quería que Jesús se matara y él había escogido el lugar para hacerlo, ¡la casa de Dios, el Templo! ¡Más humillante no podía ser! ¡Él quería humillar a Jesús en su propia casa! ¿Qué harías tú si alguien viene a tu propia casa a insultarte e insistirte que te mates? Puedes ver ahora lo que está pasando aquí

Ahora continuemos con estos versículos y veamos qué hizo Jesús. "Jesús le dijo: Escrito está además: No tentarás al Señor tu Dios." (Mateo 4:7). Jesús le contestaría con las mismas palabras que le contestó anteriormente y le agregaría más palabras para corregir al enemigo, para hacerle ver ¡quién está a cargo! Imagino que Jesús está diciendo: "Lo que te dije la primera vez que me tentaste, te lo digo otra vez: Escrito está"

Sí, Jesús dice de nuevo: "La Palabra de Dios ya está escrita y yo sé mi fin y tu fin. ¡Yo tengo la victoria y tú pierdes! ¡Yo triunfo en la cruz y tú pierdes la batalla!" Veamos qué más le dice al enemigo: "no tentarás al Señor tu Dios".

Con este verso entiendo que Jesús le está diciendo a satanás: "¡YO SOY tu DIOS, aunque tú no lo aceptes! ¡YO te hice, YO te formé, ¡aunque tú no quieras aceptarlo! Así que YO SOY tu DIOS y tengo AUTORIDAD sobre ti satanás, ¡aunque tú no lo quieras aceptar! ¡YO SOY DIOS ELOHIM! ¡Tú no puedes tentarme y tampoco debes tratar de hacerlo! ¡YO nunca puedo caer en ninguna tentación! ¡YO SOY EL QUE SOY! ¡EL GRAN YO SOY, EL ALFA Y EL OMEGA! ¡YO SOY EL PRINCIPIO Y EL FIN!

Jesús empezó con autoridad su respuesta y terminó con autoridad su respuesta, haciendo siempre presente ¡QUIEN ES ÉL, SU PODER Y SU LINAJE!

Sabemos que satanás intentó impedir el nacimiento de Jesús, ¡pero no pudo hacerlo! Lo quiso matar de bebé, ¡pero no pudo hacerlo! Lo quiso matar de adulto, ¡pero no pudo hacerlo! Fue DIOS quien determinó ¡el día y la hora que Jesús moriría! La muerte de Jesús no sería por suicidio sino crucificado por todos los pecados de toda la humanidad. Su muerte en una cruz, crucificado por hombre y no por sus propias manos. A pesar de todos sus sufrimientos Jesús soportó todo y cumplió el propósito y los planes de Dios para su vida.

Jesús confió en Dios para el día de cuando Él tendría que morir y ese día llegó y JESÚS se convirtió en ¡JESÚS EL CRISTO! ¡La gloria le pertenece a DIOS y solamente a DIOS! "Cuando le hubieron crucificado, repartieron entre sí sus vestidos, echando suertes, para que se cumpliese lo dicho por el profeta: Partieron entre sí mis vestidos, y sobre mi ropa echaron suertes. Y sentados le guardaban allí. Y pusieron sobre su cabeza su causa escrita: ESTE ES JESÚS, EL REY DE LOS JUDÍOS" (Mateo 27:35-37).

Necesidad Emocional: Tercera Piedra

Mateo 4:8-11

Por segunda vez satanás llevó a Jesús a un lugar para tentarle. Esta vez en un monte muy alto. "Otra vez le pasa el diablo a un monte muy alto, y le muestra todos los reinos del mundo, y su gloria, Y dícele: Todo esto te daré, si postrado me adorares." (Mateo 4:8-9).

Le ofreció a Jesús tener todo lo que él alcanzaba a ver, esto es reinos, riquezas con todas las posesiones de tierra, territorio, dinero, cosas y gente. Esta táctica que usó satanás fue la última que le quedaba, diríamos que puso todo lo que tenía en el bolsillo. Y aquí viene otra vez con la piedra. Por tercera vez él usa piedras para tentar a Jesús. Esta vez él está usando las piedras donde están parados y busca que se le adore allí. Está usando esta montaña que está compuesta de piedras, rocas, polvo y zacate. Le dijo a Jesús: "te daré todo esto si te pones en el suelo de rodillas y me adoras."

Le está pidiendo a Jesús que se arrodille en el suelo y se someta a él. Le está pidiendo a Jesús que dependa de él para sus necesidades emocionales y que le adore como su dios, y a cambio él le dará poder a través de reinos y posesiones. Las necesidades emocionales son amor y afecto no posesiones, pero satanás no posee amor ni puede dar amor y afecto.

Ahora veamos qué hizo Jesús. "Entonces Jesús le dice: Vete, Satanás, que escrito está: Al Señor tu Dios adorarás y a Él solo servirás." (Mateo 4:10). ¡Jesús pone fin a satanás y sus tentaciones! Jesús le contestaría con las mismas palabras que le había dicho anteriormente y le agrega más palabras para corregirle y ordenarle que se vaya. Jesús es la autoridad y se lo hace ver a satanás al ordenarle que se vaya de su presencia. Me imagino que Jesús se lo dijo de esta manera: "Ah, pero antes de que te vayas esto es lo que necesitas saber" y Jesús le repite las mismas palabras: "Lo que te dije la primera vez y segunda vez que trataste de tentarme, te lo digo por tercera vez: "¡Escrito está!"

Jesús le vuelve a decir "La Palabra de Dios ya está escrita y yo sé mi fin y tu fin. ¡Yo tengo la victoria y tú pierdes! ¡Yo triunfo en la cruz y tú pierdes la batalla!" JESÚS le dice: ¡Tú tienes que adorarme sólo a mí! ¡Tú tienes que servirme sólo a mí!"

Y ahí te va de nuevo "¡YO SOY tu DIOS, aunque tú no lo aceptes! ¡YO te hice, YO te formé, ¡aunque tú no quieras aceptarlo! Así que YO SOY tu DIOS y tengo AUTORIDAD sobre ti satanás, ¡aunque tú no lo quieras aceptar! ¡YO SOY DIOS-ELOHIM! ¡Tú no puedes tentarme y tampoco debes tratar de hacerlo! ¡YO nunca puedo caer en ninguna tentación! ¡YO SOY EL QUE SOY! ¡EL GRAN YO SOY, EL ALFA Y EL OMEGA! ¡YO SOY EL PRINCIPIO Y EL FIN!

Jesús empezó su respuesta con autoridad y terminó con autoridad y siempre hizo presente QUIEN ES ÉL, CUAL ES SU PODER Y SU LINAJE. Jesús únicamente se sometió y sólo adoró a su PADRE DIOS Quien es Amor y Quien es Todopoderoso.

Jesús aplicó la Palabra de Dios a su vida. Él es la Palabra viva así que hizo lo que este versículo dice: "Someteos pues á Dios; resistid al diablo, y de vosotros huirá." (Santiago 4:7). Jesús jamás aceptó las piedras que satanás le ofrecía para poder satisfacer sus necesidades físicas, espirituales y emocionales. En estas tres tentaciones el enemigo le pedía lo mismo a Jesús, que renunciara a ser el HIJO de DIOS y al Propósito de su Vida. Sabemos que Jesús nunca cayó en tentación y que todo el tiempo ejerció control de sí mismo. Terminó su prueba cuando Él quiso y como Él quiso, dependiendo de su Padre Dios. Este versículo culmina con el fin de satanás y la victoria de Jesús, ¡ESCRITO ESTÁ! "El diablo entonces le dejó; y he aquí vinieron ángeles y le servían."

Jesús ordenó que el enemigo se fuera de su presencia y ¡este tuvo que irse! Este tuvo que someterse a Dios e irse ¡derrotado! Ya que el enemigo de Jesús se fue, esto quiso decir que ya había terminado la prueba, entonces Dios mandó a sus ángeles que le dieran de comer a su Hijo Jesús. ¡Jesús sólo aceptó alimento de su Padre! ¡Jesús solo vivió los planes y el propósito que su Padre tuvo para él! ¡Jesús sólo adoró y amó a su Padre! ¡Jesús sólo obedeció y se sometió a su Padre! Aunque débil, soportó todo porque Él es el Hijo de Dios y lo demostró. Pero también soportó como ser humano para que nosotros tuviéramos su testimonio y viéramos que ¡JESÚS LO HIZO! ¡Tenemos a un JESÚS VICTORIOSO! ¡JESÚS Es DIOS Quien Es SEÑOR Sobre Toda la Creación! "YO SOY el Alfa y la Omega, Principio y Fin, dice el Señor, el que es y que era y que ha de venir, el TODOPODEROSO" (Apocalipsis 1:8).

La Ultima Piedra

José, el discípulo de Jesús puso una piedra grande en la tumba de Jesús y esto lo puso como se acostumbraba al enterrar a una persona. La piedra se ponía para proteger el cuerpo de animales, personas y también por respeto y amor. "Y tomando José el cuerpo, lo envolvió en una sábana limpia, Y lo puso en su sepulcro nuevo, que había labrado en la peña: y revuelta una grande piedra a la puerta del sepulcro, se fué." (Mateo 27:59-60).

Una piedra que se puso con amor fue luego robada por satanás ya que el trató de usar esta piedra como su última piedra en contra de Jesús. Esta vez él no estaba tratando de matar a Jesús ya que Él ya había muerto, sino que estaba tratando de impedir su resurrección. ¿Cómo creía que podía lograrlo? Leamos: "Y yendo ellos, aseguraron el sepulcro, sellando la piedra, con la guardia." (Mateo 27:66).

El enemigo creía que al sellar la tumba y poner un guardia a custodiar podría impedir la resurrección y escape de Jesús. Como satanás no pudo matar a Jesús entonces tuvo que enfocarse en destruir la reputación de Jesús, pensando que Dios sería burlado porque Jesús no podría escapar porque la piedra de la tumba estaba sellada. Creía que podía evitar que se cumpliera la profecía de Dios, la Palabra de Dios, ¡pero no pudo hacerlo! Jesús venció la muerte y transcendió piedras, paredes y espacios.

Luego Jesús se presentó ante la gente al tercer día para dar testimonio de su resurrección, ¡Él cumplió la profecía! La Biblia nos dice que la tumba estaba vacía mucho antes de que el ángel de Dios moviera la piedra. ¡JESÚS Resucitó sin tener que mover una piedra y sin mover un guardia! Ni una piedra, ni una persona pudieron impedir que JESÚS se convirtiera en el Salvador de este Mundo, en ¡JESUCRISTO!

Mateo 28:2,5-6 dice: "Y he aquí, fué hecho un gran terremoto: porque el ángel del Señor, descendiendo del cielo y llegando, había revuelto la piedra, y estaba sentado sobre ella. Y respondiendo el ángel, dijo a las mujeres: No temáis vosotras; porque yo sé que buscáis a Jesús, que fué crucificado. No está aquí; porque ha resucitado, como dijo. Venid, ved el lugar donde fue puesto el Señor."

¡Jesús Lo Hizo! ¡Así Que Yo También Lo Puedo Hacer!

Entonces Jesús le dice: Vete, Satanás, que escrito está:
Al Señor tu Dios adorarás y a Él solo servirás.
—Mateo 4:10

A principios de este libro pudiste leer cómo Dios me encontró. Estaba sin esperanza, deprimida y rodeada por la muerte. Fui víctima de la depresión. Debido a la dolorosa etapa en la que estaba y a mi ceguera espiritual fui fácilmente tentada a renunciar a la vida. No podía ver lo que me estaba pasando. Estaba indefensa porque estaba luchando en poner mi fe y mis ojos en Dios, pero mis ojos estaban puestos en mis problemas, mi esposo y en mí misma. Todo eso no permitió ver al enemigo de mi alma. ¡Y es por eso por lo que yo no tenía un plan de ataque y menos de escape! Gracias a Dios, quien vino a mi rescate cuando me encontraba deprimida y siendo tentada con la muerte. Él me rescató al decirme qué hacer y por qué hacerlo, y yo sólo necesitaba obedecerle para ser librada de la muerte.

La voz de Dios y sus instrucciones fueron claras. Yo debía ayunar por siete días porque estos demonios sólo salían con ayuno y oración. ¡Gracias a Dios por su Revelación! Mi obediencia a Dios, el ayuno y oración es lo que me trajo libertad de los ataques de demonios, libertad de pecados y ataduras. ¡Gracias Dios!

Dios quitó la venda de mis ojos ya que el enemigo me tenía engañada creyendo que como cristiana yo no podía tener ataduras y ataques demoníacos. Creía que solamente la persona que no tiene a Cristo como Salvador podía tener ataduras y ataques demoníacos. Esta mentira me mantuvo prisionera porque dentro de mí estaba luchando por cambiar, pero no podía y esto me mantenía con mucha culpabilidad.

¿Qué más podía hacer para cambiar? Yo estaba haciendo lo que la Biblia decía, que era arrepentirme, orar y apartarme del pecado, pero volvía a pecar a pesar de que deseaba tanto cambiar. Sentía que no podía compartir mis luchas espirituales por temor a ser criticada. Que me dijeran que ¿cómo era posible que estuviera luchando con estas cosas en mi vida si he sido misionera y cristiana por muchos años? ¡Vivía como una mujer religiosa sin darme cuenta! Aparentaba espiritualmente estar bien, pero por dentro tenía luchas internas demasiado grandes. No podía darme cuenta de lo que me faltaba en mi carácter para poder ser emocionalmente madura, aceptando responsabilidad por mis propias acciones y así dejar de culpar a los demás.

Cuando Jesús murió en la cruz, perdonó todos nuestros pecados, así que el día que lo acepté como Salvador fui liberada de todos mis pecados y ataduras. Pero a medida que caminamos en nuestro diario vivir todavía podemos tener ataduras. Esta era la parte que yo no entendía completamente y cuando busqué ayuda para entender la líder de la iglesia no pudo ayudarme. Estoy tan agradecida de que Dios siguiera enseñándome y ahora entiendo claramente lo que es una atadura, una cadena y cómo puede entrar en una vida. No sabía que al desobedecer a Dios era cuando traía ataduras a mi vida y eran muchas las cosas en las que estaba desobedeciendo a Dios. No me daba cuenta de que vivía sin perdonar, con amargura, en rebeldía y otras cosas más. Estas ataduras incluso habían causado enfermedades en mi vida, como mi sufrimiento de colitis severa y ansiedad, pero gracias a Dios ya fui liberada. Ahora sé la diferencia y ya no estoy siendo atormentada con esta enfermedad y la ansiedad que viene con ella. ¡Gracias a Dios por darme entendimiento y liberación después de más de veinte años de enfermedad!

En cuanto a las pruebas, tentaciones y ataques del enemigo que tuve en mi vida estas eran cosas normales que tuve que enfrentar ya que como todo ser humano hemos tenido que enfrentar esos desafíos a raíz de la caída de Adán y Eva. Como cualquier ser humano no pude evitar estar triste, lastimada, desanimada y llorando ya que estaba pasando por tantos problemas en mi vida. De ahora en adelante tengo que saber cómo reaccionar a las situaciones de la vida y no permitir que me derriben, sino que debo obedecer a Dios y confiarle mi vida y estos desafíos.

A través de mi obediencia a Dios es como puedo vivir libre de ataduras y vivir en el lugar que Dios me ha dado, que me ha asignado ser, su Hija, su Sierva, siendo cabeza y no cola. Aprendí que necesito vivir dependiendo del Espíritu Santo. Y aprender a saber si es satanás quien me ataca o si yo soy la responsable de lo que está yendo mal en mi vida. Cuando el enemigo traiga una tentación a mi vida para poder superarla es necesario someterme a Dios, usar la Palabra tal como Jesús lo hizo y así es como resistiré al enemigo y huirá de mí. Para saber si mis pensamientos y acciones están bien delante de Dios debo hacerme estas preguntas: ¿Estos pensamientos, estos argumentos o cosas en mi vida están en contra de Dios?

Si mi respuesta es sí a uno de estos interrogantes entonces debo enseguida reprenderlo, esto significa rechazarlo de mi vida y pedir que el Espíritu Santo me ayude a vivir conforme la voluntad de Dios. Solo la Palabra de Dios, la Biblia, nos puede enseñar su voluntad y lo que está en contra de su voluntad. Así que necesito que todo en mi vida sea filtrado por la palabra de Dios, esto significa que debo poner todo bajo los ojos de Dios. Necesito su discernimiento para poder distinguir la diferencia entre mi responsabilidad o cuando hay cosas sobre las que no tengo control, como ataques del enemigo.

Los ejemplos que te doy son los que he hecho en mi vida, pero gracias a Dios por su gracia y por cambiarme. Por ejemplo, si me enfermo porque he estado trabajando mucho y no me he cuidado y descansado no debería culpar a satanás diciendo que me atacó con enfermedad ya que yo fui la responsable de ello debido a mi falta de cuidado por mí misma. Si insisto en creer que no soy responsable, entonces estaría mal bíblicamente y me convertiría en una persona religiosa e irresponsable. En un caso como este, necesito reconocer que Dios ya me ha dado salud, por lo que necesito ser responsable de cuidar de mí misma. No es la responsabilidad de mi marido así que no puedo culparlo a él. Si no sé cómo cuidar de mí misma, entonces debo pedirle a Dios que me enseñe y ayude a mantenerme comprometida a cuidar mi salud. Sé que a veces podemos enfermarnos y eso no es causa del pecado sino porque somos humanos y nuestro cuerpo puede estar expuesto a tantos virus en este mundo y a veces, no podemos evitar enfermarnos. Dios me ha ayudado a ser consciente de qué alimentos evitar para tratar de evitar que tenga enfermedad en mi mente, colon y piel.

Otro ejemplo sería si estoy pensando que no soy digna y que nadie me ama, estas son mis imaginaciones y están en contra de Dios porque si yo leyera la Biblia, encontraría que Dios me ama. Por lo tanto, debo reprender, rechazar estas mentiras y obedecer a Dios, creer lo que dice su Palabra, que me ama y que yo soy su hija, que le pertenezco y que valgo. Es necesario saber cuándo estoy siendo atacada y recordar que ¡soy más que vencedora a través de JESUCRISTO! ¡JESÚS ya Ganó, ya Venció la muerte en la Cruz! Así que esta Victoria no es opcional para mí porque Dios ya me la dio, no hice nada para merecerlo, pero Dios me la dio el día que le acepté como mi Señor y Salvador. Esto también es para ti y toda persona que ha aceptado a Jesús como su Señor y Salvador, ¡Ya se te dio la victoria! El suicidio ya no es tentación para mí porque Dios me ha liberado y me ha hecho entender a través de la Biblia y sus revelaciones el significado real del suicidio y la muerte.

Jesús fue tentado, pero nunca cayó. Ese mismo poder que está en Jesús es el mismo poder que está en mí. Y en toda persona que tiene a Cristo como Señor y Salvador. ¡La muerte no tiene poder sobre mí, solo Jesucristo tiene poder sobre nosotros como creyentes!

También debo cuidar mi dieta. Necesito poner atención de lo que como y no hacer de la comida un ídolo. La miel que comí durante mi ayuno era tan dulce en mis labios y así mismo necesita ser la Palabra de Dios en mi vida, pero para que esto sea posible necesito, comerla, digerirla para poder probarla y disfrutarla. Esto significa que debo leer, meditar, memorizar, usarlo en mis oraciones, creerlo para que pueda caminar con un sabor dulce en mi vida. Probar y ver que Dios es bueno. Nunca debo aceptar las mentiras que satanás me ofrece pretendiendo que puede satisfacer mis necesidades. Debo siempre someterme a Dios para que Él pueda suplir y satisfacer mis necesidades de:

- Necesidad Física: alimento para comer
- Necesidad Espiritual: leer la palabra de Dios
- Necesidad Espiritual: salvación, propósito y vida eterna
- Necesidad Emocional: el poder recibir y dar amor y afecto.

El ser tentado no es pecado, el caer en la tentación es lo que es pecado. Puedo salir victoriosa de estas tres tentaciones cuando lleguen a mi vida, sometiéndome a Dios creyendo que la sangre de Jesucristo me cubre. ¡Yo vivo con un propósito! Y moriré el día que Dios determine y ¡no el enemigo! Yo puedo vivir como Jesús vivió. Yo sólo adoro a mi DIOS y sólo me inclino a mi CRISTO. El enemigo que tuve en el pasado, ¡ya no lo veré más! ¡Jesús Lo Hizo! ¡Así Que Yo También Lo Puedo Hacer! ¡Ya no soy esclava, soy libre de las cadenas de la muerte! ¡Aleluya!

Dios me da un versículo de la Biblia para que siempre recuerde quien es mi enemigo.

- "Vosotros de vuestro padre el diablo sois, y los deseos de vuestro padre queréis cumplir. Él, homicida ha sido desde el principio, y no permaneció en la verdad, porque no hay verdad en él. Cuando habla mentira, de suyo habla; porque es mentiroso, y padre de mentira" (Juan 8:44).

Estos versículos son para que siempre recuerde lo que la Palabra de Dios dice para mí, su hija, para nosotros sus hijos, sus hijas.

- "Someteos pues a Dios; resistid al diablo, y de vosotros huirá" (Santiago 4:7).

- "Pero os enseñaré a quién debéis temer: Temed a aquel que después de haber quitado la vida, tiene poder de echar en el infierno; sí, os digo, a éste temed" (Lucas 12:5).

- "Bienaventurado el varón que sufre la tentación; porque cuando fuere probado, recibirá la corona de vida, que Dios ha prometido a los que le aman. Cuando alguno es tentado, no diga que es tentado de Dios: porque Dios no puede ser tentado de los malos, ni él tienta a alguno: Sino que cada uno es tentado, cuando de su propia concupiscencia es atraído, y cebado. Y la concupiscencia, después que ha concebido, para el pecado: y el pecado, siendo cumplido, engendra muerte. Amados hermanos míos, no erréis" (Santiago 1:12-16).

- "Así también Cristo no se glorificó a sí mismo haciéndose Pontífice, mas el que le dijo: Tú eres mi Hijo, Yo te he engendrado hoy; Como también dice en otro lugar: Tú eres sacerdote eternamente, Según el orden de Melchisedec. El cual en los días de su carne, ofreciendo ruegos y súplicas con gran clamor y lágrimas al que le podía librar de la muerte, fué oído por su reverencial miedo. Y aunque era Hijo, por lo que padeció aprendió la obediencia; Y consumado, vino a ser causa de eterna salud a todos los que le obedecen; Nombrado de Dios pontífice según el orden de Melchisedec" (Hebreos 5:5-10).

- "Por tanto, teniendo un gran Pontífice, que penetró los cielos, Jesús el Hijo de Dios, retengamos nuestra profesión. Porque no tenemos un Pontífice que no se pueda compadecer de nuestras flaquezas; mas tentado en todo según nuestra semejanza, pero sin pecado. Lleguémonos pues confiadamente al trono de la gracia, para alcanzar misericordia, y hallar gracia para el oportuno socorro" (Hebreos 4:14-16).

Estaba estudiando en la Biblia sobre Moisés y los israelitas, esto lo he leído varias veces sin embargo nunca antes lo había entendido como ahora. Después de leerlo el Espíritu Santo trajo a mi mente esta escena, sentí que podía ver cómo sucedió la batalla en lugar de solo leer palabras, fue una experiencia increíble y que abrió mucho mis ojos.

Gráfica 4: Nuestra Posición Durante La Batalla

Y sabrán los Egipcios que Yo Soy JEHOVÁ, cuando me glorifique en Faraón, en sus carros y en su gente de a caballo. Éxodo 14:18

Salida de los hijos de Israel de Egipto y la posición durante la batalla: Éxodo 12:41,13:3-5, 17- 22, 14:1-31

1	Día Noche 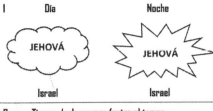 Israel Israel	**1ra fase:** Todo Israel sale de Egipto y marcha libre, sin yugo y opresión de sus enemigos. Saben que de día y de noche Jehová va al frente de ellos en un pilar de nube guiando y en un pilar de fuego, alumbrando el camino. Le siguen con mucha Paz. El Señor. el ángel de Dios y Jehová son la misma persona: Dios El Señor.
2	Tiempo de descansar/entra el temor Jehová le dice a Moisés es tiempo de actuar, ¡No es tiempo de orar! Moisés usa la vara con poder.	**2da fase:** Israel está descansando, pero al ver al enemigo detrás entra en duda, tiene temor y pide oración. ¡Jehová les dice que no es tiempo de orar sino de actuar! Instruye al líder Moisés que levante su vara y use el poder que le dio y que marche con los Israelitas.
3	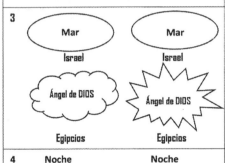 Mar Mar Israel Israel Ángel de DIOS Ángel de DIOS Egipcios Egipcios	**3ra fase:** Jehová le dice a Israel qué hacer para que Él pueda destruir al enemigo y después Él cambia su posición, la de la nube y fuego para proteger a Israel y tener la victoria. Israel marcha hacia el mar y sólo necesita quedarse en la posición asignada y caminar obedientemente sin importar la hora del día. El enemigo persigue a Israel desde muy lejos, ¡porque no puede acercarse sin lastimarse y morir! Hay una distancia grande entre Israel y sus enemigos y el ángel de Dios está en medio protegiéndolos. Jehová—El Señor ahora está usando la nube y fuego en posición protectora y defensora
4	Noche Noche Moisés levanta su vara sobre el mar: Jehová divide el mar  Israel Israel JEHOVÁ JEHOVÁ Egipcios Egipcios	**4ta fase:** Moisés extiende su vara sobre el mar. Jehová divide el mar y lo imposible sucede, un milagro, ¡hay una salida! A pesar de que es de noche Israel debe continuar sin importar la hora que es, así que entran al mar seco y ¡caminan en su milagro! Tienen que caminar sin importar lo que esté pasando a su alrededor. Los egipcios no dejan de perseguir a Israel e intentan usar el milagro para destruirles. ¡Sí, el enemigo persigue a Israel adentro del mar seco con la intención de matarlos!
5	Mañana Mañana Israel ¡Todos los Israelitas Vivos! 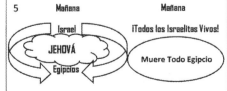 JEHOVÁ Egipcios Muere Todo Egipcio Y Moisés dijo al pueblo: No temáis; estad firmes, y ved la salvación que Jehová hará hoy con vosotros; porque los egipcios que hoy habéis visto, nunca más para siempre los veréis. Éxodo 14:13	**5ta fase:** Jehová le dice a Moisés "extiende tu vara" y el agua regresa al mar ¡matando a todos los Egipcios! ¡Jehová destruye al enemigo quien está en su territorio—su milagro! Dios destruye al enemigo en la mañana para que Israel lo vea y no se diga que otro lo destruyó en la oscuridad, ¡Dios es glorificado! ¡Muere todo Egipcio! ¡Los Israelitas son los únicos que salieron del mar vivos! Israel nunca tuvo que pelear, solo tuvo que permanecer en su posición sin intervenir, pero obedeciendo y caminando con fe, sin olvidar que ¡Jehová peleaba y destruía al enemigo! ¡El enemigo de Jehová e Israel destruido! ¡Jehová Victorioso! ¡Israel Victorioso!

Cómo Emplearé el Cómo Pelear Durante las Batallas

Y yo, he aquí yo endureceré el corazón de los Egipcios, para que los
sigan: y yo me glorificaré en Faraón, y en todo su ejército, y en sus carros,
y en su caballería; Y sabrán los Egipcios que yo soy Jehová, cuando
me glorificaré en Faraón, en sus carros, y en su gente de a caballo.
-Éxodo 14:17-18

Doy gracias a Dios por usar esta gráfica para enseñarme todo sobre el
campo de batalla y sus posiciones. Tener este conocimiento ha cambiado
tanto mi vida y me ha dado esa dependencia de Dios que necesitaba tener
y esto me ayuda a estar en paz. Estas son las cinco fases durante la batalla.

Fase Uno: Liberación

Justo después de que Dios me librase de mis enemigos Él procede a
mostrarme el camino a seguir. Va caminando enfrente de mí en la posición
de líder mostrándome el camino a seguir para poder cumplir mi llamado y
propósito en la vida. Yo obedezco al seguirle y caminar detrás de Él cómo
la nueva persona que ahora soy, una mujer libre de todos mis pecados y
ataduras. Camino creyendo en mi salvación y en las promesas de Dios para
mí y mi familia. ¡Caminando como cabeza y no cola! ¡Ya no soy esclava,
ahora camino creyendo y viviendo en mi libertad!

Fase dos: Tiempo de Descanso

Cuando llegue el momento de descansar tengo que obedecer. Este es
tiempo para descansar y de no hacer nada, pero el de solamente descansar.
Es muy importante que descanse ya que si no lo hago estaré débil para
cuando el enemigo ataque. Así que necesito seguir las instrucciones de Dios
porque Él sabe lo que está por venir en mi vida. ¡Obedeceré y descansaré!
¡Comeré, dormiré, descansaré y disfrutaré! Cuando mi tiempo de descanso
haya terminado debido a que el enemigo se acerca rápidamente no necesito
entrar en miedo, desesperación, preocupación o huir, ni preguntar a la
gente qué debo hacer u orar preguntando a Dios, ¿qué debo hacer? Dios ya

me ha dicho qué hacer y esto es, que use el poder que Él me ha dado. Así que debo levantarme de mi descanso e ir por el camino que me mostró, en la posición que me dio y usando el poder que me dio.

Fase tres: Cambio de Posición

Ahora debo caminar en la posición de líder, pero sin olvidar que Dios está justo detrás de mí protegiéndome. Que Él está en medio de mi enemigo y yo. Es mi protector y defensor y va a destruir a todos mis enemigos. No puedo parar o dejar de caminar. Tampoco debo estar pensando o preguntándome, ¿está Dios peleando por mí? ¿Qué está haciendo Dios? No, no debería de estarme haciendo estas preguntas ya que debería saber que tan pronto como yo vea a mis enemigos Dios interviene y los destruye. Sólo cuando estoy en la posición correcta de batalla es cuando puedo caminar con las manos arriba, alabando y adorando a Dios.

Fase Cuatro: Obstáculos

No importa cuáles sean mis circunstancias. Yo debo caminar con fe obedeciendo a Dios y usando el poder que me ha dado para eliminar los obstáculos que están en mi camino. ¡Su poder es el que va a hacer el milagro! ¡Mi liberación es mi milagro y de nadie más! ¡Nunca debo permitir que mis enemigos caminen en mi milagro! El enemigo lo intentó con Israel y Dios no lo permitió y tampoco Israel. En lugar de eso ellos siguieron caminando y creyendo en Dios. Y esto es lo mismo que tengo que hacer, seguir caminando con fe y obedeciendo a Dios. ¡Ningún enemigo mío usará mi milagro para destruir mi vida! ¡Esta salida es sólo para mí!

Fase Cinco: ¡Victoria!

Esta última fase de la batalla es donde vuelvo a utilizar mi don con poder, este don impartido por el Espíritu Santo para cerrar el mar de nuevo. Regreso el obstáculo a su lugar y con ello ¡destruyo a todos mis enemigos! Cierro mi puerta milagrosa porque sólo fue hecha para mí y al cerrarla destruyo a mis enemigos con ella y ¡traigo honra y gloria a DIOS! Ahora puedo caminar como la hija que soy, caminando y viviendo la vida que tiene para mí, la cual le traerá gloria.

Nadie puede hacer lo que se supone que debo hacer excepto yo misma. Así que debo trabajar recordando que mi mesa sólo tiene espacio para mí, la escritora. Es mi lugar, trabajo y responsabilidad el escribir y hacer que mis palabras cobren vida a través de mis libros y el escenario para cuando me invitan a hablar. Yo soy la única persona que puede describir lo que Dios me muestra y lo que veo y siento y permitir que mis emociones salgan con transparencia y tan vívidamente para poder conectar con la gente, así como me conecto con Dios. Mi llamado y trabajo nunca es más importante que Dios, que mi primer ministerio que es mi matrimonio y hogar, mi familia y la gente. Siempre necesito recordar eso porque no quiero ser destruida por mi llamado y trabajo, sino que darle el lugar correcto en mi vida. Si yo hago esto, el enemigo no puede destruirme con mi milagro que es mi vida de libertad en Cristo teniendo un llamado y un propósito. Así puedo vivir siendo una feliz productiva y trabajadora sierva de Dios. En mi vida siempre tendré amenazas del enemigo como cualquier otra persona, pero de mí depende cómo reacciono cuando estas lleguen a mi vida. ¿Me dejo llevar por la desesperación? o ¿someto mis batallas a Dios? Cuando el enemigo de mi alma trate de atacar mi fe al atacar mi vida y todo lo que soy y tengo, yo tengo una opción. ¿Cuál es mi opción? ¡Le doy mis batallas a Dios y tomo mi posición! Desde el principio y hasta el fin de la marcha Dios proveerá siempre para todas mis necesidades para que así pueda llegar al lugar de mi llamado, el propósito de mi vida.

Una vez que ya haya llegado al lugar de mi llamado entonces Dios proveerá no solo para mis necesidades, sino que proveerá abundantemente. En este lugar es donde mis bendiciones vendrán y no solo mis provisiones. Puedo estar en paz sabiendo y comprendiendo cómo necesito vivir mi vida en Jesucristo. ¡Viviendo con el Poder del Espíritu Santo! ¿Quién pelea tus batallas, tú o Dios?

Mi Canción a Dios

Entonces cantó Moisés y los hijos de Israel este cántico a Jehová, y dijeron: Cantaré yo a Jehová, porque se ha magnificado grandemente, Echando en la mar al caballo y al que en él subía. Jehová es mi

fortaleza, y mi canción, Y me ha sido por salud: Este es mi Dios,
y a éste engrandeceré; Dios de mi padre, y a éste ensalzaré.
-Éxodo 15:1-2

La gente de Israel acaba de ser liberada por Jehová de manos de sus enemigos, los egipcios. Ya no son esclavos, ya no viven oprimidos, son libres y camino a la tierra prometida. Moisés, el líder canta una canción a Dios después de ser liberados y la gente canta con él también. ¡Toda la gloria le pertenece a JEHOVÁ! La letra de la canción de Moisés cuenta la historia de quiénes eran los egipcios y qué sucedió a los israelitas. Cuenta quién es Dios, quién siempre será y de su gran poder. Habla sobre la victoria que acaban de experimentar por manos de Dios, ¡la libertad de la esclavitud! "Y María la profetisa, hermana de Aarón, tomó un pandero en su mano, y todas las mujeres salieron en pos de ella con panderos y danzas." (Éxodo 15:20).

Después de que Moisés y el pueblo de Israel terminaron su canto, Miriam empieza con una alabanza. Ella es la hermana de Moisés y continúa adorando a Dios con una canción, tal como lo hizo su hermano. Es tan contagiosa su alabanza a Jehová Dios que las mujeres de Israel se unen a cantar con ella también. Miriam adora a Dios con lo que ella tenía y con lo que ella sabía tocar, su pandero. No vemos que ella haya ido de persona en persona preguntando: "¿tienes un arpa que me puedas prestar? Es que quiero alabar a Jehová porque él nos acaba de librar del enemigo, pero no tengo suficientes instrumentos ¿crees qué me puedas prestar el tuyo?"

La historia podría haber continuado de esta manera y Miriam hubiera sido distraída de lo que Jehová el Señor puso en su corazón hacer, el de alabarle. Además, no vemos que Miriam haya invitado o preguntado a las mujeres si querían adorar y alabar con ella. Me imagino que cada israelita estaba tan maravillada con lo que acaban de experimentar que voluntariamente alabaron y adoraron a Jehová. Todo el pueblo adoró con sus voces y con todo lo que tenían y con un corazón agradecido. El adorar y alabar a Dios era lo mínimo que podían hacer después de lo que acababan de experimentar, ¡el milagro y la victoria en la batalla!

Nosotros no estábamos ahí para ver el terror, miedo, abusos, pobreza, dolor y todo lo que los israelitas habían experimentado cuando eran esclavos en Egipto. Pero sí sabemos cómo pasó la historia ya que la Biblia nos cuenta cómo ellos pasaron mucho sufrimiento y todo el trabajo que hicieron y aguantaron. Todo este sufrimiento los obligó a suplicar ser rescatados por Jehová, Dios.

Imagínate, si hubieras estado en su lugar, ¿cómo suplicarías? ¿Has tenido alguna vez que suplicar a Dios o alguna persona por misericordia? ¿Por qué lo hiciste? ¡No estabas suplicando porque estabas feliz y con gozo! ¡No, ya que una persona suplica porque ya no puede más! Déjame decirte esto otra vez, ¡una persona suplica porque ya no puede aguantar más! Tú probablemente has estado allí y yo he estado allí muchas veces en mi vida, así que con ese entendimiento ahora podemos ver por qué ellos estaban alabando y adorando a Jehová con sus cantos. ¿No harías tú lo mismo si acabas de ser liberado de muerte y esclavitud? ¿Si acabas de ver a tus enemigos morir enfrente de tu cara? ¡Tú no estarías triste porque el opresor y el que persigue tu vida, familia y país acaba de ser destruido!

¡No, tú estarías contento y aliviado! Pues así se encontraba el pueblo de Israel, con alivio de que el que intentaba destruir su espíritu, finanzas, cultura, país y futuro, ¡ya no existía! Si yo estuviera en el lugar de ellos yo también estaría igual, ¡gozándome en el Señor, agradeciéndole y alabándole el resto de mi vida! ¡Estaria agradecida toda la vida! To be grateful for life! Por eso es por lo que Moisés y todos los israelitas estaban adorando a JEHOVÁ, EL SEÑOR EL DIOS TODO PODEROSO.

Sabemos que su historia no termina aquí ya que al leer la Biblia y ver el tiempo presente podemos ver que Israel todavía tiene enemigos que enfrentar. El Señor Dios sigue peleando por ellos. Tú y yo también tendremos que seguir enfrentando enemigos. El Señor sigue peleando nuestras batallas. Pero esta historia se trata de este momento y este tiempo, lo que ellos hicieron después de haber sido protegidos y liberados y de nunca olvidar. Sí, que nunca se olvidaran de lo que JEHOVÁ, EL SEÑOR DIOS TODO PODEROSO hizo por ellos. Y para mí, que nunca olvide lo que JEHOVÁ, EL SEÑOR DIOS TODO PODEROSO hizo por mí. Y que tú nunca te olvides de lo que JEHOVÁ, EL SEÑOR DIOS TODO PODEROSO ha hecho por ti.

Ah, pero yo no siempre viví así alabando y glorificando a Dios. Por muchos años de mi vida adulta no entendía por qué la gente levantaba sus manos durante los cantos, me preguntaba: "¿Por qué lloran o cierran sus ojos durante la alabanza en la iglesia o en conciertos cristianos?" Yo estaba agradecida con Dios y sabía que la gente también lo estaba, pero no entendía por qué tenían que levantar sus manos durante la oración o alabanza. Recuerdo que muchas veces llegaba tarde a la iglesia y que apenas alcanzaba a escuchar algunas alabanzas. Llegaba como dicen "al estilo de la hora mexicana." Nunca me sentía mal ya que pensaba que lo más importante del servicio era el sermón, la enseñanza de la Biblia. No sólo llegaba tarde, sino que también en ocasiones era distraída durante el tiempo de alabanzas, y a veces hasta me irritaba la manera que la gente adoraba. Me hacía de excusas de por qué no participaba en cantar convenciéndome de que no cantaba porque tenía una voz ronca, o que no me sabía el canto en ese idioma. Siempre me había gustado la música de alabanza, pero ese era el problema, yo lo veía como música nada más y no por lo que era, alabanza y adoración a Dios.

Después de aceptar a Cristo empecé a orar que Dios me diera una voz para poder adorarle a través del canto. Él contestó mi oración y me permitió estar como adolescente en el coro de la iglesia y luego en un coro de jóvenes con el cual pude hacer mi primer viaje misionero. Yo no me había dado cuenta, pero al apartarme de los caminos de Dios de joven, perdí ese anhelo de alabarle y conectarme con él a través de la música. Cuando regresé a la iglesia ya como adulta continúe cantando las alabanzas ya que siempre me seguían gustando, pero yo cantaba por cantar, era como por religiosidad y no porque sentía conexión con el canto y menos con Dios.

A lo mejor tú te identificas conmigo y también anhelas cambiar, convertirte en un adorador de Dios. Compartí con ustedes en el capítulo 1 cómo este cambio llegó a mi vida cuando estaba pasando por momentos bien difíciles y cómo conecté con Dios a través de la adoración.

Fue a partir de ese día que aprendí a tocar una canción de alabanza y convertirla en una oración y como mi adoración a Dios. A partir de ese día he aprendido la importancia de el por qué Dios creó la música y de cómo esto es un poderoso instrumento de él, aparte de ser una forma de arte y un sonido placentero a nuestros oídos. También me enseñó que las alabanzas son escritas y dedicadas a él, así que necesito cantarlo con eso en mente, usándolos con poder para orar, adorar y glorificar su nombre. Debo saber que el enemigo de mi alma odia cuando pongo toda mi atención en el Señor Dios y va a tratar de impedir que yo lo haga, pero una vez que empiece a adorar al Señor Dios, ¡el enemigo tiene que huir!

Como creyente, debo interceder con mis oraciones por todos aquellos que están llamados a servir en el ministerio de la música, adoración y alabanzas. Por último, me enseñó que necesito obedecer su mandamiento de apartar el día del Señor. Que ese día le pertenece. Por lo tanto, todo el programa del servicio de la iglesia es importante así que requiere de mi puntualidad para ser parte del servicio desde principio a fin. Que al llegar a la iglesia debo estar lista para dar toda mi atención a Dios y así poder alabarle y adorarle. Debo hacerlo uniéndome con los otros creyentes ya que Dios mora entre nuestras alabanzas y adoración.

Es con este entendimiento que puedo alabar a Dios a través de cantos de adoración y que he aprendido a apreciar el ministerio tan poderoso de la alabanza y adoración. Con gratitud es que adoro y alabo a mi Rey, mi Dios, quien reina sobre mí. He visto como vez tras vez el enemigo ha tratado de destruir mi vida, pero Dios me ha librado de maldad. Ningún daño o maldad puede venir en contra mía porque le pertenezco a Dios y ¡Él me defiende! ¡Cuánto te amo y deseo Señor! Gracias porque a pesar de toda mi desobediencia y pecado tú nunca me has soltado de tus manos. En lugar de eso me has perdonado y sigues aceptándome como tu hija. Gloria a Dios que puedo alabarle estando en mis cinco sentidos y con un cuerpo y mente saludable. Miriam y los Israelitas tomaron la decisión de adorar a Dios.

Y yo también tomo esa misma decisión todos los días, y es voluntariamente que lo hago. Miriam usó lo que ella tenía y yo uso lo que tengo. ¡Mi voz, teléfono celular, bocinas, todo mi cuerpo y el suelo donde me paro! ¡Aquí vengo con toda mi voz a alabar a mi Jesucristo, mi Mesías! ¿Y tú cómo alabas y adoras a Dios, al Rey Jesucristo? "Para que Él arroje a tus enemigos de delante de ti, como Jehová ha dicho" (Deuteronomio 6:19).

Dios nunca cambia, es el mismo Dios que liberó a Moisés y los Israelitas de manos de los egipcios. Es el mismo Dios que continúa liberando al remanente de Israel día tras día de sus enemigos. Dios sigue siendo el libertador de Israel y hará lo que tenga que hacer en sus vidas, mi vida y la de su gente. Podemos descansar seguros en sus manos y enfocarnos en alabarle y adorarle. No tenemos ningún enemigo que sea más grande que nuestro Dios. ¡Nadie ha vencido la muerte, pero sólo Jesucristo y no hay nadie que pueda vencer a Dios! Así que recordemos esto y continuemos alabando y adorando a nuestro REY, SEÑOR, SALVADOR, DEFENSOR. JEHOVÁ-NISSI EL SEÑOR NUESTRO ESCUDO, DIOS-ELOHIM QUIEN

ES SOBERANO, QUIEN GOBIERNA Y QUIEN ES NUESTRO CREADOR.

No pasemos más tiempo preocupándonos. Mejor estemos a los pies de Jesús y dejemos ahí nuestros problemas. Ua vez que estemos allí entonces podremos abrir nuestros ojos y ver quién realmente es Dios y como él tiene nuestra vida en la palma de sus manos y que nos llama la niña de sus ojos. Mis batallas pertenecen a Dios y yo solo tengo que enfocarme en, ¡alabarle y adorarle!

> "Alabad a Dios en su santuario: Alabadle en la extensión de su fortaleza. Alabadle por sus proezas: Alabadle conforme a la muchedumbre de su grandeza. Alabadle a son de bocina: Alabadle con salterio y arpa. Alabadle con adufe y flauta: Alabadle con cuerdas y órgano. Alabadle con címbalos resonantes: Alabadle con címbalos de júbilo. Todo lo que respira alabe a JAH. Aleluya." (Salmos 150).

¿Por Qué Me Moviste, Si Estaba Mejor Allí?

> Y decíanles los hijos de Israel: Ojalá hubiéramos muerto por mano de Jehová en la tierra de Egipto, cuando nos sentábamos a las ollas de las carnes, cuando comíamos pan en hartura; pues nos habéis sacado a este desierto, para matar de hambre a toda esta multitud.
> -Éxodo 16:3

Cuando el pueblo Judío partió de su viaje para ir a la tierra prometida, necesitaban comida, pero se quejaron y erróneamente se lo pidieron a Dios. No sólo pedían comer, sino que pedían la comida a la que estaban acostumbrados y a la que ya conocían su sabor. No pensaron con una mente de exploradores o de viajeros como "oye vamos a ver qué tipo de comida podemos buscar y probar aquí en el desierto." No, no pensaron así, pero pensaron y pidieron esto "¡queremos lo que ya sabemos y lo que nos gusta y en el lugar dónde estamos acostumbrados a comerlo!"

No estaban dispuestos a probar nuevos lugares y sabores y a acostumbrarse a ellos. Tuvieron esta actitud negativa, la idea de "¿por qué me moviste si yo estaba mejor allí? Dios deberías habernos matado cuando estábamos en casa en donde teníamos comida para comer". Muy rápidamente se les olvidó el yugo que habían llevado y sus sufrimientos y esto hizo que prefirieran volver a su vida anterior.

No recordaban el abuso y las largas horas de trabajo forzado. ¿Y qué más? El vivir como esclavos en la pobreza, llorando, palizas, enfermedades, muerte y no poder servir a Dios. No recordaban cómo lloraron e imploraron a Dios que los ayudara y por seguro que no reconocieron que salir de Egipto era parte del proceso de su oración contestada. Que esta nueva tierra, comida y lugares era lo que necesitaban para vivir ahora en su nueva vida como personas libres, conforme caminaban hacia el cumplimiento de su llamado, para vivir como los elegidos e ir a la tierra prometida.

No recordaban el yugo que sus enemigos tenían sobre ellos. Así es, el yugo que habían tenido, porque ahora ya no lo tenían porque Dios los había hecho libres. ¡Ah, pero sólo piensan en sus estómagos y en lo que perdieron! La pérdida de su merienda diaria, su almuerzo, su comida, papa o ¡como quieras llamarle! No veían que el costo de esa mordida fuera un precio demasiado alto a pagar. ¡El costo eran sus vidas, un bocado muy caro! No podían ver que Dios los hizo libres y que él los estaba cuidando, por lo tanto, les proveería de comida. Pero eran como Esaú el de la Biblia el que vendió su primogenitura por una mordida. Esto mismo intentaban hacer estos israelitas después de haber sido liberados, querían vender su derecho de nacimiento. Querían tirar la toalla y digo querían ya que no lo hicieron porque Dios no permitió que esto pasara, sino que continuaron avanzando de acuerdo con los planes de Dios.

Tenían tantos pensamientos negativos, sus pensamientos de muerte los cegaban y no los dejaban ver y aceptar los planes de Dios. Su falta de fe y visión no podía permitirles creer que podían vivir como libres y una vida bendecida en la tierra prometida. Se estaban rindiendo porque pensaban que la única manera de garantizar que tuvieran alimento era regresando a Egipto y de seguir viviendo como esclavos hasta el día de su muerte. Su pensamiento era que habría sido mejor morir por las manos de Dios en Egipto con un estómago lleno de comida en lugar de estar libres en el desierto. El desierto no era su tierra prometida, pero no podían ver eso y ni siquiera pensar así.

Tenían claro que Dios da la vida y que sólo él podía quitarla, pero sus acciones no lo demostraban, pero demostraban que realmente no conocían a Dios en lo absoluto. No fueron creados sólo para comer y la comida no era más importante que ellos. La vida de ellos se trataba de que ellos fueran y vivieran libres como escogidos de Dios. Esta libertad es algo que va más allá de comer una comida al día, a la semana o de toda una vida. Se trataba de que vivieran en la tierra prometida y cumplieran los planes y el propósito de Dios para sus vidas.

¿Cómo reacciona Dios con respecto a las quejas y malos pensamientos de los israelitas? Dios ignora sus malos pensamientos, sus quejas, su falta de visión y fe y les da la comida que tiene para que ellos continúen su viaje y lleguen a la tierra prometida. Tuvo que ignorar sus quejas contra él y sus líderes Moisés y Aarón y sus pensamientos de "¡esclavos hasta la muerte, pero con la barriga llena!" Tener una comida diaria era lo que querían y que poco buscaban en su vida se notaba que carecían de autoestima. Estos no eran los planes de Dios para sus vidas ya que ellos son su pueblo escogido y llevan su nombre. Por lo tanto, su opción no le representaba y tampoco era lo que sus líderes querían para ellos ya que conocían los planes de Dios para sus vidas.

El Señor Dios ignora sus formas de pensar y les da comida, Comida desconocida es decir que tienen el privilegio de comer y esto no es cualquier comida. Y aunque no se lo merezcan, comen un alimento que ningún otro ser humano tuvo el privilegio de comer aquí en la tierra. Esto nos muestra el perdón de Dios, el amor, la misericordia, el cuidado especial y su gracia hacia ellos.

Yo pienso que tal vez un líder de la iglesia se hubiera dado por vencido en ayudar a personas como ellos y se habría ido caminando solo a la tierra prometida. Pero Moisés no vivía en desobediencia, sino que obedecía a Dios como líder a pesar de lo difícil que esto era. Moisés representó a Dios, por lo que tuvo que mostrar control de sí mismo, sabiduría, obediencia, autoridad, humildad, amor, un corazón perdonador y dejar todo en manos de Dios. Moisés y Aarón no tenían al pueblo judío en sus manos, pero los dejaron en las manos de Dios. Así es como fueron capaces de ignorar sus quejas y no tomarla personalmente porque conocían su trabajo, que era ser los líderes del pueblo elegido por Dios.

Y es por eso que estos líderes fueron capaces de decirles el mensaje de Dios: "comeremos y mañana seremos bendecidos con la gloria de Dios." Por eso pudieron decir que todo está olvidado y mejor a disfrutar de esta comida y que estén listos para estar ante Dios mañana. La dignidad no estaba en los israelitas sino en quien ellos representan para Dios, para el mundo y eternamente. Ellos son el remanente de ISRAEL. ¡Por eso comieron y vieron la Gloria de DIOS! ¡No fue porque los judíos se lo merecían sino porque DIOS-ELOHIM es su DIOS y Es A Quien Representan! Tenemos un Dios que nos ama, nos perdona, nos da su misericordia y gracia y que nos permite ver su gloria porque ¡SOMOS SU PUEBLO, SU IGLESIA! ¡Aleluya!

¡No Me Puedo Dar por Vencida!

Han transcurrido dos meses desde que tuve mi ayuno de siete días. Contacté al pastor de matrimonio en nuestra iglesia un mes después de mi separación con la esperanza de que pudiera ayudarnos. Al mismo tiempo me puse en contacto con unos cuantos varones líderes de la iglesia para que oraran por nosotros y supieran lo que estaba pasando, con la esperanza de que mi esposo pudiera ser contactado. No quería que él estuviera aislado de la iglesia y de varones por lo que estábamos pasando, especialmente porque no nos estábamos comunicando y viendo. Yo no me había mantenido aislada y era bendecida al estar rodeada de algunas de mis amigas cristianas y sabía que mi esposo también necesitaba eso. Cualquier persona que pasa por cosas como esta en la vida necesita de amigos. Sin importar lo vergonzoso o duro que tengamos que enfrentar, nuestros amigos pueden ayudarnos a superarlo y en esos momentos pueden ser esa familia que tanto necesitamos.

Conté con mis amigas también cuando fue hora de mudarme. Para la mudanza éramos solo nosotros dos, mi hijo y yo porque todavía estaba separada de mi esposo después de dos meses. Yo había tomado la decisión con anterioridad a no alquilar una casa ya que no podía pagar la renta especialmente aquí en California. Les había preguntado a mis amigas si podíamos quedarnos con ellas mientras tanto y lo hicimos, estoy verdaderamente bendecida con grandes amigas. Mis planes eran permanecer en California y una vez que mi hijo se graduara y fuera a la universidad me mudaría a México si no había reconciliación en mi matrimonio. Aunque seguía con la esperanza de que Dios hiciera un milagro.

Tuve que parar la comunicación de teléfono con mi esposo ya que no era buena y sólo estaban dañando más la relación y yo no quería que esto me empujara a darme por vencida en mi matrimonio. Probablemente pude haberle pedido a mi esposo que regresáramos, pero esto significaba vivir como siempre lo habíamos hecho y yo no quería esa vida, ya que no era buena. Anhelaba tener a un esposo cariñoso y amoroso en lugar de enojos y los otros problemas que estábamos teniendo. Sólo Dios podría sacarlo a la luz y mostrarle qué hacer, no yo. De cuál era su lugar y responsabilidad como mi esposo.

Mi hijo más chico había vivido con nosotros y todo esto le había afectado también. No quería continuar en ese estilo de vida para mí y menos para mi hijo. He fallado en este mi tercer matrimonio y lo he tenido que dejar en las manos de Dios. Ahora me encontraba enfocada en lo que necesitaba hacer, que era ser la mejor madre que podría ser para mi hijo Moisés.

Mis prioridades eran asegurarme de que tuviéramos un lugar donde vivir y continuar ayudando a mi hijo con su educación y futuro. Con la ayuda y fortaleza de Dios pasé meses manejando. A veces pasábamos tres días en una casa y después nos teníamos que mover de nuevo. Una de las casas nos quedaba cerca, otra nos quedaba en otra ciudad y otra en Tijuana que era fuera del país. En México sólo podíamos quedarnos los fines de semana, cuando mi hijo no tenía actividades escolares, lo cual era sólo unas cuantas veces. Cuando no era posible quedarnos en cualquiera de las casas, nos alojamos en un hotel.

Antes de que perdiéramos nuestra casa yo le había asegurado a mi hijo que él no tenia de que preocuparse por dónde viviríamos porque eso me correspondía a mí. Que nunca sería una opción vivir en la calle o en el coche porque Dios ya nos había proveído en donde quedarnos. Manejaba más de cuatro horas por día cuando nos quedábamos lejos así que teníamos que levantarnos a las cinco de la mañana. Me ponía a hacer el desayuno y almuerzo de mi hijo mientras él se alistaba. Gracias a Dios llegábamos a su escuela siempre a tiempo a las siete de la mañana. Una vez que dejaba a mi hijo en la escuela entonces buscaba un restaurante donde poder tomar un café y comer mi desayuno o comprar uno que no costase más de tres dólares.

Después de desayunar me ponía a leer mi Biblia y orar y luego me ponía a escribir lo que Dios me enseñara. No permití que las circunstancias de mi vida me impidieran escribir, pero continué. Recordando que a su debido tiempo haría todo lo que Dios me había llamado a hacer. Tuve que aprender a trabajar bajo presión, ¡y qué presión! Tuve que aprender a escribir en un conocido restaurante de comida rápida. Trabajar escribiendo con la televisión encendida, la gente hablando, los ruidos y los olores a mi alrededor, muchas distracciones, pero pude hacerlo.

En mi mente me decía: "Esta mesa y silla donde estoy sentada es mi oficina privada en una gran corporación". Sólo por el proceso que Dios me había llevado es como podía trabajar con todas esas distracciones. Había aprendido a estar quieta y ya no tenía problemas para concentrarme. He sido entrenada por Dios y para servirle a él. Esto me permitió trabajar durante meses mientras estaba sin un hogar permanente. Durante todos estos meses fui interrumpida un par de veces, pero todas eran citas divinas, ya sea porque necesitaba un descanso, o porque necesitaba aliento o necesitaba animar a alguien.

Voy a compartir una de mis citas divinas. Una amiga de la iglesia que no había visto desde hacía mucho vino a este restaurante y me saludó. Ella no tenía idea de lo que estaba pasando, y yo tampoco le compartí, no era el momento. Ella me agradeció por ayudar a su hijo y familia con la solicitud de una beca escolar y otra información sobre la universidad. Ella estaba llena de gozo y con buenas noticias sobre cómo su hijo y sus vidas cambiaron tanto desde ese día y me agradeció por ayudarles. Esto me llenó de gozo y solo pude decirle que yo era sólo un instrumento de Dios, nuestro proveedor. Y que fue una bendición haberle ayudado y ahora escuchar sus testimonios. ¡Toda la gloria a Dios! ¡Totalmente una cita divina! Estaba tan feliz de verla y escuchar las buenas noticias. Después de terminar de escribir, dedicaba mi tiempo a cosas de mi hijo y a tratar de buscar soluciones de cómo hacer nuestra vida mejor.

Después de usar el baño del restaurante por un buen tiempo tomé la mejor decisión que pude tomar, gasté un poco de dinero en la membresía de un gimnasio donde pude usar regaderas, baños y usar la máquina caminadora para hacer ejercicio y poder relajarme. Esta solución me ayudó a sentirme como una persona normal y no como persona desplazada, sin casa. A la hora de almorzar comía mi almuerzo o cuando era necesario compraba, pero tratando de no gastar mucho ya que necesitaba proveer para mi hijo. Él necesitaba cosas para la escuela y su diario vivir, como deportista necesitaba de barras especiales de pan y bebidas nutritivas que costaban un poco caras.

Cada dos meses necesitaba zapatos nuevos para correr y ahora tendríamos los gastos de su graduación y otras cosas más. Los dólares que había ahorrado cuando estaba con mi esposo los usaba para mi mantención y para la manutención de mi hijo usaba el dinero que su padre me daba. En algunas ocasiones, tuve que usar mi tarjeta de crédito para el hotel y los gastos de graduación. No podía estresarme porque tenía que proveer para mi hijo, simplemente usaba mi tarjeta cuidadosamente que es lo que normalmente hacía.

No crecí usando tarjetas de crédito, así que desde el día que recibí una en Estados Unidos, he tratado de no vivir con crédito, sino de vivir dentro de mis posibilidades. A lo largo de mi vida he tenido que usar mi tarjeta de crédito y he contraído deudas, pero siempre he intentado pagarla a tiempo y esto es lo que trataría de hacer de nuevo. Pero por ahora, debía concentrarme en proveer para mi hijo, aunque esto signifique que durante unos meses tuviera que usar mi tarjeta de crédito. Al menos por un tiempo hasta que pudiera conseguir empleo y un lugar donde vivir.

Mi carro además de ser mi medio de transporte se convirtió en mi lugar de oración, mi lugar de llanto, mi lugar de dormir, de descanso y de siestas también. Gracias a Dios por este carro. Mis hijos nunca voltearon sus espaldas en mi contra y nunca me culparon por lo que estaba pasando en nuestras vidas, especialmente mi hijo Moisés quien era el que estaba viviendo cada momento conmigo. Él se levantaba diariamente y hacía lo que tenía que hacer para enfocarse en la escuela y sus carreras de atletismo. Me ayudaba siempre que nos teníamos que mover, empacábamos lo que necesitábamos y luego me ayudaba a subir y bajar las cosas en donde nos quedáramos.

Cuando mi hijo tenía sus competencias de atletismo llegábamos a casa como a la media noche debido a que terminaban tarde y porque estábamos hospedados lejos. No me importaba porque a él estas carreras le mantenían motivado y a mí me daba gusto ver como mi hijo podía competir y hacerlo muy bien a pesar de todo lo que estaba pasando en su vida.

Al perder nuestra casa tuve que poner nuestras cosas más grandes en una bodega así que solo teníamos lo necesario con nosotros y en la cajuela del carro. Pude haber trasladado a mi hijo a otra escuela ya que mi amiga que vivía lejos nos ofreció quedarnos en su casa el tiempo que fuera necesario. Estaba agradecida por su amabilidad, pero tuve que hacer lo que era mejor para mi hijo que era no cambiarlo de escuela y evitar tener otro cambio en su vida. Tuve que manejar muchas veces cansada y con mucho dolor en mi brazo izquierdo siempre pidiéndole a Dios que nos guardara con bien y así lo hizo. Yo podía mover mi brazo izquierdo, pero me era demasiado doloroso, perdí el poder levantar mi brazo izquierdo y necesitaba de la ayuda de mi hijo muchas veces. Hubo ocasiones en la que nos quedamos en un área cerca de la escuela y esto fue gran bendición, fue nuestro tiempo de descanso ya que podíamos dormir un poco más y pasar menos tiempo en el carro.

Un Sueño de Liberación

Y será en los postreros días, dice Dios, derramaré de mi Espíritu sobre toda carne, y vuestros hijos y vuestras hijas profetizarán; y vuestros jovenes verán visiones, y vuestros viejos soñarán sueños:
-Hechos 2:17

Mi esposo y yo empezamos a comunicarnos de nuevo después de tres meses de separación. Él me contactó por teléfono y fijamos un día para volver a encontrarnos, pero ninguno de nosotros estaba listo y esa breve visita nos llevó a lastimarnos mutuamente y a perder la paciencia. En mi desesperación renuncié a mi matrimonio y pedí el divorcio. En este matrimonio yo había metido la petición de divorcio en el juzgado en dos diferentes ocasiones. La primera vez ocurrió dentro del primer año de matrimonio, pero luego lo cancelé y ahora lo había metido de nuevo. Esta segunda vez cuando metí los papeles mi esposo no estuvo de acuerdo, pero aun así firmó. Dios no me permitiría seguir viviendo en desobediencia, así que me habló a través de un sueño el día en que pedí el divorcio por segunda vez.

Esa noche al acostarme a dormir tuve este sueño. Soñé que estaba embarazada y que me encontraba en un cuarto muy pequeño de hospital. Estaba dando a luz un bebe de nueve meses pero que llevaba seis meses de embarazo. Estaba acostada en la cama y enfrente de mi lado derecho se encontraba mi esposo, aunque su cara era muy borrosa y difícil de distinguir. Él estaba ahí parado viéndome nada más, estaba observando como daba a luz. Claramente en mi sueño pude ver que de mi lado izquierdo se encontraba un hombre todo vestido de blanco. Solamente nos encontrábamos nosotros tres en el cuarto. Y estaba a punto de dar a luz a través de un parto natural.

Este hombre de blanco no hizo nada para ayudarme, se encontraba muy tranquilo, callado y sólo me veía. Después de tanto dolor di a luz en parto natural y lo que di a luz fue pura sangre. No nació un bebé, ¡era una bolsa de pura sangre! Tanto el hombre de blanco como mi esposo no hicieron nada para ayudarme. Ellos simplemente estaban parados viéndome y así es como terminó mi sueño.

Al día siguiente al despertarme me acordé del sueño y me levanté toda asustada así que mejor oré. Le pregunté a Dios que me revelara si era Él quien me había dado este sueño. No lo entendía y me pregunté: *¿qué puede significar? Ya no puedo quedar embarazada porque no tengo matriz. Luego pensé que esto era el significado, que en seis meses finaliza mi divorcio ya que acabo de meter los papeles al juzgado. Este matrimonio muerto se termina en seis meses y todo mi sufrimiento se va a acabar.*

Pero esto no era el significado del sueño. Gracias a Dios que empecé a tener convicción por lo que había soñado y por mi desobediencia a Él. Meses antes de que tuviera este sueño Dios me había dicho que yo ya nunca más iba a tomar el divorcio como una solución a mis problemas de matrimonio. Que ya no haría eso, sin embargo, lo había hecho de nuevo. Así que días después del sueño Dios me reveló el significado de este sueño. Me hizo ver que me encontraba llevando muerte. Es por eso por lo que no di a luz un bebé sino pura sangre. En mi cuerpo, ya que soy la que estaba embarazada, llevaba un embarazo de muerte.

Después de esta revelación de Dios sentí temor y pedí perdón a Dios. Jamás en mi vida había visto esto, que el divorcio es, ¡muerte! Sé que el divorcio causa destrucción, pero nunca lo había visto de esta manera como ahora, ¡que es muerte! Estaba llevando mi tercer matrimonio al mismo camino, ¡a la muerte! ¡Pero se acabó, Ya no más!

Oré y dije a Dios: "Señor Jesús no quiero llevar eso, fue horrible en mi sueño y ha sido horrible en mi vida, perdóname".

Di gracias a Dios por su revelación y continúe enfocada en ser obediente a Dios; a pesar de todavía no tener reconciliación en mi matrimonio.

Todavía me quedaban preguntas sobre una parte de mi sueño. ¿Por qué el Señor y mi esposo no hicieron nada por ayudarme?

Pasaron unos días y después compartí el sueño con una persona cristiana y ella interpretó el resto del sueño. Gracias a Dios por ella. Ella me dijo: "¿Sabes por qué no te ayudaron? La persona en blanco era Jesucristo y Él no te podía ayudar a que trajeras muerte. Jesús no podía ayudarte a que te divorciaras y por eso Él nada más te observaba. ¡Tú eras la que estaba haciendo todo!"

Dios no peca y mi divorcio era pecado porque no tenía ningún fundamento Bíblico para divorciarme. ¡Me quedé tan asombrada de esta gran revelación de Dios! Entonces ella me dijo: "Tu esposo firmó el documento, pero tú eres la que pidió el divorcio y tú sola eres la que ha hecho los trámites". Por eso es por lo que la cara de mi esposo estaba muy borrosa en mi sueño, yo lo había excluido y sacado de mi vida al solicitar el divorcio. Le di las gracias y también di gracias a Dios por la completa revelación de este sueño. Esta revelación fue la que Dios usó para motivarme a no darme por vencida en mi matrimonio. Seguí orando y creyendo en las promesas de Dios.

Yo era como los Israelitas ya que estaba tratando de volver a mi vida de esclavitud. Gracias a Dios por este sueño y por esa enseñanza que me ayudó a no volver atrás, sino a seguir adelante y estar en oración, creyendo las promesas de Dios para mi vida. Cuando el desánimo o ataques me llegaban usaba mi armadura, leía la Biblia y luego leía páginas de este libro para recordar lo que Dios me había enseñado y liberado de.

¡Continúa Luchando!

Evité interrumpir la rutina diaria de mi hijo aun a pesar de nuestras circunstancias y me aseguré de que continuara en los deportes y pasara tiempo con sus amigos cuando fuera posible. Los dos continuamos yendo a la iglesia como de costumbre que es entre semana y los domingos, ninguna distancia o pruebas nos iba a mantener alejados de Dios y de otros creyentes. Muchas veces la relación entre mi hijo Moisés y yo era muy difícil ya que nos encontrábamos agobiados con todo lo que estaba pasando en nuestras vidas y también porque nuestras personalidades chocaban.

Yo sabía que no podía superar mis pruebas sola por mucho que orara y ayunara, necesitaba a mis amigas. Por lo tanto, me acercaba a alguna de mis amigas con quienes podía hablar, orar y llorar cuando lo necesitaba. Sabía que también mi hijo necesitaba compartir su carga y hablar de ello con alguien, pero no pensé que él estaba haciendo eso ya que como jóvenes a veces se lo guardan todo. Mi hijo tenía la carga de estar viviendo con su madre separada y de ser el único varón en casa y única ayuda. Sabía que le resultaba difícil tener que aguantar sus sentimientos de frustración, coraje y mucho más y en su lugar tratar de concentrarse en su vida como el joven adulto en que se estaba convirtiendo. Pero había ocasiones en las cuales podía sentir que mi hijo quería escapar ya que las circunstancias de nuestra vida y yo lo estábamos empujando.

Así que busqué que mi hijo tuviera a alguien con quien platicar en la iglesia y en la escuela cuando lo necesitara. Quería asegurarme de que él supiera que la ayuda estaba allí cuando lo necesitara y no sólo el día en que tenía que reunirse con ellos para consejería. Fueron tiempos extremadamente difíciles. Estaba en sus últimos meses de clases y tenía que concentrarse en graduarse, deportes y además tenía que estar lidiando con tener que mudarse de casa varias veces entre la semana. Además, tenía sobre su hombro la responsabilidad de que pronto se iría a vivir solo porque iba a irse a estudiar y vivir en su universidad y esta estaba en otra ciudad, lejos de mí. Así que tuve que asegurarme de que yo le pudiera ayudar, me concentré en poner todos mis esfuerzos, aunque estuviera muy cansada ya que no podía fallarle.

Un día tuve una discusión con mi hijo y los dos perdimos la paciencia, perdí el control y le pedí de que se fuera de la casa donde estábamos y así lo hizo. En esa noche nos estábamos quedando en nuestra ciudad que era cerca de nuestra iglesia y su escuela. Cuando mi hijo se fue, pude pensar más claro y darme cuenta de que nuestra pelea no había sido por lo que habíamos hablado, sino que el problema era que estábamos agotados física y emocionalmente. Lloré mucho y sentí que ya no podía llevar mi carga como madre soltera, así que era mejor ir a la iglesia para conseguir oración y tener a alguien con quien hablar. Estaba buscando alguien que pudiera platicar con mi hijo y aunque no me fue posible conseguir ayuda unas amigas de la iglesia oraron por mi hijo y por mí. Luego me quedé hablando con una de ellas.

Esta amiga me dijo: "Satanás quiere algo que tú tienes Dalila,"

Le dije: " Ah, yo sé qué es lo que quiere. Quiere mi fe, quiere que renuncie a ella y que renuncie a mi vida y a la de mis hijos, ¡pero no lo voy a hacer!"

Entonces me dijo: "Vete a casa hermana, ve en paz porque Dios está contigo y tu familia"

Le contesté: "¡Sí, me iré con mucho ánimo y recordando todo lo que Dios me ha enseñado!".

Esta amiga sabía las dificultades que estábamos pasando ya que nos había hospedado en su casa también. Me fui a casa y en cuanto llegué me dije a mi misma: "¡No me puedo dar por vencida! Mi hijo me necesita y esta no es la vida que Dios tiene para nosotros ni la relación que debo de tener con mi hijo, quiero que mis hijos sean felices y logren sus sueños. ¡Mis hijos le pertenecen a Dios y yo voy a pelear por ellos y por los planes de Dios para sus vidas!"

Luego oré para que mi hijo me perdonara y no me guardara rencor, sino que regresara a casa. También le pedí a Dios protección de los ataques del enemigo y me concentré en todos los planes que Dios tiene para mis preciosos hijos. Pude dormir y descansar en paz esa noche. Pude ver este momento de separación como un descanso para mi hijo y para mí. Él pudo quedarse en casa de un amigo de la escuela y mientras tanto yo descansé de levantarme tan temprano y de conducir. Pasé tiempo buscando la dirección de Dios sobre cómo mejor poder ayudar a mi hijo y qué hacer para tener una mejor relación con él.

Una de mis amigas me ayudó a entender mejor a mi hijo y le envié una carta a mi hijo en su teléfono celular. En esta carta le expresé que sentía mucho el tener un matrimonio roto y cuánto sentía el haberle lastimado, haberle fallado y le pedí perdón. Que sentía mucho el no poderle ofrecer una casa permanentemente pero que él podía seguir contando conmigo como siempre en lo que yo pueda ayudarle. Quería que supiera que estaba muy orgullosa de él y de quien era y por enfocarse en sus metas. Que él se merecía todo mi respeto y mucho más. Que de ahora en adelante lo estaría tratando como joven adulto que era y ya no como un niño y que me perdonara por haberlo hecho antes.

Le dije cuánto lo amaba y el regalo y bendición que él es para mi vida. Esta carta era más larga que esto, pero básicamente este era mi mensaje, que me perdonara y que pudiera ver mi gran amor por él. También recordarle el amor de Dios y los planes para su vida y ofrecerle todo mi apoyo y que permitiera que Dios le sanara a él y a nuestra relación. Yo no podía reparar todo el quebrantamiento causado en mi hijo, pero lo que si podía hacer era amarlo y darle todo mi apoyo y permitir que Dios le sanara y que sanara nuestra relación.

Mi hijo me respondió de inmediato con un texto con unas palabras muy hermosas y volvió a vivir conmigo de nuevo, sólo estuvimos separados por unos días y pudimos seguir teniendo una mejor relación. Nunca había tenido un problema así con él y estaba tan agradecida a Dios y a mi hijo por tener un corazón tan perdonador y amoroso.

Durante todo este tiempo de pruebas mi hijo Gersón estuvo animándome y ofreciéndome todo su apoyo y viendo que estuviéramos bien. Él se encontraba viviendo en una ciudad muy lejana donde estaba estudiando en la Universidad, pero a pesar de eso siempre se comunicaba con nosotros. A veces, cuando hablábamos, me pedía que fuera paciente con mi esposo y que le diera tiempo a pesar de no entenderlo. Me sorprendió la capacidad y el corazón de mi hijo para interceder por mi esposo, tratando de ayudarme a entenderlo como hombre y de las cosas que enfrentaba en su vida. Este hijo se ofreció en ayudarme en encontrar un lugar para vivir ya que su hermano se graduará. Sabía que también estaba devastado por todo lo que estábamos pasando de nuevo, pero estaba tratando de no mostrármelo, sino que estaba enfocándose en ver que estuviéramos bien. Le di las gracias y pude decirle cuáles eran mis planes, pero que estaba esperando en Dios porque ya no quería tomar decisiones a la ligera.

Mi hijo Moisés se graduó de la preparatoria a pesar de todas las dificultades que tuvo que enfrentar. Terminó muy bien en deportes, pudo participar en todas las carreras de atletismo y ¡terminó todas las carreras con gran éxito! En la semana de su graduación me pasé toda esa semana emocionada y llorando por lo que él había logrado. Yo estaba tan orgullosa de él; ¡todo su arduo trabajo y sacrificios habían valido la pena! Como madre, también sentí alivio de que ya no necesitaba preocuparme por él y de no tener un lugar para vivir porque pronto se iría a la universidad y viviría en los dormitorios. Estaba agradecida a Dios por ayudar a mi hijo a graduarse y por darme la fuerza de ver por él para que pudiera terminar bien este ciclo escolar. Para celebrar su graduación tuvimos una cena y nos acompañó mi hijo Gersón, y el padre de Moisés y sus mediohermanos.

También tuvimos algunas de mis amistades cercanas en esta celebración y juntos pudimos celebrar a ¡Moisés y sus logros!

En cuanto a mi salud, continué con mucho dolor y falta de movimiento en mi brazo izquierdo, pero masajes de aceite y oración me traían un poco de alivio. Dios me había hecho ver que estaba guardando cosas en contra de mi esposo, así que me arrepentí, perdoné y esto traería instantáneamente algo de sanidad en mi brazo. Aunque tenía un poco de dolor yo había decidido que no permitiría que esta aflicción en mi cuerpo me impidiera seguir adelante. Continué enfocada en obedecer y confiar mi matrimonio a Dios y con la expectativa de que sucedieran milagros en mi vida y en la de mis hijos.

Dios continuó usando la vida de David, el Rey, para hacerme ver cómo yo tenía algo en común con él. Ya que yo amo al Señor apasionadamente y quiero complacerlo tal como lo hizo David. Y deseo tanto traerle gloria. Al igual que David, tuve que aceptar que soy un ser humano frágil y pecador. ¡Finalmente, pude ver lo que Dios vio en mí! Yo Dalila nunca perdí el llamado que es el de compartir la Palabra de Dios y lo haré ahora a través de mis libros y discursos. Antes de ser la persona que soy hoy y antes de convertirme en escritora bilingüe yo había sido sirvienta, agente de ventas, secretaria, recepcionista, administradora, empresaria, diseñadora gráfica, maestra de preparatoria y de niños en la iglesia, misionera, líder, trabajadora social y mentora.

Puedo ver cómo todas mis experiencias laborales han sido para mi bien, para poder cumplir mi propósito en la vida. Dios ha usado todo lo que he hecho en mi vida, incluso las cosas malas y difíciles para mi bien. Las buenas y malas experiencias en mi vida son lo que me hicieron la mujer que hoy soy. Ninguna decisión mala, sufrimiento, dolor, pobreza, desplazo de casa, pruebas como madre y como mujer podrían impedirme ser esa mujer que Dios me hizo ser y vivir la vida que Él tiene para mí. Soy una mujer que continúa con mucha fe en Dios, en mi familia y en la humanidad. Y estoy de pie debido al poder del Espíritu Santo en mí, quien me llena con una pasión para vivir ¡una vida abundante! Tengo un gran linaje familiar y un gran linaje cristiano también, el de Cristo mi Salvador. ¡Soy una guerrera y una muy persistente! Ni aun todas las batallas y ataques del enemigo podrían impedirme vivir mi vida abundamente y siguiendo a Mi DIOS, Mi REY y SALVADOR JESUCRISTO. ¡Que mi vida siga trayendo gloria a JESUCRISTO! ¡Que mi linaje siga llevando gloria al SEÑOR DIOS TODOPODEROSO!

> ¿Quién es el hombre que teme a Jehová? Él le enseñará el camino que ha de escoger. Su alma reposará en el bien. Y su simiente heredará la tierra. El secreto de Jehová es para los que le temen; Y a ellos hará conocer su alianza. Mis ojos están siempre hacia Jehová; Porque Él sacará mis pies de la red. (Salmos 25:12-15).

¡Soy Amada!

> Porque Dios no es injusto para olvidar vuestra obra y
> el trabajo de amor que habéis mostrado á su nombre,
> habiendo asistido y asistiendo aún a los santos.
> -Hebreos 6:10

Con esta frase empecé el prólogo, una frase de mi diario: "Ningún hombre me podrá satisfacer hasta que yo este satisfecha con ¡Mi Dios El Gran YO SOY-JESÚS! Si Dios tiene un esposo misionero para mí Él lo proveerá y si no, yo acepto mi soltería."

El matrimonio para Dios es más que esas palabras que yo había escrito en mi diario. A través del proceso que Dios me ha llevado ahora aprendí que no era un título o un puesto de trabajo que necesitaba que mi esposo fuera tal como lo escribí en mi diario un "esposo misionero". Pero era un esposo que necesitaba, esto es, una persona, un hombre que pudiera amarme y completarme como mujer. Dios tuvo que sanar mi quebrantamiento y completarme para que yo pudiera recibir y dar amor.

Pero para poder amar a mi esposo tuve que aprender a ir primero a la Cruz todos los días y ser la Novia de Jesús primero, ya que esa es la única manera que estaré satisfecha con Mi Gran Dios-Yo Soy. Y es ahí donde descubrí que ¡Soy Amada! Muy amada por Dios y ahí es donde Él me sigue llenando de su amor y entonces, y sólo entonces es cuando pude amar y aceptar a mi amado, mi esposo. Traté de vivir enfocada en tomar decisiones basadas en el consejo del Espíritu Santo y no en mis emociones.

Mi esposo se puso en contacto conmigo después de estar sin

comunicación por un mes y ya para ahora estábamos separados por cinco meses. Acordamos reunirnos, ahora me sentía lista y que este era el momento que tanto esperaba. Que este sería el día en que Dios me daría la oportunidad de mostrar mi obediencia y amor por Él y mi amor por mi esposo. Me reuní con mi esposo durante el día y después de saludarnos me quedé callada. Lo dejé hablar y oí todo lo que quería decirme. Yo había orado este día antes de vernos, que Dios me mantuviera callada y que pudiera enfocarme en sólo escuchar. Que mi esposo fuera quien expresaría por su propia voluntad los cambios que debían suceder en él y en nuestro matrimonio.

Habló y luego me pidió perdón, y yo hice lo mismo. Nos perdonamos el uno al otro y decidimos empezar de nuevo en nuestro matrimonio. ¡Finalmente, mi milagro sucedió, la reconciliación en mi matrimonio! Enseguida cancelé los papeles del divorcio y le di mi palabra a Dios, a mi esposo y a mis hijos de que nunca volvería a pedir el divorcio en mi vida. Luego ambos hablamos con mis hijos y pedimos perdón y ambos nos perdonaron.

Durante nuestra separación mi esposo había empezado a tomar un curso en nuestra iglesia sobre el enojo y como sanar y lo terminó al juntarnos. También recibimos consejería matrimonial cristiana por unos meses, nos lo dio una pareja de esposos de nuestra iglesia. Otro buen cambio en nuestro matrimonio también fue que mi esposo aceptó que me dedicara tiempo completo a escribir y me dio su apoyo.

He sido recordada de que el matrimonio es sagrado para Dios y que Él lo hizo únicamente entre un hombre y una mujer. Cada relación amorosa en mi vida nunca me pudo satisfacer porque ninguno me dio lo que tanto necesitaba y quería desesperadamente, que era amor verdadero. No hay un hombre, un ser humano o algo creado que pueda amarme con ese amor y llenura que había buscado toda mi vida, porque sólo Dios puede amarme de esa manera ya que sólo Él es amor. Él es el único que puede satisfacer todas mis necesidades y sólo es Dios de quien quiero depender. Para suplir mi necesidad del amor de un hombre, Dios creó al hombre y el matrimonio, veamos este pasaje de la Biblia en Efesios 5:21-33 dice:

> Sujetados los unos a los otros en el temor de Dios. Las
> casadas estén sujetas a sus propios maridos, como al

Señor. Porque el marido es cabeza de la mujer, así como Cristo es cabeza de la iglesia; y Él es el que da la salud al cuerpo. Así que, como la iglesia está sujeta a Cristo, así también las casadas lo estén a sus maridos en todo. Maridos, amad a vuestras mujeres, así como Cristo amó a la iglesia, y se entregó a sí mismo por ella, Para santificarla limpiándola en el lavacro del agua por la Palabra, Para presentársela gloriosa para sí, una iglesia que no tuviese mancha ni arruga, ni cosa semejante; sino que fuese santa y sin mancha. Así también los maridos deben amar a sus mujeres como a sus mismos cuerpos. El que ama a su mujer, a sí mismo se ama. Porque ninguno aborreció jamás a su propia carne, antes la sustenta y cuida, como también Cristo a la iglesia; Porque somos miembros de su cuerpo, de su carne y de sus huesos. Por esto dejará el hombre a su padre y a su madre, y se allegará a su mujer, y serán dos en una carne. Este misterio grande es: mas yo digo esto con respecto a Cristo y a la iglesia. Cada uno empero de vosotros de por sí, ame también a su mujer como a sí mismo; y la mujer reverencie a su marido.

Estaba tan ocupada lidiando con un fracaso matrimonial más, que me había olvidado de los deseos de mi corazón y de mi propósito, pero a Dios no se le olvidó. Pero en cambio usó este mi último fracaso matrimonial para cambiar mi vida y sólo entregándole mi esposo y matrimonio y todo acerca de mi vida es cómo todo pudo cambiar. Dios nunca olvidó que yo le había aceptado como mi Salvador y que había orado entregándome a Él y a su voluntad cuando era muy joven. El Señor Dios no nos olvida ni tampoco olvida los planes que tiene para nosotros, pero con su increíble gracia nos alcanza y nos muestra el camino. Al casarme, interrumpí el proceso en el que Dios me estaba llevando que era el de ser completamente de Él y así poder vivir la vida que tiene para mí. Esta interrupción no fue causada por mi matrimonio, sino por mí, porque puse mis ojos en mis problemas, en mi esposo y en mí, lo que causó mi depresión y otros problemas.

Doy gracias a Dios por no haberme dejado en el estado en que me encontró, sino que me rescató de mi carnalidad y de las garras del enemigo.

Luego me regresó al lugar donde había hecho pausa con Él y me llevó paso a paso hasta llegar al paso final. Nunca podría haber logrado por mis propios medios, la sanidad, restauración y transformación de mi vida como hija y sierva de Dios, como mujer, esposa y madre sin tener que pasar por todo este proceso de Dios. El proceso final, que es experimentar el Avivamiento en mi vida. El ser bendecida de vivir como una mujer cuya vida ha sido Restaurada y experimentado la llenura del Espíritu Santo. ¡Gracias a Dios quien me mostró cuánto valgo!

Regresé a este mi matrimonio como la mujer que ahora soy, una mujer con un corazón sano y completo por Dios por medio de su hijo Jesucristo y el Espíritu Santo. Regresé sabiendo ahora que soy amada por Dios y que lo amo y por lo tanto quiero compartir ese mismo amor con mi esposo. Acepto el amor y cuidado que mi esposo tiene por mí y por nuestro hogar. Ahora conozco mis limitaciones y de mi esposo cuando se trata de dar y mostrar amor y afecto. Así que no puedo decepcionarme de ellas, sino que acepto el hecho de que Dios nos hizo de esa manera y que Él es el único que puede completamente satisfacernos ya que somos su creación. Esa es la razón por la que envió a su hijo Jesús a morir en la cruz para que todos pudiéramos tener la oportunidad de tener su amor y vivir eternamente con Él.

Dios creó el matrimonio, la familia, amigos y prójimo para que yo pueda dar y recibir amor y afecto. Y ahora sé qué tipo de amor esperar de cada una de esas relaciones y cómo amarlas de vuelta, teniendo presente las limitaciones que tiene nuestro amor humano. Ninguna persona, ningún animal, ningún lugar o cosa alguna debe de tomar el lugar que le corresponde a Dios ocupar en mi vida. Necesito dar a cada uno el lugar que le corresponde y al hacerlo obedeceré a Dios y viviré con su paz y sus bendiciones. Estoy comprometida con Dios y con mi esposo y pongo todo mi esfuerzo en mi matrimonio. Siempre trabajando en mi relación con mi esposo y teniendo la paciencia de saber esperar en Dios cuando las cosas no van bien. Es hermoso poder vivir dando a Dios su lugar correcto en mi vida, como mi Dios y Rey que gobierna sobre mí. Y tambien darle a mi esposo su lugar por ordenanza de Dios que es como líder, proveedor y protector del hogar. Él es mi compañero y el hombre que me hace estar completa como mujer y a quien amo y respeto.

Como parte de mi restauración, Dios también sanó mi cuerpo físico.

Pasé un total de catorce meses con mucho dolor en mi brazo izquierdo y seguí el consejo del médico. Programé tener una cirugía con la esperanza de arreglarme el brazo. Ya no necesité operarme porque un día antes de la cirugía fui sanada, tuve movimiento completo y ya no más dolor, ¡un milagro de Dios! ¡Ahora puedo mover mi brazo y vivir sin dolor, puedo escribir, puedo levantar mis manos y alabar y glorificar a Dios!

En cuanto a mis hijos, mi hijo Moisés logró ir a estudiar a su universidad deseada. Puedo recordar el día en que mi hijo me dijo que estaba pensando en otras opciones en caso de que no pudiera ir a la universidad. Esto debido a las finanzas y todo lo demás que estábamos enfrentando por lo de mi separación matrimonial. Para ayudarlo, pude animarlo a concentrarse en sólo una opción que era enfocarse en ir a la universidad y lograr sus metas porque nadie más podía hacerlo por él. Además, mientras todavía estaba separada, llevé a mi hijo Moisés a visitar su universidad deseada en San Francisco y mi hijo Gersón nos acompañó en este viaje.

¡Nos la pasamos de maravilla los tres! Tuve el privilegio de que mis hijos me permitieran ser parte de sus vidas y sus metas sobre su educación y carreras para su vida. El viaje realmente ayudó a Moisés y lo hizo más fuerte. Se pudo enfocar en asistir a la universidad y continuar participando en atletismo. Para asegurarme de que tuviera lo que necesitara hice mi parte como madre y le ayudé en las solicitudes de becas. Moisés se inscribió en la Universidad Academia de Artes donde se especializa en su carrera y así lograr sus sueños en la vida. Nuestro Gran Yo Soy, Nuestro Gran Dios-Elohim, ¡Jehová-Jireh-Nuestro Proveedor ha provisto para Moisés!

Mi hijo Gersón terminó su carrera en cuatro años, que fue el plazo que habíamos acordado en que terminara. Se graduó de la Universidad Estatal de Pensilvania con dos títulos y estaba feliz de haber asistido a su universidad soñada. A lo mejor recuerdes que cuando él ingresó a esta escuela yo estaba pasando por el divorcio y con tanta necesidad financiera y demas. Estoy maravillada en lo duro que trabajó mi hijo y los muchos sacrificios que tuvo que hacer para lograr su sueño de estudiar una carrera de universidad.

El día de su graduación y horas antes de la ceremonia visité el mismo lugar donde lo había dejado cuatro años atrás y donde me había despedido de él. Ahora estaba en el mismo lugar de pie con mi hijo que había terminado su carrera y estábamos acompañados por mi ahora esposo y el padre de mi hijo y ellos fueron testigos de este momento especial para mí y mi hijo. Mientras estaba parada allí pude recordar ese hermoso día de hacía cuatro años atrás cuando nos despedimos y de la dificultad por la que estábamos pasando como familia.

Pero ahora gracias a Dios estábamos celebrando la graduación de mi hijo. Creo que lloré durante un mes que fueron las semanas antes de la graduación y fueron lágrimas de alegría. El gozo por la fidelidad de Dios en nuestra vida y por el arduo trabajo y dedicación de mi hijo. Estábamos celebrando que Nuestro Gran Yo Soy, Nuestro Gran Dios-Elohim, ¡Jehová-Jireh-Nuestro Proveedor ha provisto para Gersón! Mi trabajo y esfuerzo por ayudarlo y guiarlo en todo lo relacionado con sus estudios ha sido una gran experiencia y bendición para mí.

Reconozco que no todos los jóvenes confiarían en una madre como yo si hubieran vivido y pasado por lo que mis hijos han pasado conmigo. Pero como pueden ver gracias a Dios, mis hijos me honraron y confiaron en mí, y no les fallé porque Dios me ayudó. Aunque no pude evitar mis fracasos estoy satisfecha y bendecida de que siempre pude luchar para protegerlos y estar con ellos. Doy gracias a Dios por que mis hijos me aman, me valoran y creen en mis palabras y siempre me permiten mostrarles mi amor. Sé que no todos los jóvenes reaccionan y viven de esta manera, y a menudo ni siquiera un adulto puede superarse de la manera que mis hijos lo han hecho y vivir tal como ellos lo hacen día tras día.

Como puedes ver amo a mis hijos y estoy muy orgullosa de quiénes son y de sus logros. Estoy emocionada por ver que todos los planes de Dios se desarrollen y cumplan en sus vidas. Esta sanidad y restauración en mi vida me ha dado una mejor relación con mis hijos y me ha hecho entender la gran responsabilidad que tienen como hombres en este mundo y tengo un gran respeto por ellos. Sigo dándoles lo mejor de mí, que es confiar sus vidas en las manos de Dios y orar por ellos y ayudarlos cuando me necesiten. ¡Ahora estoy disfrutando vivir como una madre sana y segura en Cristo, disfrutando de ser madre!

El Significado del Numero 7

Aquí están las revelaciones del número siete para mi vida. Este libro contiene siete capítulos. Dios me había instruido que ayunara durante siete días y como resultado de eso tengo este libro y he experimentado pasar por el proceso de santificación de Dios. También el proceso de estar llena del Espíritu Santo en mi vida (se cumple la visión de Dios) para que pudiera escribir y compartir mi testimonio. Descubrí que desde la primera revelación que recibí en Alemania, la del corazón, hasta la última de mi ayuno de siete días en California, donde me rindo por completo, que todo esto se llevó siete años. ¡Sea toda la gloria a Dios! Digo gloria a Dios que finalmente pude rendirme a Él y es una locura ver cuánto tiempo me tomó ser completamente de Él. Me llevó siete años conocer, entender, aceptar y entregar todo mi corazón y mi vida completamente a Dios.

Ah y todo esto sucedió en el año 2017. ¡Este es el año en que me volví libre y completa en el Espíritu Santo! ¡Estoy completa por Dios! ¡Estoy completa en Jesucristo! El día que finalmente terminé de escribir este libro y enviarlo para su publicación a la editorial, sucedió exactamente en mi cumpleaños y ese día, cumplí 47 años y mi fecha de nacimiento también tiene un número siete. En ningún momento planeé esto, pero lo que sí sé es que no es coincidencia, ¡sino un plan divino! Empecé este libro como una mujer muy rota y lo terminé como una mujer completa y llena del amor de Cristo. Tuve que pasar por este proceso para que Dios pudiera restaurar mi vida y hacer que yo experimentara su amor y para ser completa por Él para poder compartirlo primero en casa y luego con los demás.

Terminé mi primer libro y logré hacerlo tal como Dios me instruyó. Escribí este libro en dos idiomas español e inglés y lo sometí para su publicación al mismo tiempo, aunque no sabía que esto sería solo el principio de mi trabajo como escritora. Pensé que debido a que Dios me dio este libro lo tendría listo en poco tiempo, pero ese no fue el caso. Pero más bien me llevó unos años terminarlo ya que tuve que aprender a trabajar en dos libros al mismo tiempo, a saber, como editarlos, como dibujar y aprender a tener paciencia mientras pasaba por muchas pruebas y durante la pandemia mundial. La pandemia mundial no me afectó, pero me dio la oportunidad de compartir estudios de la Biblia y videos en youtube, faceboook y ministrar a aquellos que Dios traería a mi vida mientras esperaba en cosas para mi libro. Los siete días de ayuno y oración fueron la base para escribir este libro, pero como pueden ver, esa semana no abarca toda mi vida. Para compartir mi vida con todos sus detalles y con mucha transparencia me tomó tiempo organizarla y poder narrarlo en orden. De cuánto he vivido, ¡toda una vida!

¡Lo imposible sucedió! Escribí este libro en dos idiomas. Dios vio lo que podía hacer incluso cuando yo no podía verlo. ¡Toda la gloria pertenece a DIOS! Dibujar nunca había sido mi talento, pero el Espíritu Santo me dio todas las visiones y el don de dibujarlas para este libro. Este libro se hizo tal como Dios me mostró, mis sueños y visiones se cumplieron JESÚS dictó y yo escribí. He aprendido que porque Dios te llame a hacer algo no quiere decir que va a ser fácil sino al contrario difícil y la única manera que podía obedecer era siendo llena del Espíritu Santo, estando en la plenitud de CRISTO. Cuando necesitaba ser animada Dios me mantenía alentada con su Palabra y todo lo revelado durante todos mis tiempos con Él. ¡JEHOVÁ-JIREH, MI PROVEEDOR! ¡JESÚS LO HIZO! ¡ASÍ QUE YO TAMBIÉN LO PUEDO HACER! Considero un privilegio que Dios me haya elegido para compartir el testimonio de mi vida para ayudar a otros.

Se suponía que este libro iba a ser sobre mi vida, mi testimonio, pero ahora entiendo de qué se trata este libro. Todo este tiempo estaba pensando que tendría que exponer todas las cosas de las que me avergonzaba y hacer que todos vieran mi vida como un libro abierto. Pero no sólo yo era a quien tenías que ver en este libro, sino que tenías que ver a DIOS, El Padre, quien se convirtió en ser humano en JESÚS y quien nos dejó un consolador, El ESPÍRITU SANTO, quien nos puede llenar y hacernos completos. Dios ha estado conmigo durante todas mis experiencias ya sean malas o buenas y sólo escribiendo este libro es como pude descubrí esto, ¡gracias, Señor Dios! Cada vez que Dios me hablaba era a través del Espíritu Santo y por medio de su Hijo Jesucristo y ahora puedo entender cómo obran en nuestras vidas. Nunca planeé ni anticipé que este sería el resultado, pero sólo puedo decir, ¡cuán hermosos son los planes de Dios e inolvidables!

- "Panal de miel son los dichos suaves. Suavidad al alma y medicina a los huesos." (Proverbios 16:24).
- "Toda Escritura es inspirada divinamente y útil para enseñar, para redargüir, para corregir, para instituir en justicia, Para que

el hombre de Dios sea perfecto, enteramente instruído para toda buena obra." (2 Timoteo 3:16-17).

- "Has cambiado mi lamento en baile; Desataste mi cilicio, y me ceñiste de alegría. Por tanto, a ti cantaré, gloria mía, y no estaré callado. Jehová Dios mío, te alabaré para siempre" (Salmos 30:11-12).

¡Gracias DIOS JEHOVÁ-JIREH por suplir todas mis necesidades!

Palabras de Despedida

Veo que fui como Sansón en lugar de Dalila. Se sabe que Sansón era un siervo de Dios, su fuerza y vida tuvieron un propósito, pero su debilidad fue que se enamoraba muy rápido de las mujeres. Nada de lo que pasó en la vida de Sansón fue desaprovechado, aun sus relaciones amorosas tuvieron un propósito. ¡Todo en su vida sirvió para la gloria de Dios! Así como Sansón tuvo un propósito yo tengo un propósito, el compartirte mi vida y compartirte quién es mi Dios: Dios el Padre, Dios el Hijo Jesucristo y Dios el Espíritu Santo.

Ahora veamos cuál es tu historia. No te conozco, pero he orado por este libro y por ti cuando llegue a tus manos. No importa lo que estés haciendo o hayas hecho. Dios te ama y desea bendecirte con su presencia. Mi oración es que puedas usar este libro para ayudarte a ser libre de lo que te esté impidiendo vivir una vida en victoria y en abundancia. ¡Tú puedes vivir libre en Cristo! ¡Jesús Lo Hizo! ¡Y Tú También Lo Puedes Hacer! Así que ahora te invito a que me permitas ayudarte a transformar tu vida tal como Dios transformó la mía. Quiero hacerlo ayudándote en este proceso usando tu Biblia y este libro. Espero conocerte algún día y escuchar tu testimonio. ¡Dios te bendiga!

Guía Para el Lector

Toda Escritura es inspirada divinamente y útil para enseñar, para redargüir, para corregir, para instituir en justicia, Para que el hombre de Dios sea perfecto, enteramente instruído para toda buena obra.
—2 Timoteo 3:16-17

Nota: Este libro no debe reemplazar la Biblia. Así que te invito a que uses tu Biblia como guía primero y luego uses este libro como una herramienta y testimonio para ayudarte con tu caminar con Dios.

Escribí esta sección como una guía para ayudarte en cómo usar este libro. Incluí todas mis oraciones y para más ayuda también puedes visitar mi página web www.delilahpc.com

Cómo Orar y Ayunar

LA ORACIÓN

Y el humo del incienso subió de la mano del ángel
delante de Dios, con las oraciones de los santos.
—Apocalipsis 8:4

La oración es platicar con Dios, esto quiere decir que no es solo para pedirle ayuda, sino que es para que tengas una comunicación constante con Él, para que tú puedas escucharle y que Él te pueda escuchar también. Todos los seres humanos somos creación de Dios, pero para ser su hija o hijo necesitas arrepentirte de tus pecados y aceptar a Jesucristo como tu Señor y Salvador.

Nuestro pecado tiene consecuencia, aunque Dios nos perdone, pero lo hermoso es que siempre podemos contar con su misericordia el cual no permite que recibamos el castigo que realmente merecemos. Sigue comunicándote con Dios aun cuando sientas que él no te escucha, sigue orando y examinando tu vida. Si estás viviendo de acuerdo con la voluntad de Dios y estas pidiendo de acuerdo con su voluntad puedes descansar sabiendo que contestará tu oración, pero recuerda esto, tienes que aprender a esperar en su tiempo y no el tuyo. Más importante aún es buscar su voluntad y no la tuya, si Dios quiere que hagas algo para Él entonces tendrás su guía y provisión. Aquí están unos versículos que te pueden ayudar con tus oraciones.

a. Dios confirma y contesta oraciones conforme a su voluntad y propósito: 1 Juan 5:14, 1 Samuel 1:6-28, Hechos 10:25-40

b. Meditando y orando en el Espíritu: Filipenses 4:6-8, Efesios 6:18

c. Presentando tu petición ante Dios: Mateo 11:28-30, Esdras 8:21-23

d. Pidiendo de acuerdo con la voluntad de Dios: Isaías 58:3-14

e. Ejemplo de que alimento comer durante ayuno y como acercarse a Dios: 2 Crónicas 7:14-18, Daniel 9:3-5, 10:2-3, Mateo 6:8-18, Lucas 4:2-4, Éxodo 34:28, Corintios 7:3-6

f. Fe: Santiago 1:6, Mateo 21:21

g. Ayuda para cuando no sabes cómo orar o cuando ni siquiera puedes orar: Romanos 8:26-27,34, Marcos 16:19, Hebreos 7:25

h. El poder de la oración y el ayuno: 2 Crónicas 20:1-30, Santiago 4:7, Mateo 17:19-21

Padre nuestro que estás en los cielos, santificado sea tu nombre. Venga tu reino. Sea hecha tu voluntad, como en el cielo, así también en la tierra. Danos hoy nuestro pan cotidiano. Y perdónanos nuestras deudas, como también nosotros perdonamos a nuestros deudores. Y no nos metas en tentación, mas líbranos del mal: porque tuyo es el reino, y el poder, y la gloria, por todos los siglos. Amén. Mateo 6:9-13

El AYUNO

Mas tú, cuando ayunas, unge tu cabeza y lava tu rostro; Para no
parecer a los hombres que ayunas, sino a tu Padre que está en
secreto: y tu Padre que ve en secreto, te recompensará en público.
—Mateo 6:17-18

La Biblia nos dice que nadie debe de saber cuándo estamos ayunando
ya que es solo entre Dios y uno. Nuestra cara debe estar radiante y no
como si estuviéramos hambrientos. Así como la historia de Daniel y sus
tres amigos, la Biblia nos dice que ellos se veían mejor que los que habían
comido de la mesa del Rey.

En el libro de Daniel 1, Mateo 6:17, 18 son dos versículos que nos dan
ejemplo de cómo deberíamos de vernos físicamente. Ayunar no es solo dejar
de comer sino básicamente es ofrecer en sacrificio a Dios todo tu ser: tu
alma, cuerpo y espíritu. El cómo hagas tu ayuno dependerá de cómo esta
tu salud y de cuánto anhelas hacerlo. Busca de Dios para puedas entregarle
todo a él y así poder dejar de comer alimento en ese día. También puedes
ofrecer junto con tu ayuno el no usar cosas materiales como TV, celular,
computadora y aun ofrecer el dejar de estar en contacto físico con gente
para estar a solas con Dios. Recuerda que no es sacrificio a Dios si dejas
de comer algo que nunca te gustaba comer. El ayuno no solo se trata de la
comida sino es más bien el pasar tiempo a solas con Dios, es dejarte morir
a ti misma/o y ser llena, lleno del Espíritu Santo.

Me imagino que de costumbre comes tres comidas al día y a lo mejor
entre comidas comes una fruta, ensalada o un postre. Un ejemplo de cómo
puedes ayunar es que tú puedes ofrecer como sacrificio a Dios no comer
comida sólida y sólo tomar líquidos. También puedes no comer nada, y
comer sólo al terminar, pero debes tratar de evitar querer recuperar luego
todo lo que no comiste durante tu ayuno. Te digo esto porque así lo hice
una vez, pero luego me sentí mal ya que no había sacrificado nada, terminé
comiendo todo y hasta más de lo normal más tarde. Si nunca has ayunado
a lo mejor puedes empezar ayunando medio día hasta que puedas hacer
un poco más. A lo mejor necesitas ayunar por cuestiones de salud o para
bajar de peso, pero eso no es ayuno en sacrificio a Dios así que recuerda
la diferencia.

Es bueno que antes de ayunar te prepares previendo tener alimentos en casa y todo lo necesario para evitar ir a la tienda. Así evitas tentaciones y también te ayuda a tener lo necesario para tu casa y familia. Esto también te ayuda a concentrarte en tu tiempo con Dios y evitar distracciones. Es increíble la fortaleza que Dios te da al ayunar, el poder de someter tu cuerpo a Dios y ser saciado con su Pan de Vida. Sé que no todos tenemos el mismo horario de trabajo y de descanso, así que te invito a que planees tu día de ayuno y oración bien. Recuerda que tu hogar es tu primer ministerio, casada, casado, soltera o soltero debes tener tu casa en orden y así puedes pasar tiempo en ayuno y oración en lugar de estar limpiando. Sé que hay quehaceres que no se pueden evitar como el de lavar trastes, pero si hay algunos que se pueden evitar como el de lavar ropa. Te recomiendo ayunar un día que descanses del trabajo.

Si estás trabajando y ayunando al mismo tiempo a lo mejor se te haga difícil porque no podrás enfocar toda tu atención en Dios. Otro problema también podría ser que tengas que estar con otras personas y si te sientes débil a lo mejor te sientas de mal humor y tu paciencia sea puesta a prueba. Así que no te olvides de tu debilidad y pídele a Dios que te dé una doble porción ese día. De cualquier forma, ya sea que estas ayunando en casa o fuera de casa sugiero que tengas tus porciones de comida listas para cuando lo necesites y un poco extra de fruta o yogur. También trata de no estresarte por comer a tu tiempo acostumbrado ya que lo más seguro es que tendrás hambre antes. Si este es el caso es mejor que comas tu porción de ayuno antes a que te encuentres temblando de hambre o de mal humor debido al hambre y ese pequeño alimento te puede ayudar a que logres tu ayuno y así recibir la respuesta de Dios.

Enfócate durante el ayuno lo más que puedas en alabar a Dios. Hay muchas maneras en la que tú puedes hacer esto: a través de la oración, meditando en quien es Él, cantando o tocando alabanzas y leyendo la Biblia. Permite que el Espíritu Santo llene todo tu espacio y tiempo y todo tu ser. Hay tantas razones por las cuales a lo mejor necesites ayunar. Podría ser porque anhelas pasar más tiempo con Dios, o necesitas ser liberado de ataduras y obstáculos en tu vida. Otras razones podrían ser que no sabes lo que está sucediendo en tu vida y necesitas dirección o un milagro. Cualquiera que sea su motivo, no importa; busca de Dios y te sorprenderá con su poder y presencia en tu vida. Hice una lista con sugerencias de comidas para tu ayuno:

Porciones pequeñas de: fruta, yogurt, galleta salada o semidulce, pan, semillas de cacahuate, almendras, licuado de fruta o verdura, rebanada de jamón, ensalada de verdura, agua la necesaria, huevo hervido, jugos de fruta o verdura, te o café descafeinado y evita tomar líquidos con cafeína para no afectar tus nervios.

Ejemplo 1

- Desayuno: té y unas tres galletas saladas o dulces, un pedazo de fruta y agua.
- Almuerzo: un pedazo pequeño de pan, una ensalada pequeña de verduras, agua.
- Cena: un pedazo fruta, un yogurt pequeño, agua.

Ejemplo 2

- Desayuno: vaso chico de jugo o licuado de fruta o verdura, y lo puedes hacer para almuerzo y cena también. Y tomar agua durante el día tanto como necesites.

Notas de Estudios

Si no has recibido a Jesucristo como tu Salvador te invito a que lo aceptes haciendo la oración número 1, Oración de Salvación.

Capítulo 1, Gráfica 1: ¿Quién es el Novio? Carnal vs Espiritual

Este capítulo puede ayudarte a descubrir qué dolores y sufrimientos tienes y que no has dejado ir. También lo puedes usar para ver en qué áreas de tu vida estas teniendo dificultad en salir adelante.

En una hoja suelta escribe una lista de todos tus sufrimientos, traumas y dolor que todavía no has podido perdonar y olvidar en tu vida.

Al terminar pon esta lista en tus manos y entrégaselo a Dios diciendo la oración número 2, Oración de Perdón y Sanidad. Al terminar con tu oración, rompe la hoja en pedazos y tírala en la basura. Vive creyendo en la sanidad que Dios ya hizo en tu vida y camina firme en esta nueva vida.

Gráfica 2 ¿Quién Soy? En una hoja suelta escribe tu nombre y versículo favorito y llénalo con tu información personal. Luego úsalo para darle gracias a Dios por crearte y pídele que te enseñe a cómo saber cuidar todo tu ser: espiritual, físico y emocional.

¡Hoy Tú Existes!

Este estudio te puede ayudar a ver las promesas de Dios para tu vida.

Capítulo 2

Este capítulo te puede ayudar a ver cómo Dios siempre está presente en tu vida.

La Puerta

Este estudio te puede ayudar a ver la misericordia y protección de Dios en tu vida.

Capítulo 3

Este capítulo te puede ayudar a reconocer tus debilidades, tentaciones y cómo remediar la relación con aquellos que has lastimado. Haz la oración número 3, Oración de Perdón y Sanidad.

Capítulo 4

Este capítulo te puede ayudar a perdonarte a ti misma, mismo y ayudarte a estar lista, listo a recibir lo que está por venir en tu vida.

Capítulo 5

Este capítulo te puede ayudar a no darte por vencida, vencido en la vida. Escribe una lista de todas las cosas buenas que has hecho en tu vida y de todas las cosas buenas que tienes en tu vida. Esto te va a ayudar a ver cómo Dios te ha usado para hacer grandes cosas en tu vida y cómo Él te puede seguir usando.

Capítulo 6

Este capítulo te puede ayudar a ver lo que ha pasado en tu vida y ¡cuán grande testimonio tienes!

La Regadera

Este estudio te puede ayudar a mostrarte cómo no debes vivir y recordarte cómo sí debes de vivir en Cristo.

Capítulo 7

Este capítulo te puede ayudar a que regreses a ese primer amor, a ser la novia de Jesús. A descubrir tu propósito en la vida y cuáles son tus talentos y llamado que Dios te ha dado. Este capítulo también te ayudará a conocer el corazón de Dios por el remanente de Israel.

Gráfica 3: El Novio, JESUCRISTO

Esta gráfica te puede servir para ayudar a exhortarte en seguir consagrada, consagrado a Dios y en tu relación con Él como su novia.

Gráfica 4: Nuestra Posición Durante La Batalla

Este estudio bíblico puede ayudarte a que examines y veas quien está peleando tus batallas en tu vida, ¿Tú o Dios? También este estudio te puede ayudar a que puedas saber en dónde debes estar posicionada, posicionado en tu caminar con Dios durante el tiempo de batallas y cuando no hay batallas.

Mi Canción a Dios

Este estudio te puede ayudar a examinar tu corazón y encontrar los motivos por los cuales debes alabar y adorar a Dios.

¡Jesús Lo Hizo! ¡Así Que Yo También Lo Puedo Hacer!

Este estudio te puede ayudar a conocer que las tentaciones son de todo ser humano y cómo poder vencerlas para vivir ¡victoriosamente! Para que tú puedes vivir y decir, ¡Jesús Lo Hizo! ¡Así Que Yo También Lo Puedo Hacer!

Lista de Oraciones

1.-Oración de Salvación

2.-Oración de Arrepentimiento y de Remover Ataduras

3.-Oración de Perdón y Sanidad

4.-Oración de Rendición y Dependencia en Dios

5.-Oración de Propósito

6.-Oración de Gratitud

7.-Oración de Restauración

1.-Oración de Salvación

Porque de tal manera amó Dios al mundo, que ha
dado a su Hijo unigénito, para que todo aquel que en
Él cree, no se pierda, mas tenga vida eterna.
—Juan 3:16

Dios, reconozco que soy un pecador y que la única manera de tener la salvación y vida eterna es arrepintiéndome de todos mis pecados y pidiendo a tu hijo Jesucristo que entre en mi corazón. Como dice en la Biblia en Juan 14:6: Jesús le dice: Yo soy el camino, y la verdad, y la vida: nadie viene al Padre, sino por mí. Hoy me arrepiento de todos mis pecados y te pido que por favor me perdones por pecar contra ti. Acepto a Jesús como mi Señor y Salvador y acepto tu salvación como tu dice tu palabra en Romanos 10:9-10

Que, si confesares con tu boca al Señor Jesús, y creyeres en tu corazón que Dios le levantó de los muertos, serás salvo. Porque con el corazón se cree para justicia; mas con la boca se hace confesión para salvación. Gracias, Dios, que ahora soy tu hij_____(o-a) y en el nombre de Jesús hago esta oración Amén.

2.-Oración de Arrepentimiento y de Remover Ataduras

Porque las armas de nuestra milicia no son carnales, sino poderosas en Dios para la destrucción de fortalezas; Destruyendo consejos, y toda altura que se levanta contra la ciencia de Dios, y cautivando todo intento a la obediencia, de Cristo; Y estando prestos para castigar toda desobediencia, cuando vuestra obediencia fuere cumplida.
—2 Corintios 10:4-6

Dios tu palabra en 2 Crónicas 7:14-16 dice:
Si se humillare mi pueblo, sobre los cuales ni nombre es invocado, y oraren, y buscaren mi rostro, y se convirtieren de sus malos caminos; entonces yo oiré desde los cielos, y perdonaré sus pecados, y sanaré su tierra. Ahora estarán abiertos mis ojos, y atentos mis oídos, a la oración en este lugar: Pues que ahora he elegido y santificado esta casa, para que esté en ella mi nombre para siempre; y mis ojos y mi corazón estarán ahí para siempre.

Yo soy tu hij____ pero te he desobedecido y pecado contra ti. Mi desobediencia ha traído pecado y ataduras a mi vida. Hoy te pido que me perdones por desobedecerte y por rebelarme contra ti. Me arrepiento de haber traído idolatría y cosas malas a mi vida y por pecar contra ti. Perdóname por haber permitido que yo, otras personas o cosas ocuparan el lugar que te corresponde en mi vida. Gracias Dios por cubrir todos mis pecados con la sangre preciosa de Jesucristo. Con la autoridad que tengo como hij____ de Dios hoy rechazo y cancelo toda atadura, cosa mala e inmunda que ha entrado a mi vida y que ha atacado o querido pegarse a mi vida, familia, finanzas y trabajo en el nombre de Jesucristo oro amén.

Señor tú eres mi Dios, Dios el Padre, Dios el Hijo Jesucristo y Dios el Espíritu Santo y tu Palabra, la Biblia es la única autoridad sobre mi vida. Protégeme del enemigo de mi alma y ayúdame a no vivir en la carnalidad, pero a vivir en obediencia a ti y con la llenura de tu Espíritu Santo.

Ayúdame a memorizar 2 Corintios 10:4-6 y así poder aplicarlo a mi vida cuando lo necesite. Gracias por escuchar mi oración, por tu liberación y por el perdón de mis pecados en el nombre de Jesús hago esta oración amén.

3.-Oración de Perdón y Sanidad

Mas Él herido fué por nuestras rebeliones, molido por nuestros pecados: el castigo de nuestra paz sobre Él; y por su llaga fuimos nosotros curados.
—Isaías 53:5

Dios hoy entiendo que al morir tu Hijo Jesús en la Cruz tomó todo el castigo que debía tocarme y en su lugar me ofrece salvación, sanidad y vida eterna. Hoy reconozco que he pecado contra ti, te he desobedecido porque no me he perdonado a mi mism_____ y tampoco a aquellos que me han lastimado. He estado viviendo sin perdonar, con culpabilidad, amargura, coraje, rencor, dolor y otros sentimientos más. También desobedecí tu Palabra al no amarte a ti, a mí mism_____ y a otros. Ya no quiero vivir una vida sin perdonar y mintiendo, tal como dice la Biblia: "Si alguno dice, Yo amo a Dios, y aborrece a su hermano, es mentiroso. Porque el que no ama a su hermano al cual ha visto, ¿cómo puede amar a Dios a quien no ha visto?" (1 Juan 4:20); "Porque si perdonareis a los hombres sus ofensas, os perdonará también a vosotros vuestro Padre celestial. Mas si no perdonareis a los hombres sus ofensas, tampoco vuestro Padre os perdonará vuestras ofensas." (Mateo 6:14-15).

Dios perdóname por pecar contra ti y hoy me perdono a mi mism_____ . También perdono a toda persona que me ha ofendido, rechazado y lastimado. Reconozco que no tengo el poder para sanar todo el dolor que yo me he causado o que otros me han causado. Acepto que aquellos que me lastimaron (di el nombre de las personas en voz alta) tampoco pueden sanarme porque son seres humanos igual que yo, pero eres Tú el único que puede sanarme. Así que te entrego en tus manos todos mis dolores y sufrimientos (lee tu lista de dolor/sufrimiento en voz alta) y dejo todo en el pasado. Acepto tu perdón, paz y sanidad. Ayúdame ahora a caminar en obediencia y humildad para que pueda pedir perdón a aquellos que he lastimado. Ayúdame a no sentirme con desánimo si ellos no aceptan mi petición de perdón y que no quieran ver que estoy arrepentid_____ .

Reconozco que solo Tú puedes hacerles ver el arrepentimiento de mi corazón y que mientras no lo puedan ver y aceptar, yo necesito enfocarme en seguirte a pesar de que ellos no me perdonen. Te pido por aquellos que me lastimaron y aquellos que lastimé que puedan recibirte como Señor y Salvador Jesús para que puedan experimentar tu amor y sanidad. Enséñame cómo amarme a mi mism_____ y cómo proteger mi corazón de toda maldad. Ayúdame a amarte y a poder cultivar una relación sana con mi familia y con otras personas, recordando siempre que mi corazón te pertenece y que solo Tú me puedes completar. Lléname con tu Espíritu Santo y enséñame a mostrar gracia para conmigo y también hacia otros. Ayúdame a no impacientarme y a disfrutar cada etapa de este proceso de sanidad por el cual me tienes ahora y respetar el proceso de aquellos que también lastimé. Gracias por escuchar mi oración, en el nombre de Cristo Jesús oro amén.

4.-Oración de Entrega a Dios

Jehová cumplirá por mí: Tu misericordia, oh Jehová, es
para siempre; No dejarás la obra de tus manos.
—Salmos 138:8

Te rindo mi vida: Dios reconozco que Tú me creaste con una identidad y con necesidades que solo Tú puedes satisfacer. Te pido que me des sabiduría de lo alto para ser guiad_____ y así permitir que únicamente Tú seas quien supla mis necesidades espirituales, físicas y emocionales. Te pido que me des discernimiento para saber cuando satanás me tiente y pretenda suplir mis necesidades. Gracias por crearme a tu imagen y dejo mi vida en tus manos. Pido que me ayudes a ser obediente a ti y a vivir una vida dependiendo de ti, para que Tú puedas cumplir tus planes y propósito para mi vida. En el nombre de Jesús hago esta oración amén.

Te rindo mi Matrimonio: Dios creo que tú creaste el matrimonio y que lo estableciste únicamente entre un hombre y una mujer. Que el matrimonio debe representar a Jesucristo y la Iglesia en esta tierra, como tu Palabra en Efesios 5:22-33 dice: Sujetados los unos a los otros en el temor de Dios. Las casadas estén sujetas a sus propios maridos, como al Señor. Porque el marido es cabeza de la mujer, así como Cristo es cabeza de la iglesia; y Él es el que da la salud al cuerpo. Así que, como la iglesia está sujeta a Cristo, así también las casadas lo estén a sus maridos en todo. Maridos, amad a vuestras mujeres, así como Cristo amó a la iglesia, y se entregó a sí mismo por ella, Para santificarla limpiándola en el lavacro del agua por la Palabra, Para presentársela gloriosa para sí, una iglesia que no tuviese mancha ni arruga, ni cosa semejante; sino que fuese santa y sin mancha. Así también los maridos deben amar a sus mujeres como a sus mismos cuerpos. El que ama a su mujer, a sí mismo se ama. Porque ninguno aborreció jamás a su propia carne, antes la sustenta y cuida, como también Cristo a la iglesia; Porque somos miembros de su cuerpo, de su carne y de sus huesos. Por esto dejará el hombre a su padre y a su madre, y se allegará a su mujer, y serán dos en una carne. Este misterio grande es: mas yo digo esto con respecto a Cristo y a la iglesia. Cada uno empero de vosotros de por sí, ame también a su mujer como a sí mismo; y la mujer reverencie a su marido.

Te entrego mi matrimonio para que te pueda traer honra y gloria. Ayúdame a enfocarme en mi relación con Jesús a pesar de las circunstancias en mi vida. Cuando se me haga difícil poder dejar mi matrimonio en tus manos te pido me ayudes a recordar lo que hiciste por mí en la cruz y así poder amar a mi espos___ de esa manera. Ayúdame a vivir recordando siempre que te pertenezco primero a ti y después a mi espos____. Te pido que nos des valor para pedir ayuda cuando necesitemos ayuda en nuestro matrimonio y nos muestres quién pueda ayudarnos. Protégenos de la maldad, del enemigo de nuestra alma y de vivir en nuestra carnalidad. Bendícenos y guíanos con tu gran amor y con la llenura de tu Espíritu Santo. Sea hecha tu voluntad en el nombre de Jesús oro amén.

Te rindo a mi Hij____: Dios creo que fuimos creados en tu imagen y que nos distes la responsabilidad de cuidar del planeta y de procrear hijos e hijas. En Genesis 1:28 tu palabra dice: "Y los bendijo Dios; y díjoles Dios: Fructificad y multiplicad, y henchid la tierra, y sojuzgadla, y señoread en los peces de la mar, y en las aves de los cielos, y en todas las bestias que se mueven sobre la tierra." Entiendo que no siempre puedo tener a mi hij____ seguro y fuera de peligro y maldad, pero sé que Tú puedes mantenerlos seguros. Te agradezco por darme a mi hij___ y hoy lo entrego en tus manos. Ayúdame a confiar en ti y recordar cuánto le amas y que es mucho más de lo que yo podría amar porque tú eres amor y tú eres Dios. Mi hij_____tiene tantas necesidades, así como yo, te pido que me ayudes a venir ante ti para pedirte que tú suplas sus necesidades y creer en que tú ya lo has hecho. Ayúdame a poder trabajar para proveer las cosas que me corresponde proveer para mi hij_____ y en lo que no puedo ayudar a confiar en que las proveas. Ayúdales a confiar todo su ser en tus manos y protégelos del enemigo, de la maldad de este mundo y de su propia carnalidad. Ayúdales a pedir oración y a pedir ayuda cuando lo necesiten y pon a cristianos maduros en sus vidas para que les ayuden a crecer en tu Palabra y para animarlos. Ayúdales a tener muy buenas a amistades, especialmente en los momentos más difíciles de sus vidas. Bendícelos y guíalos con tu grande amor y con la llenura de tu Espíritu Santo. Sea hecha tu voluntad en la vida de mi hij_____ y gracias por el regalo de ser padre/madre en el nombre de Jesús hago esta oración amén.

Te rindo mi familia: Dios te agradezco por mi familia y por la unión familiar que creaste. Los entrego en tus manos y te pido que me ayudes a amarlos con amor incondicional y con respeto. Necesito que traigas sanidad, libertad, perdón, amor, reconciliación y todo lo necesario para que como familia vivamos unidos y en amor. Ayúdame a cultivar una relación saludable con mi familia cuanto más me sea posible y a interceder en oración por ellos. Te doy gracias por la familia que tengo y los dejo en tus manos, Jesús te declaro Dios y Salvador de mi familia. También te agradezco por el resto de mi familia y los dejo en tus manos el día de hoy. Ayúdales a confiar todo su ser en tus manos y protégelos del enemigo, de la maldad de este mundo y de su propia carnalidad. Ayúdales a pedir oración y a pedir ayuda cuando lo necesiten y pon a cristianos maduros en sus vidas para que les ayuden a crecer en tu Palabra y para animarlos. Ayúdales a tener muy buenas a amistades en sus vidas especialmente en los momentos más difíciles. Bendícelos y guíalos con tu gran amor y con la llenura de tu Espíritu Santo. Sea hecha tu voluntad en la vida de mi familia y gracias por ellos en el nombre de Jesús hago esta oración amén.

5.-Oración de Propósito

Si me amáis, guardad mis mandamientos; Y yo rogaré al Padre, y os dará otro Consolador, para que esté con vosotros para siempre.
—Juan 14:15-16

Dios hoy te pido que me muestres la iglesia cristiana donde pueda asistir e integrarme. Ayúdame a obedecer tus mandamientos y organizar mi día para pasar tiempo contigo en la oración, meditación de tu Palabra y escuchando tu voz. Reconozco que Tú me creaste con una identidad y con tres necesidades urgentes, mi necesidades físicas, emocionales y espirituales. Dame por favor la sabiduría de lo alto para que yo pueda depender de ti para suplir mis necesidades y así saber en dónde buscar, ver y preguntar para cuando me encuentre en necesidad. Enséñame qué personas Tú has puesto en mi vida para ayudarme en mi crecimiento espiritual y también para las otras áreas de mi vida. Revélame mis talentos y llamado para poder usarlos para servirte y así traerte gloria. Ayúdame a poder orar y ayunar para cuando yo esté pasando pruebas y cuando necesite tener fe, para que Tú puedas cumplir tus planes y propósito para mi vida. Tu Palabra dice: "Porque yo sé los pensamientos que tengo acerca de vosotros, dice Jehová, pensamientos de paz, y no de mal, para daros el fin que esperáis. Entonces me invocaréis, é iréis y oraréis a mí, y yo os oiré." (Jeremías 29:11-12).

Gracias Dios por permitirme estar ante tu Presencia y por darme libertad. Gracias por que ahora sé que solo hay Propósito en Obediencia y mi anhelo es cumplir mi propósito en esta vida tal como Tú Hijo Jesús lo hizo. Sea hecha tu voluntad en mi vida y en el nombre de Jesús hago esta oración amén.

6.-Oración de Gratitud

Te alabaré; porque formidables, maravillosas son tus obras:
Estoy maravillado, Y mi alma lo conoce mucho.
—Salmos 139:14

Señor Dios te doy gracias por mi vida y por crearme en tu imagen. Gracias por todas las bendiciones que tengo en mi vida:

_____

_____

_____

7.-Oración de Restauración: Declarando Bendiciones de Dios Sobre Mi Vida

Querido Dios te agradezco por tu fidelidad y porque en todo tiempo me amas. Yo no me merezco ninguna de tus bendiciones, pero sé que porque eres un Dios misericordioso es que me bendices. Así que te agradezco por esta vida en abundancia que me das y por darme bendiciones al obedecerte, y hoy declaro tus bendiciones sobre mi vida en el nombre de Jesús amén.

Y sera que, si oyeres diligente la voz de Jehová tu Dios, para guardar, para poner por obra todos sus mandamientos que yo te prescribo hoy, también Jehová tu Dios te pondrá alto sobre todas las gentes de la tierra; Y vendrán sobre ti todas estas bendiciones, y te alcanzarán, cuando oyeres la voz de Jehová tu Dios. Bendito serás tú en la ciudad, y bendito tú en el campo. Bendito el fruto de tu vientre, y el fruto de tu bestia, la cría de tus vacas, y los rebaños de tus ovejas. Bendito tu canastillo y tus sobras. Bendito serás en tu entrar, y bendito en tu salir. Pondrá Jehová a tus enemigos que se levantaren contra ti, de rota batida delante de ti: por un camino saldrán a ti, por siete caminos huirán delante de ti. Enviará Jehová contigo la bendición en tus graneros, y en todo aquello en que pusieres tu mano; y te bendecirá en la tierra que Jehová tu Dios te da. Confirmarte ha Jehová por pueblo suyo santo, como te ha jurado, cuando guardares los mandamientos de Jehová tu Dios, y anduvieres en sus caminos. Y verán todos los pueblos de la tierra que el nombre de Jehová es llamado sobre ti, y te temerán. Y te hará Jehová sobreabundar en bienes, en el fruto de tu vientre, y en el fruto de tu bestia, y en el fruto de tu tierra, en el país que juró Jehová a tus padres que te había de dar. Abrirte ha Jehová su buen depósito, el cielo, para dar lluvia a tu tierra en su tiempo, y para bendecir toda obra de tus manos. Y prestarás a muchas gentes, y tú no tomarás emprestado. Y te pondrá Jehová por cabeza, y no por cola: y estarás encima solamente, y no estarás debajo; cuando obedecieres a los mandamientos de Jehová tu Dios, que yo te ordeno hoy, para que los guardes y cumplas. Y no te apartes de todas las palabras que yo os mando hoy, ni a diestra ni a siniestra, para ir tras dioses ajenos para servirles. (Deuteronomio 28:1-14).

Bienaventurado el varón que no anduvo en consejo de malos, Ni estuvo en camino de pecadores, Ni en silla de escarnecedores se ha sentado; Antes en la ley de Jehová está su delicia, Y en su ley medita de día y de noche. Y será como el árbol plantado junto a arroyos de aguas, Que da su fruto en su tiempo, Y su hoja no cae; Y todo lo que hace, prosperará. (Salmos 1:1-3).

Jehová te bendiga, y te guarde: Haga resplandecer Jehová su rostro sobre ti, y haya de ti misericordia: Jehová alce a ti su rostro, y ponga en ti paz. Y pondrán mi nombre sobre los hijos de Israel, y yo los bendeciré. (Números 6:24-27).

Printed in the United States
by Baker & Taylor Publisher Services